大咖推荐

创业就像在雾海里行船,迷航或撞上礁石是大概率事件。这个过程中,如果看到航标灯,或者遇到导航船,那绝对是运气。一个优秀的导师团队,如同一批商海中的"老海员",为创业家点灯导航,把成功变成大概率事件,此书就是绝好的证明。

——杨思卓 联合国可持续发展组织教育委员会常委

创新无疑是这个时代的主旋律,从这点上来说,无论你我是否拥有自己的企业,创业家精神都成为这个时代的"必需品"。大家在对创业好奇憧憬的同时,也有不少认知上的误区。例如,认为创业必定是一段充满苦涩和挫折的旅程。而对于创业者们来说,无论是因为企业的快速发展,还是因为身份的变化,常常出现知识储备跟不上的窘境。因此,《快乐创业——从0到1实战教程》的问世也可称之为众望所归、水到渠成。本书不但有体系、有案例,而且有许多大实话,是一本兼具实用性和可读性的好书。

——徐云程 IBM大中华区首席数字官,数字业务集团总经理

创新创业需要升级版,而打造连通政策、科研、产业、投资者的联盟平台,最终促进"跨区域、跨产业、跨学科"的融合,是打造产业双创升级版的关键所在。本书的出版,一定会成为一个汇聚创新创业的思想平台和方法宝库,这也是该书的价值所在!

——王健 北京大学校友会副秘书长、北京大学创业训练营CEO

创业不是盲目为之,有许多经验可以总结,《快乐创业——从0到1实战教程》这本书可以告诉你,成功创业可学而至。

——彭涛 浙大网新集团副总裁、网新长城创始人、中健投资本高级合伙人

好的idea有的是,但是真正能创造价值的才是伟大创业者,他们必须充满激情,能力卓越。但激情是学不来的,能力却可以培养。本书的成功之处在于,通过正反案例解读的方式,详述了一些经典的创业方法和工具,为此我要将它郑重推荐给各位。

——王雅娟 新浪微博企业开发业务副总裁

创业这个奇特的词汇,在中国的几十年高速发展背景下,被赋予了太多可歌可泣、惊天动地的解读,其实,创业既不那么美丽,也不那么玄乎,创业是有规律可循的、是有方法可学的。如今创业的门槛越来越高,只靠勤劳吃苦是不够的,除了不断增强行业专项知识,对一个创业者或想走上创业道路的人来说,系统地学习创业知识也是非常必要的。

淦南森先生在担任知投学院院长期间,系统地梳理了创业教育的方法论,加之在IBM及超级蜂巢分别担任创业辅导及教育的关键负责人的丰富经验,可以说,本书由淦

南森先生担任主编,并由多位优秀人士共同编著而成,将是创业辅导不可多得的一部实用宝典,有力助力您的创业之路。愿您学有所得。

——杨曼玲　知投集团董事长

《快乐创业——从 0 到 1 实战教程》不仅是一本讲述创业与未来的书,而且通过近百个案例解读,为创业者总结了实战化的创业经验。面对竞争和生存压力,中小企业从创新创业、商业模式、创业融资等多个领域找到成功的路径。在改革开放 40 周年的浪潮下,一场新的、波澜壮阔的变革正在开启。随着中国创业者整体素质和能力的提高,这个趋势极大提升了创新创业的成功率,中国在世界的地位和话语权也随之提高。我越来越坚信,决定未来的一定是来自中国的创业者。

——许泽玮　91 科技集团董事长、CEO

我非常乐意向创业者推荐《快乐创业——从 0 到 1 实战教程》这本书。本书通过近百个创业成功和失败的案例,总结了很多珍贵的创业规律,系统地梳理了创业从 0 到 1 的思维逻辑,并给出了很多符合当下创业环境的操作方法。相信读者在阅读本书之后定会得到意想不到的启发和收获,从而找到属于自己的创业之道!

——曹健　创客 100 基金创始人

《快乐创业——从 0 到 1 实战教程》这本书用鲜活的案例结合高度浓缩的经验方法非常好地诠释了从一个创意到成就一个杰出的公司所要经历的全过程,为创业者提供了一套非常实用的创业方法论。同时,书中也告诉创业者:在创业的道路上从来没有坦途,在不确定性中验证出正确的方向也时刻考验创业者的意志,而真正的创业者,是为了使命而奋斗,有冒险的精神也有承担失败的勇气,他们对创造出卓越的公司充满激情和野心,他们渴望通过创新给行业带来颠覆性机遇,创业者是真正的勇士,向创业者致敬!

——张志勇　元航资本管理合伙人

在我看来,创业其实是不快乐的,因为会遇到很多难题。在创业中感到困惑、迷茫、彷徨的时候,可以打开这本书,说不定就找到了解决的办法,也就是找到了创业的快乐!

——李东平　海银资本合伙人

传统的观点认为创业是需要天赋的,但是很多事实已经证明,创业的很多方法和工具都是可以习得的。《快乐创业——从 0 到 1 实战教程》这本书以近百个案例非常明晰地解读了创业实战中需要使用的一些经典方法和工具,无论是帮助创业者避免踩坑,还是提高成功机会,都很有价值!我建议每一位创业者都能认真阅读。

——张建宁　中关村物联网产业联盟理事长、绿科投资集团合伙人

从 1995 年秋天,在硅谷开始推进第一次创业,至今 23 年了,当中几次起伏,从中也有许多感悟,也曾想分享给不断跳入创业浪潮中的勇者,几次落笔,都不成熟。

2005 年从美林证券旧金山办公室离职后来到上海再次创业,想用在美林积累的经验服务中国的创业者,过去 13 年来,在全国各地各种创业大赛中当评委,也在各地几个电

视台的创业节目中当评委,无论是 2005 年全国第一个创业节目东方卫视的"创智赢家",还是后来的"谁来一起午餐""创赢未来"等节目上对创业项目进行理智分析,都渴望能有一本教科书般的实战指南教程分享给懵懂的初创者,可惜没看到合适的。

过去 8 天在硅谷紧密的会议间隙,拜读完《快乐创业——从 0 到 1 实战教程》,心中大喜,决定向所有即将投入创业大军的同仁们力荐此书。

无论科技变化如何迭代更替,企业运营的元素还是要包含六项:团队、产品、品牌、融资、法务+财务、心理调节,正如动物界中不管是天上飞的,还是陆地上跑的,都有五脏六腑一样,让创业者们借鉴此书可以少走弯路,快乐创业。

——宋海旭　上海融恩金融创始合伙人

2015 年我离开 IBM 带领小伙伴一起创业,和之前两年多进入淦南森先生负责的 IBM 全球创业企业扶持计划项目(IBM GEP)的圈子有莫大的关系:在那里感受到了创业者的成长与艰辛,进而喜欢上了这个圈子的人,到后来创立钛资本与创业者同行。钛资本早期发展阶段,我也有幸邀请到淦南森先生给予指导和一起同行探索。淦南森先生能够静下心来把多年的从业心得书写成文,并联合众多优秀人士共同编著成书,我是非常敬佩的,仔细读完体会到他们对创业者充满了爱,可能也是这个驱动力让他们坚持成文。不同于高大上的引领,这本书充满了接地气的发现和思考,希望它能成为创新创业者的"对话者"和"顾问",从中找到坚持的动力和实操的参考。

——周鹤鸣　钛资本管理合伙人

多年的创投和创赛经验,让我充分认识到成功创业离不开技术创新高度、经营运营厚度和企业文化温度。本书翔实的数据,丰富的案例,都会给创投、创业者很好的启发,成功的创始者不是培训出来的,但离不开持续的学习!

——孙立清　青橙资本合伙人、深圳创赛基金投资公司副总经理

创业是一种选择,创业者是孤独的。既然选择了创业,就要尽量在前人成功的经验和失败的教训中,学习、借鉴、思考、提升,从而让自己的创业之旅少交学费、少走弯路、成长更快、成功概率更高,也让自己,以及跟着自己创业的小伙伴们尽可能快乐地面对创业过程中必然存在的、持续发生的压力和烦恼。《快乐创业——从 0 到 1 实战教程》这本书,有体系、有针对性地讲述和分析了创业者大量的案例,能给予创业者帮助和启发。希望创业者们能享受到创业的快乐,也能更快分享到创业成功后的果实。

——邓永强　英诺创新空间、英诺天使基金合伙人

创业,是勇敢者的游戏;创业家,要肩负常人承担不了的压力和责任,有了这样一本书,让这个原本艰辛的历程变得相对容易了许多、快乐了许多!

——周永亮　坚持创新学院院长、乐创资本董事长

创业需要创新意识,也需要创业精神,更需要创业实战的方法和工具。《快乐创业——从 0 到 1 实战教程》提供了很好的实战指导,通过丰富翔实的案例将众多创业方

法和工具解读得深入浅出,非常实用,值得一读。

——刘雪莉　北京清创科技孵化器有限公司执行总裁

支持南森,深耕多年,孵化不易,每一位孵化人都会有福报,从 0 到 1 是一段神奇的过程,每次从 0 到 1 的成功都能总结出规律来,每次按规律从 0 到 1 又往往会失败,希望《快乐创业——从 0 到 1 实战教程》这本书能为大家的从 0 到 1 提供感悟和思考。

——汤明磊　观通基金创始合伙人、闯先生产业加速器创始人

创业是一条既艰辛又充满诱惑的路。走在这条未知的路上,我们会遇到各种始料未及的难题。本书是为创业者提供各种创业问题的解决路径的指南,让我们的创业更简单。

——李直　中国人力资源开发研究会常务副秘书长、《中国人力资源开发》副主编、社长

创业需要勇气、需要魄力,更需要方法,尤其是在早期创业过程中会遇到各种问题,《快乐创业——从 0 到 1 实战教程》把创业过程必备的知识、技能通过方法论、实践案例汇总起来,让创业者用比较少的时间掌握从 0 到 1 创业所需要的知识、技能和方法,帮助创业者少走弯路,提高创业成功率!

——江正茂　人民日报传媒广告有限公司董事、副总经理

快乐创业 系列教材

快乐创业
——从0到1实战教程

KUAILE CHUANGYE
CONG 0 DAO 1 SHIZHAN JIAOCHENG

百万菁英教育◎组 编
淦南森 傅 强◎主编
陈 宇 张玲娜 杨 丹 靖仕寅◎副主编

ZERO

TO

ONE

陶行知 教育基金会 倾力推荐

中国铁道出版社
CHINA RAILWAY PUBLISHING HOUSE

内 容 简 介

本书采用了总分总的结构,第1章创意创新引入创业主题,第2章创业主题商业模式开始,第3~8章具体讲述了创业实战必然遇到的创业团队、产品运营、品牌营销、创业融资、法务财税、创业心理六大问题,最后第9章以初创者必须掌握的"精益创业"方法论收尾。

本书既适合高校关注或者参与创新创业的大学生以及众创空间的创业者使用,也适合创新创业导师、双创咨询师大赛点评、授课指导使用,同时也适合广大中小微企业高管使用。本书结合百万菁英双创平台积淀的辅导成果,提供丰富的案例解读作为创业者的实战指南。

图书在版编目(CIP)数据

快乐创业:从0到1实战教程/淦南森,傅强主编.
—北京:中国铁道出版社,2018.9
ISBN 978-7-113-24701-0

Ⅰ.①快… Ⅱ.①淦… ②傅… Ⅲ.①创业-教材
Ⅳ.①F241.4

中国版本图书馆 CIP 数据核字(2018)第 175584 号

书　　名:**快乐创业——从0到1实战教程**
作　　者:淦南森　傅　强　主编

策　　划:汪　敏　　　　　　　　　　　读者热线:(010)63550836
责任编辑:秦绪好　冯彩茹
封面设计:崔丽芳
责任校对:张玉华
责任印制:郭向伟

出版发行:中国铁道出版社(100054,北京市西城区右安门西街8号)
网　　址:http://www.51eds.com
印　　刷:北京铭成印刷有限公司
版　　次:2018年9月第1版　2018年9月第1次印刷
开　　本:710 mm×1 000 mm　1/16　印张:16　字数:334千
书　　号:ISBN 978-7-113-24701-0
定　　价:49.80元

《快乐创业——从 0 到 1 实战教程》编委会

青年创业中国强，同心共筑中国梦！

——《快乐创业——从0到1实战教程》推荐序言

我受邀进入《快乐创业》系列丛书编审委员会，深为编委团队的敬业和专业精神所感动。这是一支对创业指导有思想、有热情、有态度、有能力的团队组合。其中不仅有常年从事教育事业的高校专业老师，还是具有实战经验的社会导师。几年来，他们连续组织举办50多期公益的创业辅导活动"百万菁英创业分享会"，秉承伟大人民教育家陶行知先生"爱满天下"的崇高精神和他的"生活即教育，社会即学校，教学做合一"教育理念，对年轻人和大学生进行创新创业指导，无私奉献，热情周到，耐心细致，孜孜不倦，为贯彻落实党的十九大提出"加快建设创新型国家"，培养创新型人才付出艰辛的努力，取得显著的成绩。不仅得到了高校和社会各界的肯定，也深得我们老一辈的赞赏。陶行知教育基金会力所能及地给予了指导、支持和帮助。

这本《快乐创业——从0到1实战教程》立意非常好，把年轻人的创业和人生态度紧密结合，教给年轻人如何具有正确的人生观、价值观，以及科学的创新思维、健康的心理素质和创业综合能力，让年轻人尽情放飞梦想，绽放青春的光彩。这本书还非常接地气，不是停留在理论知识的高大上层面，而是收集了近百个创业实战经典案例，对创业者在创业中遇到的沟沟坎坎、成功经验和失败教训进行了很好地梳理，用案例解读的方式，把创业必备的方法和工具非常形象地展示出来。因而具有很高的可读性。

创新创业教育的目标是培养和提高受教育者的创新精神、创业意识和创新创业能力。创业是艰难的，充满了不确定性和风险，因此，我们不提倡在没有准备的情况下盲目行动。对于做好准备有志于创业的人，则要充满激情和创造力，要有披荆斩棘、排除万难、越挫越勇、坚韧不拔的胆识和勇气；同时要有创业的智慧和能力，尽可能了解和掌握前人留下的宝贵的创业事迹和经验总结。同世界上万事万物一样，创新创业也是有规律可循的。无数的创新创业前辈在创业的战场上叱咤风云、展现风采，积累了丰富的成功经验，也不乏有失败的教训。这本书正是由一批创新创业实战专家对创新创业实践经验的总结，凝聚着前人创业智慧的结晶，有方法、路径可循，有案例可鉴，有警钟可示，因此有利于创业者少走弯路，避免曲折，提高创业的成功率。本书不仅能够帮助创业者快乐创业，也可以作为有志于从事创业教育和创业辅导者的辅导教材——有理论有方法，有翔实案例，是一本难得的创业实战指南。

陶行知是中国近代教育史上的一代巨人。毛泽东称他是"伟大的人民教育家"，宋庆龄赞他是"万世师表"。2014年9月9日教师节前夕,习近平总书记提出了人民满意的好老师的四项标准,"有理想信念、有道德情操、有扎实学识、有仁爱之心"。他引用陶行知"千教万教教人求真,千学万学学做真人""捧着一颗心来,不带半根草去""出世便是破蒙,进棺材才算毕业。"等教育名言来说明,激励和鼓舞我们在新时代更高起点上弘扬和践行陶行知的伟大教育思想。陶行知教育基金会作为以伟大人民教育家陶行知命名的全国性教育公益基金会,要加强与社会各方面合作,发挥基金会社会公益的平台功能,积极营造陶行知"人生志在创业""天天是创造之日,处处是创造之地,人人是创造之人"的创新创业生态氛围,更好地为创业导师服务,为大学生和年轻人创新创业服务。

祝愿大学生和青年创业者在这本书和各位老师帮助下,走好自己的创新创业和人生发展之路,让自己的梦想飞翔!向付出辛勤劳动的编委团队致以崇高的敬意!希望能够不忘初心,继续坚持对年轻人帮扶之心!也期待社会更多力量能够参与进来,共同推动大学生和青年人的创新创业发展,青年创业中国强,同心共筑中国梦!

崔祖瑛

陶行知教育基金会执行会长

2018年8月

创业者要聚焦于为社会创造更高的价值

——蓝烨

当今时代,是值得每个人记录、奋斗的时代,也是创业最好的时代。所有的事物都在加速发展,人类丰富多样的需求、对美好生活的向往,为创业者提供了巨大的机会,也驱动了这些年持续不断的创业热潮。然而,创业是一条非常艰辛的路。很多在校学生对于是否选择创业,如何成功创业,都或多或少有些迷茫。事实上,我也一直在思考,在这个创业的时代,成功的创业应该是怎样的? 教育又应该是怎样的?

我认为,最为核心的一点,是要聚焦于能否为社会创造更高的价值。以京东为例,用了十三年时间,从中关村的三尺柜台发展成为中国最大的自营式电商,也是中国首家入围全球财富500强的互联网公司,是一家成功的创业典范。回顾京东发展的历程,始终坚持"正道成功"的价值理念,坚持对假货零容忍,是京东从众多电商企业中脱颖而出的关键因素。2003年非典期间,京东开始在网上卖商品,在论坛上发帖就有人敢汇钱买,因为有论坛版主的背书——"这家公司是我三年以来看到的唯一一个从来没有卖过假货、水货的公司"。即使是在经营最为艰难的时期,也没有因为眼前的一点利润、一点流量而丢失这一准则。通过不断完善平台规则、强化技术手段,建立起正向选择的平台生态系统,在亿万消费者中树立了正品行货、物流速达的良好口碑,这是京东能够取得快速健康发展的重要原因之一。在我看来,"正道成功"的核心就是通过为社会创造价值实现自身的成功。

互联网时代,技术的快速迭代超过以往任何时候,创业者要善于发挥技术的作用,创新产品和服务,提高运行效率。这既是提升核心竞争力,也为社会创造更大的价值。在我所从事的行业里,传统时代是先"生产"后"消费",供应链各环节之间缺乏实时对接,产品信息不能及时传导,生产能力增减不灵活,热销产品库存不足、滞销品库存积压、流通效率低下是常态问题,零售商品不仅价格高昂,还无法满足人们的需求。新一代信息技术使得生产组织和流通模式发生了重大变革。借助大数据、人工智能等新技术,促使生产者、消费者和相关方关系更加密切,生产、营销、流通的精准程度、效率较传统方式有了极大提升,使得企业能够更加聚焦于顾客,为顾客创造更高的价值,技术发挥的价值是不可忽视的。

互联网时代不再是个人英雄主义的时代,孤军奋战可能会失去机会和应有的价值,与成功擦肩而过。学习掌握互联网开放、互联、共融、共生的特质。既要不断学习摸索,努力提升自身的创新能力和管理水平，也要加强与众多伙伴建立深度合作，才能真正实现互联时代的创业壮举。

创业是一条不平坦的路。所以，我们要创造条件向书本、向创业成功的人士学习。特别是成功的企业家、创新创业教育者将自己丰富的创业经验分享给年轻人，帮助更多的创业者开阔视野，在互联网转型中找到自己的定位，是一件非常有价值的事情。

《快乐创业——从0到1实战教程》编委会组织了多位长期耕耘在创新创业领域的专家，以创业过来人的亲身经历对年轻人如何创业解惑答疑。这种来自一线的经验和指导，具有相当的参考意义，创业之前，带着问题先看看这本书，一定会受益匪浅。最后，祝愿创业的年轻人，都能够通过努力，实现创业梦，为社会创造更高的价值！

是以为序。

京东集团执行副总裁兼首席公共事务官
蓝烨

由于工作关系,我曾经在 IBM 负责大中华区的全球创业企业扶持计划项目,接触了很多企业的创始人,他们所创立的企业中有很多已经发展壮大,有的企业当初 1 000 多万的估值,如今已经有百亿的估值,有的企业从 100 万到一个亿的估值只花了不到一年半的时间,也有当时很辉煌现在已经销声匿迹的企业。在与创始人交往的过程中,还是有很多感悟的。

创业维艰

已经不止一个创始人跟我说,如果我知道创业是这样的话,我肯定不出来创业!

那你为什么不选择现在退出呢?

"我是想退,但是人在江湖,已经身不由己了,因为我已经不是为了我自己了,因为创业,我忽悠了我的一帮朋友加入,大家都抱着一腔热血,怀揣着伟大的梦想,跟我一起来了,他们都没有退,我能退吗?"

创业是艰难的,创始人是孤独的! 创业的那种艰难是无法想象的,所有的问题都要去面对,重要的是要不断地去解决问题,你才能往前走。而且很多时候,作为创始人你找不到人商量,有些问题只能自己扛,自己单独决策。

不止一个人告诉我,他们都遇到了公司现金流马上要断了,眼看明天公司就要破产解散了,但这些事情没有人可以代替你去解决,只有你自己独自面对,并想办法解决它。

创业要赚钱

一些创业者去创业的时候,没想清楚怎么赚钱就开始创业。事实上,创业光有情怀是不够的,还是要回归商业的本质,企业不赚钱是不能持续生存的。

看到不少新闻报道,有的创始人说"我不知道如何赚钱,先干了再说"。也有创始人说"创业如果失败了,那就算做公益了。"如今这样的看法已经很难得到投资人的认同,不懂如何赚钱,投资人是不会投资的。

有的创始人从一开始创业就明白自己创业就是为了赚钱:"我出来创业的时候,很简单,我想清楚了我们应该如何赚钱,而且我们从创业开始,就一直是盈利的。我召集大家伙来一起创业,就是要大家一块儿赚钱,不赚钱我为什么要辞了工作出来创业呢?"创业目的明确,如今他的企业已经市场估值超百亿元。

创业也是快乐的

其实和一些创始人深聊之后,我又有了不一样的认识:表面上看他们非常的辛苦,就如前面讲到的创业维艰，但是你在听他们讲自己的梦想、自己的愿景时，在讲他目前所做的事情就是一步步地朝着自己的目标前进的时候，你能感受得到他内心的喜悦和对未来的向往。我曾经与几个创始人交流，他们说：

如果你用你自己的方式做你喜欢并认为值得去做的事情，那就是快乐的！

如果你跟着自己喜欢的人做自己喜欢的事，你也是快乐的。

如果你因为强大的内心驱动去激励自己完成一个激动人心的目标，你会因为感受到不断地接近目标而快乐！

也有创始人说"不出意外的一天就是幸运的一天。"创业的乐趣在于通过自己的努力解决一个又一个的问题……

总之，当你换一个角度，走进创业者的内心深处，会发现有不少创业者在创业的过程中不断地挑战自我，发现自我，找到了自由选择的快乐，感受到了解决问题的快乐，或者说一边经历痛苦的磨砺过程，一边感受着快乐。

因此创业既是艰苦的，也是快乐的。但是无论如何，在创业之前，还是要做好充分的准备，既要有资金的准备，更要有知识和能力的储备，同时要想清楚赚钱的模式，既然从事商业，就要回归商业本质，盈利是企业可持续增长的充分必要条件。最后，要有充分的思想准备，创业是一场长跑，而不是赚一笔钱就走。

为了让创业者少走弯路，做好充分的准备，或者在他们的创业路上多一些支持和帮助，百万菁英双创平台根据多年对早期创业者辅导的经验和方法体系，组织了平台上一批有实战经验、有情怀、有能量的创业导师编写了本书。他们或者本身多次创业，或者已经投资数家公司，或者常年从事创新创业服务、管理咨询培训工作，拥有丰富的实战和辅导经验。

本书的特点可以概括为三条线，即两条明线、一条暗线：

（1）内容设置上的一条主线（明线）：包括创新创业、商业模式、创业团队、产品运营、品牌营销、创业融资、法务财税、创业心理、精益创业共9章。

（2）体例设置上的一条主线（明线）：方法＋工具＋理念观点提炼，警钟、路径和大量创业案例。

（3）模式设置上的一条主线（暗线）：失败或问题案例敲响警钟，成功路径重点借鉴。

为了帮助创业者找到使用场景，也为了让创业者很好地理解一些重要的方法和工具，全书通过近百个案例的解读，通过将创业者因为没有正确地理解或者是错误地使用一些创业理念、创业方法和工具导致了创业损失或者失败的案例列举并解读；通过将创业者因为正确地使用一些重要的方法和工具，从而使创业者在某个环节上获得了收益、降低了风险，或者因此而获得成功的案例进行解读。总之本书不是枯燥的理论堆砌，更多地是通过案例来解读，分析创业实战经验。

本书是多位专业人士共同创作的智慧结晶，由淦南森和傅强任主编，陈宇、张玲娜、杨丹和靖仕寅任副主编,参加编写的还有于凡诺、刘世红、李云、徐京锋、吴宾、刘晓坤、杨涛、范贵宾、郭美云、翟慧。全书由淦南森、傅强统稿。

在本书的撰写和相关研究过程中,得到了陶行知教育基金会、百万菁英双创平台、康华伟业孵化器、煜新保理的大力支持。借此出版机会,对陶行知教育基金会执行会长崔祖瑛、康华伟业孵化器董事长霍建华、深圳煜新保理执行董事苑鲁南、百万菁英董事长任碧芳、百万菁英综合管理部部长孙利红、百万菁英运营部部长李领、中投汇创合伙人兼高级副总裁曹磊、广州中山大学原东校区党工委书记杨元红、大连工业大学国际教育学院副院长焦丽娟等所有参与本书项目的合作机构和朋友表示敬意和感谢。

写书和出书在某种程度上总是留有"缺憾",由于种种原因,每每在完成书稿之后,总能发现或多或少的缺憾,本书也是如此。因此,也诚恳地期望读者在阅读本书的过程中,指出书中存在的不足,并提出宝贵意见,这是对我们最高的鼓励和奖赏。我们将在修订或重印时,将大家反馈的意见和建议适当地体现出来。

反馈邮箱:18610737859@163.com,在此谢谢广大读者的厚爱!

淦南森

2018 年 5 月于北京

目 录

CONTENTS

第1章 创新创业：困境、价值、修炼

题记 没有人不希望过一个不一样的人生,究竟应该如何做,才能过上完全不同的人生?

尽管答案千千万万,但我始终认为,无悔的人生就是不给自己设限,通过不断挑战自我极限,在各种不确定性中,做自己想做的事情,并最终做成自己想做的事情。这样的人生一定是快乐的人生,如果是创业,那就是快乐地创业。

如果你也是这么认为的,那么接下去有关创意、创新、创业的章节,将非常适合你。因为创意,正是一种与众不同的能力,创新就是将这种能力付诸创造性的实践行为,而创业则是创新价值的最高体现。换句话说,创业是一种实现梦想的途径,也是人生一种重要而关键的能力。

1.1 创意的困境

"人们永远都想摆脱没有创意的状态,然而遗憾的是,连摆脱的方法都毫无创意。"这是余秋雨的一句话,不经意间就揭露了创意的某种困境。人们很可能不知道什么叫创意,却一定知道什么叫没有创意。

美国声名远扬的广告创意大师詹姆斯·韦伯·扬(James Webb Young)也强调说,创意的产生,有时候像茫茫大海中突然出现的"魔岛"一样,在人的脑海中悄然浮现,神秘而不可捉摸。

这正是眼界和动手的差距,这也是追求和存在的差异,更是理想和现实之间的距离,这些都是这些创意现实存在的困境。

不过,我们也忘不了,就像世界著名未来学家阿尔文·托夫勒曾经预言:资本的时代已过去,创意时代正在来临:谁占领了创意的制高点谁就能控制全球! 主宰未来商业命脉的将是创意! 创意! 创意! 除了创意还是创意!

我们已经看到或者感受到,创意不仅仅是一种灵光闪现,而是在更多更广更深的领域发挥作用,愈来愈成为一种时代潮流,一种激动人心的经济存在,甚至逐渐成为一种有意义的存在方式。

当然,创意在现实中是一直存在的,已经引起越来越多的专家学者的独立认识和研究,逐渐被广泛重视。

如以美籍奥地利经济学家约瑟夫·熊彼特(Joseph Alois Schumpeter,1883—1950)为代表的学者,明确以"创意、创新"为主题进行理论探讨,并将创意、创新理论与社会发展,尤其是经济发展进行紧密联系。

还有,英国经济学家约翰·霍金斯先生,他在英国首先提出了创意经济的概念,被全世界誉为"创意产业之父"。而这源自他几十年前的反思,他认为,无论信息多么丰富、技术多么快速发展和表现神奇,它们终究不能制造出内容产品来。换句话说,唯有创意才是真正的核心。

此外,美国创造学和创造工程之父亚历克斯·奥斯本提出的头脑风暴法,开始引导人们通过一定的技法,有目的地找到新的和异想天开的创意来解决问题。

还有李奥·贝纳(Leo Burnett),他提出创意的核心是建立一种新的、有意义的关系的艺术,把事物内在固有的刺激发掘出来,并找到最为准确的表达方式,也深深影响了一个时代许多的领域。

1.1.1 创意的关键词

1. 元素

创意中的元素指对现实存在事物的理解以及认知,现存的是旧元素,经过变换或者反应推陈出新的是新元素。创意,就是把已知的、原有的元素打乱并重新进行各种形式的排列组合,形成一个未知的、没有的新元素。

2. 激情

创意需要激情,创意很多时候是心智和激情融合的产物,因为一旦充满激情,人们往往就会前仆后继百分百地投入,从而产生最意想不到的创意。

3. 组合

创意很多时候,就是新的组合,是此前所有要素的一种重组。

4. 打破

打破是指突破对于现实存在事物的理解和认知界限,跳出惯性,从而获得一种新的视角。一种宁静打破的瞬间,往往就是创意产生的刹那。

5. 黎明前的黑暗

在产生富有创造性的突发思维之前,需要长久地甚至一刻不停地琢磨,有时或者已经是筋疲力尽,甚至穷途末路,乃至已经令人沮丧灰心动摇,却仍然毫无所获,似乎始终距离突破就差一点点,这就是黎明前的黑暗。

从这里,我们也可以窥见创意的一些基本特征。首先,创意客观存在于创意主体(人)对外部世界客观存在进行反应的过程中。其次,创意指向的是一种新的未知的想法、点子或主张。还有,创意是有目的的,很多时候是为了解决问题,为了更好地发展。再次,元素重组是一种很好地发掘创意的途径,即把过去已存在的元素进行加工,让元素重新分解组合,进而构成新的创意。

1.1.2　从创意到创意产业

如果说创意是一种创新主张或办法的能力，具有提供新的实践观念与思维的力量，那么随着大众对于创意的持续关注和不懈地投入，以创意为特征的，一个创造财富和就业机会的时代已经来临。

1990 年，美国首次用"版权产业"的概念来计算这一特定产业对美国整体经济的贡献。

1993 年，澳洲出台《创造性的国家》文化政策。

1997 年，英国首次最先明确提出"创意经济"概念，并成立了创意产业特别工作小组（Creative Industry Task Force）。这个小组于 1998 年和 2001 年分别两次发布研究报告，分析英国创意产业的现状并提出发展战略。

1998 年，英国创意产业特别工作组在出台的《英国创意产业报告》中首次对创意经济进行了定义，将创意经济界定为："那些从个人的创造力、技能和天分中获取发展动力的企业，以及那些通过对知识产权的开发可创造潜在财富和就业机会的活动。"

1998 年，韩国成立了专门为创意产业服务的文化产业局，随后制定了文化产业振兴基本法。

2007 年 5 月，日本正式通过《日本文化产业战略》，并通过全力打造"酷日本"，大力促进了日本的创意产业发展。

2009 年，美国总统奥巴马签署了《艺术和美国复苏及再投资法案》。早在 1964 年和 1965 年，美国国会就分别通过了《国家艺术和文化发展法案》和《国家艺术和人文基金会法案》。1976 年，美国首次颁布《版权法》。目前，美国已经形成了定位明确、体系完备的文化产业发展法律体系。以创意为主轴，美国也拥有世界上规模最大、产值最高、国际竞争力最强的文化创意产业。

事实上，创意产业理念可以追溯到熊彼特，早在 1912 年他就在《创意经济》中明确提出，现代经济发展的根本动力不是资本和劳动力，而是创新和创意。

近年来，美国经济学家凯夫斯（Caves）提出：创意产业提供我们宽泛地与文化的、艺术的或仅仅是娱乐的价值相联系的产品和服务。它们包括书刊出版、视觉艺术（绘画与雕刻）、表演艺术（戏剧、歌剧、音乐会、舞蹈）、录音制品、电影电视，甚至时尚、玩具和游戏。凯夫斯力图从当代经济角度对创意作为一个产业部门做一种新的分类或界定。

英国经济学家约翰·霍金斯（John Howkins），则把创意产业界定为产品在知识产权法的保护范围内的经济部门。知识产权有四大类：专利、版权、商标和设计。霍金斯认为，知识产权法的每一形式都有庞大的产业与之相应，加在一起，"这四种产业就组成了创意（创造性）产业和创意经济"。约翰·霍金斯认为，创意并不被艺术家所垄断，任何科学家、商人，以及经济学家都可以有创意。他指出人类创造的无形资产的价值总有一天会超越人们所拥有的物质数据的价值。他分析当前全球创意经济发展面临四大挑战。一是创意不容易被观察。创意经济时代将是一个崭新的社会，所有的元素都是新的，所以关于相关原则的教育至关重要。二是创意经济需要全新的概念和标准。创意经济的核心价值并不是来自于资本、土地，而是人们的想象力，所以工业经济价值标准，包括利息、利率的变化，与人脑中创意的方法是完全不同的。三是知识产权的问题。如何维护对创意的所有权，需要平衡两个方面：一方面是制度，另一方面则是收益。四是更多的合作。将各种不同的声音融入在一起，相互吸收，结果会更好。

卡耐基梅隆大学的佛罗里达（R. Florida）认为，自 1980 年以来，创意经济增长速度很快，有着越过服务经济的趋势，因此创意时代已经到来。在创意时代，推动经济增长的主要因素不再是技术，也不是信息，而是创意。一国的经济不再主要是由其自然资源、工厂生产能力、军事力量，或者科学和技术构成。创意人才成为竞争的中心。

联合国贸易和发展大会专门设有创意产业部，把创意产业定义为：那些依个人创意、技能和天才，通过挖掘和开发智力财产以创造财富和就业机会的活动。根据这个定义，创意产业包括广告、建筑、美术、古董交易、手工艺、设计、时尚、电影、互动休闲软件、音乐、表演艺术、出版、软件，以及电视、广播等诸多部门。他们认为，创意产业不再局限于传统文化产业，而是适应新的产业形态而出现的创新概念。它通过"越界"促成不同行业、不同领域的重组与合作，通过创意化，高端化，增值服务化，以推动文化发展与经济发展，并且通过在全社会推动创造性发展，来促进社会机制的改革创新。

从创意到创意产业的发展，创意活动逐步从某些行业中独立出来，形成一个专门的新的经济形态，这种创意经济或者称创意产业，正在高速发展中，它以知识及创意为本，以人的创造力为核心增长要素，正在成为全球经济发展的新动力引擎。

1.1.3　创意价值链

创意价值链指从创意源到创意成果产业化的过程中，由创意主体通过一系列创意活动形成增值链条的集合体。或者说一个个的创意个体，从自发到自觉，形成一个创意阶层，再因为各种关系形成创意社群，为全社会源源不断地提供创意产业化实践。

创意价值链是一个复杂网络系统，比如有的是创意源，有的提供原创转折，有的设计产品方案，有的进行实践试验，有的对市场进行推广销售，最终完成创意产业化，并形成一个完整的脉络体系。无数企业、文化机构、研发机构、大学、投资机构（包括公共和私人投资机构）、政府、中介机构、推广机构等若干创意主体在创意价值链的构建中分别承担着不同的功能。

创意产业不是自给自足的生产系统，而是与其他经济及文化领域互动融合的，其作用结果就是以创意价值链系统为中心，使创意价值不断向系统外围拓展，为社会带来有形和无形的价值，同时，这一进程也是创意产业不断向实体产业和城市发展进行拓展的过程。

1.1.4　创意阶层

创意的背后是出点子的人，创意经济的背后是一大批富有创建性设想的人，即专门从事创意活动，以创意为职业的人，称创意人，他们就是创意产业的核心和精髓。

美国学者理查德·弗罗里达认为，在创意经济时代，社会阶层构造发生了重要变化。除了劳动者阶层、服务业阶层以外，一个新的阶层在悄然兴起，那就是创意阶层。佛罗里达把创意阶层分成"具有特别创造力的核心"和"创造性的专门职业人员"两个组成部分。前者包括科学家、大学教授、诗人、小说家、艺术家、演员、设计师、建筑师、引导当代社会潮流的小说家、编辑、文化人士、咨询公司研究人员以及其他对社会舆论具有影响力的各行各业人士。后者包括高科技、金融、法律及其他各种知识密集型行业的专门职业人员。

他分析指出，创意阶层已经具有一些典型特征。首先，创意阶层经常会有创新的想法，发明新技术，从事"创造性"的工作，并有自己阶层的职业指标和学历指标。其次，创意阶层具有一些共同的价值观和能力。如尊重个性，竞争与实力主义优先，喜欢开放与多样的城市社会环境，具有重新修改规则、发现表面离散的事物间共同联系的能力等；关心生活方式以及自我价值的实现等。再次，创意阶层在选择工作时，特别重视工作的意义、工作的灵活性与职业的认同等因素。

创意阶层概念一经提出，立即风靡全球，至今长盛不衰。

1.1.5　创意社群

创意社群最早由美国圣地亚戈州立大学约翰·M.埃格教授（JohnEger）提出。

广义的"创意社群"涵盖了创意产业发展中一切重要的社会关系，强调促进创意产业发展的社会生态，强调创意产业发展对社会组织变革和对社会转型的深刻影响。狭义的创意社群是产生创新创意活动的活态群落，区别于创意产业集群的物理空间、创意阶层的阶层划分和创意社区的活动场所，更多地关注群体的活动内容和有机联系。

在未来几十年内，将会有越来越多的传统经济模式转变为创意阶层行业，不少工业时代的传统城市将渐渐没落，创业的重心将转向重视创意、智能和文化的城市，创意社群的作用将越来越突出。

1.1.6　创意的方法

如何产生一次创意的火花？如何能持续产生一系列创意的火光？这里介绍几种方法。

方法之一：头脑风暴法

头脑风暴法又称智力激励法、BS 法、自由思考法，是由美国创造学家 A. F. 奥斯本于 1939 年首次提出、1953 年正式发表的一种激发性思维的方法。此法经各国创造学研究者的实践和发展，已经形成了一个创意激发发现技法群，如奥斯本智力激励法、默写式智力激励法、卡片式智力激励法等。

方法二：世界咖啡屋

朱尼特·布朗和伊萨斯·戴维提出了世界咖啡屋的理念以及组织实施规则和方法。世界咖啡屋是一个创造的过程，它引导协作对话、分享知识并创造行动的可能性，适用于各种大小的组织,将大家的思维和智慧集中起来讨论问题和解决问题。已经成了一种有效的集体对话方式,一种重要的交流工具。

方法三:创意马拉松构思法

日本创意达人樋口健夫(HIGUCHI TAKEO)提出了创意马拉松构思法(Idea Marathon)。希望通过一定的方法步骤,持续刺激脑部,使其源源不断地产生新点子。

方法四:元素重组法

詹姆斯·韦伯·扬也提出了自己的方法,就是非常重视从宏观和微观两个角度来分析事物。首先要求洞悉事物的"大画面",然后熟练掌握事物的关键要素"小画面",以便将不同事物的关系连在一起。

警钟 1-1:　太超前的好创意大多昙花一现

项目介绍

2013 年,有一次去拜访一个创业者。那时候"饿了么"正在完成新一轮融资。最令我惊讶的是,当时那个创业者,给我出示了存在他邮箱中多年前的一个项目方案,乍一看几乎就是"饿了么"的样子,也是希望打造一个本地生活平台,主营在线外卖、新零售、即时配送和餐饮供应链等业务。听他描述,当时很多发展战略几乎就与后来的"饿了么"大同小异,在我惊诧和惋惜时,他淡淡地笑了笑,很多时候,太早也是个错误。

后来我才发现,事实上这样的例子还有很多。

比如最早提供同日送达服务的,是 Web 1.0 时代的知名网站 Kozmo.com 和 Webvan。但 Kozmo.com 在".com"泡沫破裂时损失了数亿美元,Webvan 更是让投资人的 10 多亿美元打了水漂。

还有,微软早在 2004 年就发布了智能手表的原型产品。据 Techspot 报道,微软智能手表可以利用 FM 收音机信号将新闻、天气和其他信息带入手表中。微软智能手表算得上智能手表的先驱,可惜一直没有流行开来。

其他,如 AT&T Picturephone 可视电话,在 1964 年的纽约世博会上,美国电信运营商 AT&T 展示了可视电话服务,使用一个内置摄像头的小型的 CRT 显示器来实现,类似于今天的网络视频服务。但是多少年过去了,也并未真正推广成功。

还有,关于游戏体感操作,这样的理念早在 1989 年便已经由 Mattel Power Glove 提出。他们的产品 Mattel Power Glove 兼容任天堂游戏机的游戏手套,就拥有体感操作功能,可惜的是由于当时技术限制,导致操作精度太差,无法获得成功。

还有,在 1990 年,罗技推出了 Fotoman 数码照相机,拥有 320×240 像素的分辨率,并内置 1 MB 存储空间,售价高达 980 美元(折合当时汇率约为人民币 4 700 元)。然而 Fotoman 也没有成功。

还有,可以说是早在 2002 年就已经出现了的可穿戴式智能设备。Xybernaut Poma Wearable 是一款随身 PC,实际上是一台运行 Windows CE 的掌上设备,用户可以像佩戴随身听那样随时携带它，并通过头戴式的 800×600 像素的彩色屏幕来观看内容，可以支持 IE 浏览器、Windows 媒体播放器和 Outlook 等软件，当然也没有成功。

项目点评

许多超前的创意，因为出现得太早，市场尚未做好准备，没有相应的技术、市场氛围、经济消费等众多配套条件支撑，体验遭遇瓶颈，很难形成气候，最终只能以失败告终。而数年后，市场条件成熟，另一个同类型的公司，却一飞冲天，成为业界的新秀和精英，取得傲人的成绩，产生巨大的社会价值。所以，创意不能因为别人没想就不能做，也不能因为别人做失败了，而止步不前，不愿意再尝试。

路径 1-1： 创意社群，让用户成为产品新节点

项目介绍

在互联网时代的产品世界里，从粉丝到社群，谁拥有的用户最多，谁就是这个商业世界的王者。

小米的社群运营，就是这么一条王者之路。

小米 2018 年 5 月 3 日提交的招股书显示，MIUI 系统已经拥有 1.9 亿月活跃用户。已经覆盖海内外 2.8 亿用户，覆盖 55 种语言和支持 142 个国家与地区。实际上，这家公司成立刚过 8 年。

直到今天，小米的成功，很大一部分都被认为应当归功于当年"用户开发"的尝试，事实上就是最早期的社群运营和粉丝经济。当年小米发售手机前，雷军要求以最节省费用的方式进行营销工作。

时间紧任务重，主管 MIUI 的负责人黎万强就率队跑去论坛做口碑：满世界泡论坛，找资深用户，几个人注册了上百个账户，天天在手机论坛灌水发广告。

他们还精心挑选了 100 位超级用户，参与 MIUI 的设计、研发、反馈等。

通过这种方式小米快速在互联网炒热，特别是在当时刚兴起不久的微博上更是频繁曝光。据说当时这个团队每天的发帖量是华为、魅族的四倍以上。那时，雷军会每天花一个小时回复微博上的评论，即使是工程师也要按时回复论坛上的帖子。据统计，小米论坛每天有实质内容的帖子大约有 8 000 条，平均每个工程师每天要回复 150 个帖子。而且，在每一个帖子后面，都会有一个状态，显示这个建议被采纳的程度以及解决问题的工程师 ID。

此外，和其他论坛纯线上的交流不同，小米还有一个强大的线下活动平台"同城会"。小米官方每两周都会在不同的城市举办"小米同城会"。每次活动邀请 30～50 个用户到现场与工程师做当面交流。

另外，小米还要求全体员工积极与米粉交朋友，并上升为企业文化。为此小米赋予了一线员工很大人性服务的权利。如客服有权根据自己的判断，自行赠送贴膜或其他小配件。

除了赋予员工权利，小米还会赋予用户权利——成立"荣誉开发组"，让他们试用未发布

的开发版,甚至参与绝密产品的开发。

在团队的不懈努力下,小米长期居于互联网各种手机热榜前列,带动了更多的人关注小米,逐渐形成一种不断热炒小米的良性循环,一步步推动小米成为当时互联网最热的品牌之一。

项目点评

从精心挑选用户参与,到线上及时回复,再到同城会的面对面交流,再到全员交友人性服务,最后引导用户参与产品开发。

从最小成本开发用户出发,一系列充满创新创意的举措,线上线下运营,从用户到粉丝,到开发组成员,最初的用户不知不觉中,就已经成为产品中不可或缺的一环,成为小米这个日渐庞大的商业体系中的一个节点。

粉丝社群的创意经营,也一度成为这个模式最耀眼、最吸引人的地方。

1.2　创新的价值

创新一词,最早起源于拉丁语,有三层含义:第一,更新;第二,创造新的东西;第三,改变。

1911 年,熊彼特在《经济发展理论》中率先提出创新的基本概念和思想,第一次将创新视为现代经济增长的动力和源泉,指出"创新就是建立一种新的生产函数",认为没有创新的经济会处于一种"循环流转"的均衡之中,创新则有助于打破这种均衡、推动经济发展。

从"创新"作为一个理论概念、一种思想被提出,到创新现象得到普遍关注和重视,经过一百多年的持续发展。现在,"创新是产出和生产力增长的核心"这一观点已经被广泛接受,创新的价值日益显现。

"创新的重要性不仅仅体现在企业层面上,创新逐渐成为国家经济增长的源泉,正在成为国家经济政策的中心点"。创新已经成为当今世界各国经济竞争和社会发展的一个重要的主体。创新无处不在,渗透于各个研究领域,已经越来越多地成为一个事物发展壮大的核心关键所在。

在创新创业中,创新更多倾向于是一种人的创造性实践行为。而且相对于创意,创新的内涵和外延清晰了很多。下面通过对创新和创意的一些比较认识其不同:

首先,创意是特定思维形态,是一种创新意识。而创新是一种人的创造性实践行为。

其次,创新是指新观念、新构想运用于实践,常常受现有知识和物质的制约。而创意是一种意向的创造过程,局限性较少,不太受到所谓的边界、媒介、质材的约束,而是无限开放、跨越和奔放的。

再次,创新的目的是改进或创造新的事物、方法、元素、路径、环境,从而创造更方便、更好的生活方式。而创意的核心是营造具有原创意义的新颖的意象与意蕴,主要是一种思维上的突破、享受与启迪。

还有,创意是以创新创造为目的所进行的一系列创新性思维活动,是创新内在活力源泉所在,且日益成为创新的源动力。因此,创意正在成为创新的灵魂,成为创新的基础和关键。

1.2.1　创新的几种素质

创新,核心是新,关键在创,是对当下资源最大限度的利用。

创新素质就是人在先天遗传素质基础上,后天通过环境影响和教育所获得的稳定的,在创新活动中必备的基本心理品质与特征。

创新人才究竟应该具有怎样的创新素质? 这些素质主要体现在哪些方面?

事实上,随着社会的进步,创新人才所要求的创新素质也是在不断变化的。以下重点考查六种基本素质:

1. 兴趣

兴趣是一个比较宽泛的概念,有着丰富的内涵。一般指人对事物的特殊的、带有不同的情感色彩认识倾向,是一种冲动,一种力量,分为个人兴趣和情景兴趣。

美国学者杜威 1913 年在《教育中的兴趣与努力》一文中已经关注到兴趣,并提出:"真正的兴趣是自我通过行动与某一对象或观念融为一体的伴随物。因为必须有那个对象或观念维持自我主动的活动。"

近年来兴趣已经得到研究者的广泛关注,今天的人们已经普遍认识到兴趣是最好的老师。它以认识和探索某种事物需要为基础,是推动人去认识事物、探求真理的一种重要动机,是一个人学习中最活跃的因素。兴趣在人的发展过程中,不断引起人们的冲动,激发挑战的欲望,进而让人们选择努力和奋斗,从而不断使人的潜能发掘出来。

在创新活动中,兴趣更多的是表现为创新者被特定的事物或者现象吸引并产生冲动,成为其创新的内在动机,强烈地激发促进人们以创造为目的开展动手实践。

2. 观察

人们通常所说的观察,是指细察事物的现象、动向等,简而言之,就是用眼睛进行查看。在科学研究中,观察指一种有目的、有计划、比较持久的知觉活动。它是以视觉为主,融其他感觉为一体的综合感知,是知觉的一种高级形式。观察中包含着积极的思维活动,因此,人们也把它称为思维的知觉。它存在于每个人与一切事物的互动之中(包括隐默的)。

观察是人们认识世界、获取知识的一个重要途径,也是科学研究的重要方法。一切科学实验,科学的新发现、新规律,都是建立在周密、精确、系统的观察之上的。

观察成为科学认识中最基本的活动,是与近代科学一起产生的。从培根、洛克的"纯观察说"到康德的先验认识论,再到逻辑实证主义所维持的"中性观察说",再到历史学派的"观察渗透理论说"等,在近三百年的历史中,观察概念从来就是各派聚讼纷纭的主要问题之一。

在创新活动中,观察力是指能够迅速准确地看出创新对象和已有现象的那些典型的但并不很显著的特征和重要细节的能力,直接影响是否能把握住新事物的本质要点,从而在关键衔接处运用自如,有充分解决不可预知困境的能力。它是个人通过长期观察活动反复训练所形成的。创新观察力是创新的第一要素,是创新发展的基础。

3. 搜集

搜集是人类活动不可或缺的重要组成部分。在古代，人们的搜集行为往往是获得生理性需要的满足，如吃喝、防守。随着时代的变迁，人类的搜集行为逐步发生变化。人们开始利用搜集这种本领，渗透到生活的每一个领域，由获得物品扩展到对信息的搜集等。

在今天，人的感觉器官不断获得延伸，搜集更多地发生在信息领域，因为信息浩如烟海，人们搜集处理信息的能力，就越来越显得重要。有明确的搜索目标，知道并熟悉搜集常用的方法工具，有高效高质的数据分析和处理能力，等等，这些都是提高搜集能力的基本要求。

在创新活动中，搜集能力是指人们能否从环境中最大限度地获取有效信息，这关系到决策的速度和力度，从而与最终能否解决问题、能否真正实现创新息息相关。

4. 记忆

记忆是人脑对经验过的事物的识记、保持、再现或再认，它是进行思维、想象等高级心理活动的基础。人类记忆与大脑海马结构、大脑内部的化学成分变化有关。简而言之，记忆就是过去经验在人脑中的反映。

记忆是人类生活中不可或缺的重要部分。古希腊人很早就把记忆认作是艺术和学问之母，即人类智慧的源泉。培根也曾经说过："一切知识无外乎记忆。"

从生理学的观点来看，记忆是脑细胞和脑神经的机能；从传统心理学的观点来看，学习是从外界获得经验，记忆则是这种获得的经验在大脑中的保持；经典的生理心理学认为学习是神经组织有关暂时联系的建立，记忆就是这种暂时联系建立的痕迹的保持；随着近代信息论科学的发展，心理学家们将信息概念引入了学习记忆理论。学习指的是神经系统内信息的获得与保持，记忆则是指储存于脑中的所有信息的总和。

而近年来，有关记忆的研究正在多个领域，全方位、多层次地拓展、创新和深入，许多成果正日益深刻地进入并影响着人们的学习、工作与生活。

记忆力，就是指人的记忆能力，即人脑的识记、保持、再现和回忆能力，与是否有良好的记忆品质、能否选择有效的记忆方法相关。从时间上看，记忆力可分为短期记忆力、中期记忆力和长期记忆力。

在创新活动中，记忆力是指能记住工作、生活、学习中与创新相关的许多事物的外形和名称，以及该事物与以前学过的某事物的相似点与不同之处，成为人们不断提升实践能力的前提。

5. 想象

想象是在大脑意识控制下，对感官感知并储存于大脑中的信息进行分解与重组的思维运动。想象属于第二信号系统，是用形象进行思考的。想象也称想象力。简而言之，想象是人脑对原有的表象进行加工改造而形成新形象的心理过程。

想象力的核心是生成表象的能力。它具有从无到有、由此及彼、变通更新的功能。

想象力的本质就是符号思维的本质。符号思维所包括的逻辑思维与形象思维，都是人类想象力的具体表现。符号能力的形成为人的想象力提供了无穷无尽的思想空间，人们就是借此从具体形象的现实世界到逻辑的可能世界。美国学者雅·布伦诺斯基说："人类区别于其他动物的核心在于人类自身所独有的想象力。"

想象力突破了时间和空间的束缚，是创造力的核心动力，甚至能因此准确预见未来。

在创新活动中，想象力也发挥着关键的作用，想象力不仅参与创新的全部生产过程，而且，正是通过想象，人们才真正有可能走出第一步创新。也正是富有生机的想象力，引领着创新活动不断向前发展。

6. 沟通

沟通，指人与人之间、人与群体或者其他某种智慧物种之间实现思想与感情的传递和反馈的过程。沟通的基本结构包括交流者（信息发送者、信息接收者）、信息、反馈、通道四个方面，沟通是信息双向流动的过程，由信息的传递和反馈共同组成。

沟通是信息交流的重要手段。沟通的实质内涵就在于其有效性。交流双方中，信息接收者能否接受并在多大程度上接受信息发送者发送的信息决定了沟通的有效程度。

良好的沟通能力，是人们走向成功的通行证。它不仅有助于将人们自己最优秀的品质、最突出的才能轻松自如地表现出来，还能最大限度地有利于消除误解，获得信任，融入一定的生活圈和交际圈，从而争取更多的时空机会。相反，沟通能力差就很容易在交际中被边缘化。

在创新活动中，沟通能力是指在与他人或群体之间信息交流，以达成实现一定创新目标的能力。高效的沟通能力主要靠平时持之以恒的长期积累，坚持不懈地训练，时刻注意收取和追踪新知识、新信息，具备较强的沟通技巧和应变能力。

1.2.2　创新的八种思维

思维是具有意识的人脑对客观现实的本质属性、内部规律的自觉的、间接的和概括的反映。强调事物之间的相互关系，借助概念、范畴、判断、推理等思维形式，以达到对具体对象本质特点或客观规律的把握。

思维方式是主体思维过程中，思维形式、思维方法和思维程序的综合和统一。思维方式受不同历史时代的影响，每一时代的思维方式反映该时代的社会和文化，体现该时代的社会生产力、科学发展程度、认识水平、实践方式和时代精神。

思维是一个动态、有机、复杂的系统。思维方式更是千差万别。

在创新活动中，思考的能力，决定了创新的步骤、方向和格局。下面重点考查八种基本思维：

1. 逆向思维

逆向思维，指从反面提出问题、分析问题、解决问题，是一种反习惯、反传统、反常规的思维方式。简而言之，就是反过来思考。

"反其道而思之"，逆向思维是一种创造性的思维方式，尤其对于一些问题，从结论往回推，倒过来思考，从求解回到已知条件，往往能够突破常规的束缚，产生出奇制胜的效果。

在创新活动中,逆向思维有着十分重要的作用,可以创新思想、创新体制、创新科技、创新管理方法、化解危机。

2. 跳跃思维

跳跃思维是指思想和思考不依照传统的、习惯的思维步骤而自由地、随机地进行,从某一点突然就跳跃到另一点,从一个序列突然就跳跃到另一个序列。

跳跃思维的思维过程,可以归结为三部分,即出发知识、接通媒介(常常省略)和结论性知识。跳跃性思维省略的常常是接通媒介的部分或全部。它可以是横向跳跃,也可以是纵向跳跃,还可以是不同层面的跳跃。

这种思维方式想象力非常丰富,有很大的灵活性、随意性,有时甚至是盲目性。它与逻辑思维是相对立的。常常表现为逻辑不严密、组织杂乱无序,也被看作是一种杂乱的思维方式。

在创新活动中,跳跃性思维有助于人们打破盲目遵从权威、遵从习惯,或者避开眼前的局限障碍,从而获得新思维新发现。

3. 比较思维

比较思维是通过对两种相同或是不同事物或是同一事物的不同方面进行对比,把相同、相似、相反或有差异的方面加以对照区别,寻找事物的异同及其本质与特性,从而得出某种认识的思维方式。比较思维是一个同中求异、异中求同,进而产生新知、得出创造性结论的过程。

比较思维的方法是思维主体认识事物的一种方式,它具有适用面广泛、操作灵活、分析较为全面等特征。

比较思维方法有多种类型。常用的比较思维方法主要有同—异比较法、性质—关系比较法、结构—功能比较法、共时—历时比较法、定性—定量比较法等。

客观事物的同一性和差异性是比较方法的客观基础,在科学研究中,要发现事物的本质规律,首先就要对经验材料进行比较分析。爱因斯坦曾说:"知识不能单从经验中得出来,而是从理智的发现同观察到的事实二者的比较中得出。"

在创新活动中,人们离不开比较思维,有效利用比较思维,将有助于全面认识新领域新事物,极大地推动人类创新认知实践能力的发展。

4. 发散思维

发散思维,是一种多方向、多层次的思维过程,它以一个目标为中心,向四面扩散,沿着不同的方向、不同的角度思考问题,从多方面寻找解决问题的答案。这种思维呈扩散式,思维主体尽量扩大自己的思索范围,就似由中心扩散直至无穷,不易受过去知识的束缚,也不易受已有经验的影响。它能充分发挥人的想象力,突破原有的知识层面,在无拘无束中探寻创新。

不过,发散思维仍然受制于发散者所具有的知识、技能和经验以及时代条件的局限。最有效的发散效果,正是建立在丰富的知识、技能和经验积累之上。

美国心理学家吉尔福德(J. P. Guilford)在二十余年因素分析研究的基础上，于 1967 年创立了智力三维结构模型理论，他把以前曾被从智力概念中忽略的创造性与发散性思维联系起来，还将发散性思维与聚合性思维相对应。他认为发散性思维具有流畅性、变通性和独创性三个维度，是创造性的核心。

在创新活动中，较强的发散思维能力正是创新性人才的基本特征之一。从某种角度来说，发散思维甚至决定着创新能力的高低。

5. 集中思维

集中思维，又称收敛思维，是指以某个问题为中心，从不同的方向和不同的角度，将思维指向这个中心点。换句话说，集中思维就是鉴别、选择、加工，在众多素材或者方案中，进行整理、分析、思考，进行综合、归纳与重构，取其精华去其糟粕，以选择和缩小探索区域，集中于一点，以获得深刻的认识或者寻找出一个相对正确、接近真理的答案。

收敛思维分为静态收敛与动态收敛，具有聚焦性、指向性、综合性、程序性、继承性、推理性等特点。收敛思维必须以大量知识为基础，并以一定能够体现其聚焦性的品质作为保障。从不同来源、不同材质、不同层次中寻找出一个相对正确、接近真理的答案。

思维倘若无收敛过程，就很难有效统一起来，就不能形成集中的思维力量，会使思维失去控制，而陷入无序状态。

在创新活动中，发散思维和收敛思维是辩证统一的，从集中到发散到集中再到发散或是先发散再集中再发散再集中，两者是紧密结合的，互为前提、相互促进、相辅相成，不断实现创新、创造。

6. 交叉思维

交叉思维就是在思维一定的节点停顿，跳到另一个节点或者方向进行思考；或者从一种思维跳到与之有交汇点的另一种思维，在两种思维的转换过程中，汇合沟通思路，获得新的思路或者正确的解决方案。在解决较为复杂的问题时经常用到这种思维，如"围魏救赵"。

世界上的一切事物都是相互联系的，每一件事情如同一条条脉络，有着各自的起源、进行和发展。联系在一起的方方面面，构成了一张巨大的网。这张网中的脉络也是相互穿插交织在一起，每条脉络与脉络之间的交汇处即是各个领域之间的交叉点。通过这个交叉点。两个或两个以上的领域联系了起来，原来单向发展的事物变成了通往多个方向延伸和扩展的事物。往往这样的交叉点就成为一个个新的突破口。

在创新活动中，基于不同领域、不同规律和不同文化背景的交叉，常常会找到出乎意料的方式，对现有成果进行发展和变革，从而发现新方向，开辟新领域。

7. 转化思维

转化思维，就是将一个问题由难化易，由繁化简，由复杂化简单，使隐含关系明朗化，以实现以退为进、由简至繁、以有形换无形，打破固有思维惯性，间接实现解决方案，从而获取新知识、新认识。

换句话说，转化思维就是通过陌生与熟悉的转化，通过数与形的转化，通过正面与反面的转化,通过一般与特殊的转化,通过动态与静态的转化,通过未知参数与已知条件的转化,独辟蹊径。简而言之,转化思维就是把未知或难以解决的问题,通过某种转化,化为已知的或简单的问题。

转化思维是一种常见的创新思维模式,它蕴含着思维相关要素的转变,从形式到内容,从现象到本质,从现实到可能,从偶然到必然,从结果到原因等,包括时间、空间、客体、主体、视角层次等多种形式,从而自然形成一种新的认识。

在创新活动中,在进军未知的世界时,转化思维往往就是打开一扇大门、认识新世界的钥匙,是一种创造的源泉。

8. 系统思维

系统思维,是指思维主体把思维客体、思维过程和思维方式当作系统加以思考和处置的一种思维方式,把认识对象作为系统,从系统和要素、要素和要素、系统和环境的相互联系、相互作用中综合地考察认识对象。根据系统的概念、系统的性质、关系、结构,把对象有机地组织起来构成模型,研究系统的功能和行为,着重从整体上去揭示系统内部各要素之间以及系统与外部环境间的多种多样的联系、关系、结构与功能。

系统思维具有整体性、综合性、立体性、结构性和动态性等特征,其中整体性是系统思维方式的核心内容,它决定着系统思维方式的其他内容和原则。整体性思维,就是从整体出发,对系统、要素、结构、层次(部分)、功能、组织、信息、联系方式、外部环境等进行全面总体思维,从它们的关系中揭示和把握系统的整体特征和总体规律。它是以系统观为基础,以研究复杂性为主要任务的一种现代思维方式,是一种基本的思维方式。这种思维方式的客观依据是系统乃是物质存在的普遍方式和属性,思维的系统性与客体的系统性是一致的。

在创新活动中,系统思维能极大地简化人们对事物的认知,给人们带来整体观、全局观。

1.2.3　创新的方法

创新无极限,创新的方法也是层出不穷。以下介绍美国经济学家约瑟夫·熊彼特(Joseph Alois Schumpeter)"创新"的五种情况,以及和田十二法。

1. 熊彼特"创新"的五种情况

(1)采用一种新产品。即消费者还不熟悉的产品,或一种产品的一种新的特性。

(2)采用一种新的生产方法。即尚未通过经验检定的方法,这种新的方法并不需要建立在科学新发现的基础之上,也可以是处理一种产品的新方式。

(3)开辟一个新的市场。即以前不曾进入的市场,或者新开辟出现的市场。

(4)获得一种原料或半成品的新的供给来源。

(5)实行一种新的企业组织形式。

熊彼特所言创新的五种情况,定义为执行新的组合的发展。后来人们将他这一段话归纳为五个创新,依次对应产品创新、技术创新、市场创新、资源配置创新、组织创新,而这里的"组织创新"也可以看成是部分的制度创新,即初期的狭义的制度创新。

2. 和田十二法

和田十二法，又称"和田创新法则"，是我国学者许立言、张福奎在奥斯本稽核问题表法的基础上，借用其基本原理，加以创造或改进而提出的一种思维技法，通俗易懂、简便易行。它从十二个方面给人以创新启示。

(1)加一加：在原有物体上添加，如加高、加厚、加多、组合等。

(2)减一减：将原来物体减轻、减少、省略等。

(3)扩一扩：将原来物体放大、扩大、提高功效等。

(4)变一变：改变一下顺序、位置、形状、尺寸、颜色、音响、因果关系、气味等。

(5)改一改：改缺点、改不便、改不足。

(6)缩一缩：压缩、缩小、微型化。

(7)联一联：把原有事物和其他事物联系起来。

(8)学一学：模仿原理、形状、结构、方法。

(9)代一代：用别的材料、方法或物体代替。

(10)搬一搬：把原来的设想、技术、方法移作他用。

(11)反一反：将原来事物的性质、功能、组合、排序颠倒一下。

(12)定一定：定界限、定标准、设规则。

1.2.4 技术创新

今天，随着世界经济一体化的不断发展，技术创新能力已经成为决定企业或者国家民族生存发展的关键要素。技术创新是一个涉及经济学、管理学、技术学等学科领域的研究课题，技术创新也是一个科技、经济一体化过程。

历史上，约瑟夫·熊彼特首次将创新概念引入经济学，1912 年，在其《经济发展理论》中，提出以创新为核心的经济发展理论，创立了创新经济学，技术进步开始从外生变量过渡到内生变量进入经济学主流领域。熊彼特的观点发表后，学术界以其创新定义为出发点深化研究，主要分为两个支流：一是侧重产品、工艺创新研究，形成技术创新理论；二是主要以组织变革和制度创新为研究对象，形成制度创新理论。

之后技术创新进入了一个演进过程，早期是在重新阐述评价熊彼特创新概念的基础上依照各自的不同理解而定义，并逐渐拓展。影响较大的有索罗(S. C. solo，1951 年)提出技术创新成立的两个条件，即新思想来源和以后阶段的实现发展，首次以阶段、过程解析熊彼特的定义，后续的研究大都沿着这条思路。伊诺思(J. L. Enos，1962 年)提出：技术创新是几种行为综合的结果，包括发明的选择，资本投入保证、组织建立、制订计划、招用员工和开辟市场等。曼斯菲尔德对技术创新所定下的定义则被较多地使用：创新是从企业对新产品的构思开始，以新产品的销售和交货为终结的探索性活动。技术创新几十年来在概念和定义上出现了多种观点和表述。

美国国家科学基金会(NSF)在《1976 年：科学指示器》中，将技术创新的定义扩展为："技术创新是将新的或改进的产品、过程或服务引入市场。"

我国在《中共中央、国务院关于加强技术创新，发展高科技，实现产业化的决定》中也曾指出，"技术创新，是指企业应用创新的知识和新技术、新工艺，采用新的生产方式和经营管理模式，提高产品质量，开发生产新的产品，提供新的服务，占据市场并实现市场价值。企业是技术创新的主体。技术创新是发展高科技、实现产业化的重要前提。"

事实上，有关技术创新的讨论一直在不断进行中。今天的重点是如何客观、科学、有效地评价和获得技术创新能力，这对于企业在同行业中科学地定位，以及能否采取合理而有效的战略、保持自身竞争优势、获取最佳的经济效益和社会效益具有特别重要的意义。

1.2.5　商业模式创新

商业模式是一个比较新的名词，最早出现在 1957 年论文的正文中，1960 年开始出现在论文的题目和摘要中。20 世纪 80 年代，商业模式的概念开始出现在 IT 行业文献中，后来，随着互联网电子商务平台的形成和发展，商业模式开始流行并逐步引起理论界乃至全社会的关注。

关于商业模式的定义，目前国内外学者对商业模式并没有形成统一的看法，而是各自从不同的视角去解读和阐述。

但是各种说法本质都指出，商业模式是聚焦如何使企业实现最大价值，或降低至最小风险的。它不仅可颠覆过去商务模式、业务模式、盈利模式或发展模式，还可能成为引领行业发展方向的决定性因素。

一般也认为，商业模式有一些基本组成要素，例如：六要素说，包括商业定位、组织业务系统、关键资源能力、盈利模式、现金流结构和企业价值等；九要素说，分别是客户细分、价值主张、渠道通路、客户关系、收入来源、核心资源、关键业务、重要合作和成本结构等。

当下影响力比较大的一种意见，就是认为商业模式不是一个单纯的商业逻辑，而是企业价值创造的逻辑，其目的在于创造顾客价值，它是企业战略在抽象层面的一个概念化描述，在公司商业活动执行过程中起基础性作用。总之，商业模式关注企业通过何种方式来赚钱。

不过，随着时间的推移，没有一种商业模式能适合所有企业，能永不过时，因此，这就要求企业需要商业模式创新，如时刻以顾客需求为中心，以盈利和发展为目标，以行业中主要的竞争对手的定位为依据，以整合企业价值链条为主要内容，采用有别于其竞争对手的独特的经营策略，对企业原有价值链进行有效整合。

或者说，商业模式创新内涵就是企业与供应商、合作伙伴、顾客等利益相关者之间相互作用，通过发现市场机会、制定客户价值主张、设计盈利模式、确定关键资源和关键流程，核心是为各方创造更多的价值，而商业模式之间的优胜劣汰竞争是商业模式创新外在驱动力，追求和实现盈利持续最大化是其内在驱动力。总之，商业模式创新可以是商业模式要素创新，也可以是商业模式价值创新，还可以是商业模式驱动力创新，等等。

今天，商业模式创新已经成为一种可以独立于技术创新的创新形式，越来越显示出其重要性，成为企业提升核心竞争力的关键途径。在面对复杂多变的竞争环境和非连续性的社会变化时，商业环境变得愈加开放复杂，仅凭技术创新很难在市场上立足，企业必须基于所处的商业环境，与商业生态系统中的其他参与者共同进行技术创新与商业模式创新，实现共赢。

警钟 1-2：　当当的衰落，创新才是未来

项目介绍

2018 年 4 月 12 日天海投资发布公告，宣布将以 75 亿元价格收购当当科文及北京当当100％股权，其中 34.4 亿元以现金支付，40.6 亿元以股份发行方式支付。当当方面亦表示，已于该日与海航旗下天海投资签约，文件已提交，等待相关部门审核。

至此，已经走过 19 年的当当确定拟"卖身"海航系。而多年前，当当曾先后拒绝亚马逊、百度、腾讯抛来的橄榄枝。

回忆当初，当当网，1999 年 11 月正式开通，于美国时间 2010 年 12 月 8 日在纽约证券交易所正式挂牌上市，成为中国第一家完全基于线上业务、在美国上市的 B2C 网上商城。上市当天股价即上涨 86％，并以 103 倍的高 PE 和 3 亿 1 千 3 百万美金的 IPO 融资额，连创中国公司境外上市市盈率和亚太区 2010 年高科技公司融资额度两项历史新高。

曾经何时，当当成为中国电子商务网站当仁不让的老大和开路先驱，数次位列多家电子商务网站市场影响力第一名。尤其在 2010 年以前，当当网毛利率曾一路迅速上升，遥遥领先对手。

相对后边才有的一系列电商网站，如京东，2004 年 1 月才开始涉足电子商务领域；淘宝网，2003 年 5 月创立；苏宁网上商城，2005 年一期面世，且销售区域仅限南京；国美电子商务网站，2011 年 4 月才在购入库巴网基础上全新上线；还有 2004 年 8 月 19 日，亚马逊才正式进入中国市场。对于当当而言，成长来的似乎太顺利，以至于对于继续引领中国电商行业的发展而言，缺乏足够的敏锐、判断和准备，数次错失良机，拱手相让对手。

公开数据显示，在 2011 年京东杀入图书行业以后，形势逆转，当当电商图书产品的毛利润大幅下滑，并连续三年出现较大亏损，股价更是应声而落。而当当应对不当、创新乏力，以至于在国内淘宝、京东和国外亚马逊等电商迅猛崛起的夹击下，当当在一系列被动应战中又不断丢城失地，逐渐错失了行业升级的机会。

项目点评

当当作为中国首家在美上市 B2C 网上商城，在不可预见性的大颠覆时代，缺乏战略创新和创新格局意识和布局，动作举措迟缓失当，以至于白白错失时机，落到今日被迫"卖身"的地步。事实也再次证明，来不及变革或者创新乏力的老牌企业，终将被新生力量超越。

路径 1-2：　创新无处不在：QQ 的致命威胁

项目介绍

2018 年春节期间，马化腾表示，微信全球月活跃用户已经首次突破 10 亿大关。腾讯从 20 年前的 5 人小企业发展到现在的 4 万多员工，市值已经突破 5 000 亿美元。

其中，据各种数据推测，微信的市值估计已经在 1 500 亿美元～2 500 亿美元之间。

其实微信最早只是起源于一封邮件，历史回复到 2010 年 10 月的一天晚上，一款名为 Kik 的 APP 上线 15 天便斩获 100 万用户。张小龙在研究 Kik 时发觉，这种新的移动即时通信软件，可能对 QQ 造成致命威胁。于是，他异常敏锐地连夜给马化腾写了封邮件，建议腾讯做这一块业务。

马化腾很快给他回了封邮件：马上就做。"整个过程起点就是一两个小时，突然搭错了一个神经，写了这个邮件，就开始了。"张小龙回忆说。

这封邮件成了微信的起点。

但是未来的微信是什么，具体应该怎么做，在那段时间，还没有人能够说清楚。

唯有试错、创新，此后的两个月，张小龙带领十几名干将，挤在一个狭窄的办公区域，开始了疯狂的"码农"生活。实际上，这时候，雷军已经坐镇在做米聊，这款几乎近似的社交软件在时间上先于微信，而且已经小获成功。

事实上，认识到危险以后，腾讯上下都很紧张，腾讯内部有 QQ、Mobile QQ 和 QQ 邮箱三个团队同时在做，都叫微信，谁赢了就上谁。开始，张小龙的团队无论在人脉、资源还是经验方面都处于下风。最后还是他们团队赢了，那时候成都的团队就差一个月。

那段时间，移动社交如刀光剑影的战场，张小龙狂热追求打造产品，只要是为了开发产品，哪怕得罪人，也绝不轻易妥协。2011 年 1 月 21 日，微信 1.0 上线。

项目点评

马化腾曾经表示："腾讯如果没有微信，那很可能将是一场灾难。如果没有微信，我们现在根本就挡不住。"事实上，微信也是迄今为止，在企业自我蜕变的历史上最完美的一次内部成功创业典范。而且，微信是在 QQ 可能面临致命威胁的时候，一次成功的自我否定和自我革命，一次自主创新的自我颠覆和完美超越，从而完美化解了可能对 QQ 造成的致命威胁。

1.3　创业的人生修炼

创业是一场艰苦的旅行，是对创业者自身智慧、能力、气魄、胆识的全方位考验。

从一定意义上来说，一个创业者人生修炼的高低，决定着他创新、创业的命运。一个成功的创业者，不仅需要远大的抱负、强烈的事业心和领袖魅力，而且要有宏观上审时度势、驾驭全局的能力，还要能对微观具体问题做到随机应变。

换句话说，正是创业，让你面对更多的选择与更复杂的情况，为个人的锻炼和修行都提供了更多的考验，让一个人的修行深入骨髓、刻骨铭心。创业让一个人勇于创新、勇于失败，历经挫折磨难，仍然矢志不移。

创业就是好的创意产生时，以创新的方式将生产要素重新组合，或者把那些效率低下的生产要素与生产方式加以改进，以此为社会，也为企业、为自己创造财富。创业是经济、社会发展新的动力之源，是财富创造的基础，是事业、人生最好的试金石。

一个成功的企业背后，往往是一个具有伟大胸怀和梦想，而又能脚踏实地、具备快速学习能力的创业者。因为经过创业的洗礼，留下的人，就会拥有更强大的心理去承担起更多的东西，去应变更多突袭而来的困难和挑战。

成功并无偶然。在通往人生的路上，创业成功就是最好的修炼。

1.3.1　从 0 到 1，创业是一种信仰

从 0 到 1，就是从无到有。

创业最艰难的往往就是从 0 到 1 的阶段，这个时候要实现找准商业机会，从一个创意到创新，再从创新到商业模式成形的过程。彼得·蒂尔（Peter Thiel）在《从 0 到 1》这本书中写道：展望未来，人类有两种进步方式——横向发展和纵向发展。横向发展即从 1 到 2（再到 n）的发展模式：在已有的可运作的事物运作规律上进行不断的重复和叠加。纵向发展即从 0 到 1 的发展模式：创造新的事物。

从 0 到 1，意味着企业要善于创造和创新，善于抓住机遇，通过产品设计不断迭代更新打造核心竞争力，通过产品生产精准销售造血形成闭环，再通过技术专利、网络效应、品牌等形成竞争优势，从而实现质的垂直性层级跨越，由此开辟出一个真正属于自己的市场生存下来。从 0 到 1，除了撸起袖子加油干，也更多地意味着创业者不甘寂寞，与梦想同行。因为从 0 到 1，不仅充满了希望和憧憬，也布满了荆棘。

1.3.2　创业的五种智慧

"道、法、势、术、器"源自中国古典传统文化，经过几千年交流碰撞和荟萃，其中的精髓已经成为东方思想文化中的不朽篇章。

"道"，宇宙万物产生之根源及其运动变化的规律，指事物的本性，也指通晓事物的最高境界。"道"思想最早出自老子，老子认为，"道"是世界的第一本原。"道"作为本体，是先在的，是物产生、变化的根本依据，是物的原起点、总规律。

对于今天的创业者而言，掌握"道"，就是要在千变万化的现实中，觉察出创业规律性，知晓事物的本性，从而迅速把握住产品时机，在千军万马的市场中走出自己的路径。

创业之"道"，具有三个特性：一是导向性，"道"明确了创业发展的方向；二是规律性，"道"指出了创业的发展变化规律；三是思想体系性，创业之"道"本身是一种完整的体系，需要系统的修炼。

　　"法",指法律、规章、制度或者规范。也指一定的法则、方法,是在"道"指导下的原则、方法。

　　对于创业者而言,创业之"法"主要是组织之法,是创业成功的保障,必须建立在价值观一致的基础上,并且"法"必明,令必行。创业之"法"具有三个显著特征:一要符合"道",道是核心,法合乎道,才是良法,反之则为恶法;二要公平,一旦确立,法外无人,所有人一视同仁都必须遵守这种行为规范;三要与时而易,法需要在"道"的指引下,根据内外环境的变化做出相应的调整。

　　"势"是一种事物内在发展趋势,是时空的趋势,这种趋势蕴含能量,常常展现为一种惯性的力量。可分为"内势"和"外势",外势包括形势、局势、时势,内势指个人的位分权力、社会声望、人脉关系等。法家重内势,兵家重外势,"势"的形态虽有殊分,但如何用"势"形成有利局面的价值目标却是共通的。

　　对于创业者而言,"势"是指整个社会大的发展趋势或者整个行业的发展方向以及当下的宏观政策导向,创业者要善于用势。《孙子兵法·势》中说道,"故善战者,求之于势"。创业者创业也一样,首先是要审势,即正确判断所处之势,做到识势;其次是循势,即在审势之后,相应地借力打力,因势利导,做到借势顺势;最后要取势,即顺应形势,在长久的积淀和不断的聚合放大中,果断出击,实现目的抵达成功彼岸。

　　"术"是一种策略,它是在"法"的框架内策略的灵活运用。狭义来说,"术"具有强烈的工具理性特征,是具体操作的技巧、技术、模型;广义而言"术"指方法、技巧、手段,是知识、方法、策略和经验的集合体。"术"是可解决实际问题的流程和策略,也是可以提高效果和效率的技巧。

　　创业者之"术",就是指要不断提升解决问题的方法、技术、创新产品等,探索和积累实训中实用的各种策略,积淀适合于自己的"术"的经验,持续更新创新创业所需要的技术、知识、技能等,不断提升创新创业的综合素质能力。

　　"器"是指有型的物质或是有形的工具、硬件。通过"器"的工具作用,提高效率,把复杂问题简单化。一般理解,"器"是人体器官的延伸,能增加人的能力,快速达成目标。

　　对于创业者而言,"工欲善其事,必先利其器",掌握适合自己创业的一定的专业工具具有无可替代或者事半功倍的效果。

　　今天,很多创业者已经认识到传统文化中明道、抱法、取势、优术、定器的巨大意义所在,即以"道"为根本,审时度"势",讲究"法",采用好"术",通过利"器",可以更好地抵达创业目的,完成创业使命。

1.3.3　创业的四种能力

1. 找人

创业成功,是许多人的梦想。

事实上,假如创业成功处有一根红绳,那么在抵达那根红绳之前,至少有四件事——找人、找资金、找方向、找市场,需要很好地解决。其中找人是人的问题,其余都是事的问题。

没有人就没有事。人对了,事才会顺。找人,是每一个创业者需要打起十二分精神持久做的事情。

首先要找到真正有认同感的人,组建好能战斗的创业团队。这些人,只有先认同了你的愿景,你的使命,你的核心价值观,才会从心里把这份创业当成自己的事,才会在做事时产生真正的志同道合感、责任感,也才会自觉找到行为准则和判断标准。

当然,创业团队的认同感产生需要一个过程,大体上源自每个人对创业的理解,对创业理念、规划、方向的认识,对每个人的人品、风格、个性气质、魅力的认识,以及对自身的认识,自我技能、需求是否与创业合拍,发展路线是否相容等。团队成员的认同感是一种非常稳定的心理因素,常常伴随有强烈的情感特征。在合适的时候,会转化为成员源源不绝的动力,从内在激励每个人不断进步。一旦创业团队中每个人对自身工作定位和认识很通透,他们知道自己的工作是在改变明天改变未来,他们自身的价值就会凸现。甚至困难降临,仍然初心不改奋勇前行;在具体的战略、方针、技术或者策略上,一旦选择,真正的认同者始终热情坚定,激情澎湃,就像燃烧了一团火,凝聚着大家一起往前,继续往前。

优秀的创业团队燃起的热火高温可以熔掉一切个人杂质,促使个人朝着正确的方向锤炼出市场生存的必杀技。同时,一个真正的团队会充满包容和理解,还会从多方面促使每一个人历经蜕变,进入不断进化升级的序列。一个优秀的创业团队,会让人站得更高,看得更远,也很容易让成员跳出单个人的局限,并在生死存亡的实战中,找到更多应对的方法。而正是在这种波涛汹涌、激流勇进的创业团队之中,事业的迅猛成长就必然推动个人的急剧进步。

而且,一旦突破困境,事情转机,大家都会具有强烈的自豪感,最终会成为一种幸福感,每个人都会真正为身处这样的企业而备感幸福。

事实上,一旦大家精神抖擞、有着强烈的信心,坚信这个集体将来一定会取得成功,这样的团队往往就能取得成功。因为这样,团队成员就会互相理解,就会信任未来,从而对技术有信念,对公司产品信赖,就会不断推动产品得到市场证明。

2. 找资金

创业者如何在最初的混乱中抢占先机、立住脚,如何找资金是一个至关重要的能力。当然途径和方法很多,这里主要讲创业者手中的项目是如何获得天使青睐的。

首先,一个创业者要对自己有精准的定位。定位清楚,就容易找准发展的领域,也就能更准确地知道在什么地方去克服艰难险阻。逐渐就能找到自己对于产品的感觉,这种感觉是发自内心的,逐渐成为一种自信。这也是绝大多数天使高度认可的关键。

其次,要敢于拿出自己的积蓄,至少想尽方法先筹借一定款项,勇于自我投入,也正是天使们投资时的一条重要参考水准线。

再次,创业者找到了合适的人,已经有了一支坚定的核心团队。团队共同协作,已经渡过了一定时期的磨合期。这正是许多天使投资标准中更看重,也更信赖的地方。

还有，全力以赴先做出一个成型的含金量高的产品，这点在专业天使们对项目的评判审核中，大约占了三分之二的重要性。

最后，创业者要有坚定的信念，有了这种坚定的信念，就能聚集一种巨大的气场，从而在关键的时刻，往往无形中就会让中意的投资人一锤定音。

3. 找方向

创业，找准自己的方向非常重要。因为创业中很多问题，找不着方向，你就难以抓住关键和核心，就会像在河中渡水，随时会被淹没。

那么，如何寻找到对的方向？

首先，创业者应该把自己关注的问题想清楚。倘若你的项目是你的兴趣爱好所在，那么兴趣就是方向。然而很多项目可能仅仅是创业者发现了一个机遇，然后期望抢占时机，先现实切入，挣到第一笔金。这时候情况就稍微复杂了，不过实际上就算项目是你的兴趣所在，现实中仍然会被迫做许多不是你兴趣所在的事情，一旦想清楚了这些问题，然后时刻鞭策自己保持清醒，遇事不慌，从容应对，尽量分阶段去解决。

其次，要找到适合自己、适合团队的节奏，始终把握住自己最核心的事情。找到自己的节奏，就需要在许多不同的问题上重点突破。例如，何时如何做出产品，什么是项目的商业模式；竞品分析、解决方案如何呈现；以及如何用合适的人力搭建最合适的模型，在最短的时间内，打通自己的产品供应链等，都是节奏上的重要节拍节点。

再次，要顺势而为。创业者的适应力要强，要积极争取优惠政策，打造自身适宜的环境，努力营造外在氛围，有效使用身边各种资源，懂得聚合放大……做自己能做的事情，专注用户体验。

综上所述，再加上从客户那里学习，矢志不移，久而久之，方向感也会越来越清晰。

4. 找市场

市场，是任何一个创业项目最终接受检验的地方，其重要性不言而喻。创业项目找到了市场，就能活下去，市场越好，就会活得越好。

市场如同商场一样不可避免地正在成为人们社会生活的一部分，市场意识越来越深入人们的骨髓。市场武功修行的最高境界其实一直就是打通人脉、技术、价格三脉，实现人脉、技术、价格三剑合一。

首先，任何一个行业都有一个相应的核心圈链。第一个核心圈层，就是从地方到中央各级主管单位部门。这是你必须首先熟悉的各级监管政策源出处，而符合这些政策与否正是一件事情能走多远、做多久的根本原因，其他监管部门类同，只是实际影响会随着距离远近呈现一定的变数。第二个圈层，就是上下游产业链、各种实质性的合作单元的联系紧密度。第三个圈层就是产业链外其他商界、政界、学界、娱乐圈，尤其是媒体圈层等的朋友。事实上，创业的世界，除了产品之外，一个不断延伸增强的人脉圈，一个你中有我我中有你的人际网络联盟，运用得当，个体的力量就会得到成倍数的增强，所能做成的事情也就成倍数地扩大。这也是个人力量、胆识和各种决策的来源地。

技术一般是指解决某个问题全面、系统而详尽的方案。是从问题的原则、定位规划、策划，到设计施工全过程的指导落实性文件方法和技能。如果说人脉给了事业发展的可能性，那么技术就是指围绕这个可能性而做的所有努力，即内功，也是解决怎么做这件事的重要抓手。最成功的技术本质上是一种合作，如合伙人强强合作、高薪挖人、从零培养等。人脉主导的社会，极易于导致行业僵硬和固化，于是技术就脱颖而出。这也是新生力量活跃，是最好也是最近的突破口和捷径。

这里的价格是指人脉和技术表现在金钱方面的综合衡量水准，主要指报价，涉及原材料品质与成本、人力、售后以及诸多可持续性因素。核心在于如何平衡成本价与盈利能力。报价能否成功的关键所在，其实就在于它的相对性。即，与同一批次的其他方案相比，它处于什么位置，最高还是最低，还是处于中游？它内含的服务有哪些？与甲方心里价位的契合度是多少，超出或者占其预算多少？价格是通过人脉技术进入甲方视线以后，导致影响其最终拍板的最后一根稻草，也是解决甲方选择谁的问题，绝不容轻视和忽略。

对于创业者而言，只有在市场历练中日臻成熟的创业项目，才会真正聚焦自身人脉、技术和价格的长处和短板，也更关注如何实质性提升，如何从量变到质变。他们不执着于任何一种固有的方法，不拘泥于曾经的辉煌、经验和各种感觉，因时而变，因势而动，直至抵达最高的境界。

当然，创业时，找人、找资金、找方向、找市场，每一个都非常重要，但如果其中任何一个表现得特别优秀，都会对其他方面在无形中加分。

1.3.4　常见的创业心理

如果说创业行为是创业的第一战场，那么创业心理就是创业的第二战场。

选择创业，很快就会发现这是一条极为考验人的综合素质特别是心理素质的道路。巨大的风险，考验的不仅仅是勇气、胆略和才气，还有策略、应变和机遇。因为对一个创业者来说，会经常遇到诸如资金、人才、方向、市场等方面的各种困境，需要与方方面面、形形色色的人打交道，需要做自己不擅长、不专业的许多事情，需要在未知的情况下果断决策许多事情，而且任何一个环节都可能被放大到成为致命一击的压力，等等，这些都是职场所无法想象的。

创业遇见问题，在创业中就会出现各种心理障碍，包括情绪、认知以及意志行为方面的障碍等。

这里，把一般创业者分为情感型和理智型两类。

1. 情感型创业者

情感型创业者，指创业者情感充沛外显，具体指个人或者团队的喜、怒、哀、乐等或者某些道德、情操、群体、观念等伴随创业全过程。个人情感能否得到满足，会引起对未来的好坏态度，从而产生肯或否定的感情体验，而这些不同的感情体验反映在不同的创业者身上，就会体现出不同的创业动机。

情感型创业者对创业的象征意义特别重视，想象力及联想力较强，在创业决策上容易受感情的影响,也容易受外在环境氛围的诱导,往往以创业是否符合其感情的需要来确定创业中的许多决策。

情感型创业者内心往往非常脆弱,创业前后他们会有许多割舍不断的东西,唯有不断成功,才能不断拂去内心的不安。一旦创业一再遭遇不测,亦或者几经努力仍陷入内外交困,创业者就很容易感情用事,这样往往很难坚持到最后。事实上,情感型创业者大多需要借助成熟的体系建立起适用的机制,以让事业步入正轨。

此外,情感型创业者有三种典型心态,需要高度认知防范和加以克服。第一是牵扯太多,从而患得患失,优柔寡断;第二是情绪激动难耐,陷入冲动冒失、盲人瞎马的境地;第三是死要面子活受罪,受不了刺激,豪赌成性,孤掷一注。

2. 理智型创业者

理智型创业者以对世界独特的认识、深刻的理解、严谨的思考和决断脱颖而出,他们时刻保持理性与客观分析,力求以数据和逻辑来决策行为,无论是说话还是思考都追求完美,显出与众不同。

理智型创业者创业,首先是会大力收集各种所需信息,越完整越好,然后在掌握必要的各种信息的基础上,经过仔细思考、严谨计划以求有效达到一定的目的。

理智型创业者常常渴望知己知彼,事无巨细,对行业内的一举一动都非常关注,期望了解。日积月累,他们对各家产品内部的特性都有充分的了解,他们甚至对同行以及自家的各种品牌优劣都如数家珍。这样,他们通常就对自己所在的行业、上下游产业链、竞品以及行业内才有的故事、人物特性、政策都有了充分的了解,然后他们经过严谨地分析判断,做出自己的创业决策。

理智型创业者,一般都崇信冷静,凡事都会先通过信息收集进行思考和评判,很少犯大的错误,却也往往把握不住一些好时机、大时机。因为很多时候,时机往往掩藏在似是而非的事实深处,创业又是在做从0到1的事,很多事情一开始是看不清楚的。

理智型创业者,总是期望建立起一个完全和现实相匹配的完美工作模型,然后寄希望能寻找到足够的参数输入,最终能够完全推断出未来从而掌控现在。然而他们所使用的模型和方法并不总是很准确,有时候甚至是错误的。因为这种强大的理性依赖于一种过于强大的知识,但目前人们的知识并不全面且完美,有时候甚至连输入条件的边界都无法确定。所以未来究竟是什么,人们仍然完全不知道。

此外,理智型创业者也有三种典型心态,需要进行认知防范和加以克服。第一是精于算计,或受限于资金人力或局限于市场,以至于先是胆战心惊,最后走的步步窝心;第二是小试牛刀,挣了一笔,立刻小富即安,小胜即止;第三是过于高瞻远瞩,一心想在未来,大谈未来,为未来详细规划好了却失了现在。

良好的创业心理素质是创业成功的关键因素,是奠定创业事业的基础。

创业者需要积极加强创业心理锻炼,在创业活动中不断培养自己的适应能力、情绪控制能力,增强自信心、克服自卑,保持积极健康的创业精神状态,完善自身的创业人格,树立正确的创业价值观念,养成健全的创业人格和创业心理。唯有这样,才能一次又一次勇于面对困难和挑战,即使在迷惘中也能认准方向,然后百折不挠地实现自己的创业目标,创造辉煌。

1.3.5　创业的十二道陷阱

1. 陷入"钱"坑

(1)自筹资金的陷阱。该募资方式不仅牵涉创业者大量的时间精力,还往往完全不够用,严重阻碍跨越式发展,易错失最佳时机。

(2)吸收投资的陷阱。吸引外部投资是一个捷径,但是创业初期融资的成本非常大,且容易引诱创业者走向误途。易于对外来投资产生依赖性,一旦折腾次数过多,势必失去主导权,至少严重影响发展的方向。

(3)发展与挣钱的陷阱。发展与挣钱有一个均衡点,但并不是每一个企业都可以找准这个点,初创型企业尤其难找准这个点,此陷阱往往在企业开始初步挣钱之后发生。

2. 无"人"可用

(1)兼职团队的陷阱。很多初创型企业都找过兼职团队,很多事情交给他们,看起来很省事,也较省钱。实际上兼职团队弊端很多,最大的一点就是他们以技术实现为主。干活不会很精细,不会太用心,一切以时间为成本。当需求不是很精细的时候,往往也不成为问题,一切安好,当企业高速发展到精细化成为必须的时候,兼职做的工程,几乎无一例外地都是推倒重做。

(2)猎头招聘的陷阱。猎头或者招聘解决不了初创型企业核心团队的人才问题。很多刚创业的企业非常渴求人才的,寄希望于猎头招聘的方案,然而刚创业的企业自身吸引力小,猎头要价很高,而且猎头公司水平参差不齐,推荐的人才很多蒙混过关、以次充好,或者仅仅作为暂时性过渡安排,以至于创业者原本通过猎头是想节省时间和精力招聘合适的人才,结果却更加延误时机,还造成创业者形成对于外聘人才的恐惧心理。

(3)哥儿们义气的陷阱。很多初创型企业,创业者都是亲朋好友,其中以同学、校友为多。创业者往往陷入一个哥儿们义气——不分彼此的迷坑。实际上,情感上不分彼此,是一种现实情况,也往往是凝结大家共患难同创业的核心动力所在,但是创业者还需要始终明白和坚持的一点是,公司的发展必须有序,且应该由必要的制度来规范和引导。换句话说,情感上不分彼此往往让创业者产生幻觉,以至于忽略用稳固的制度保障各自的最大权益,最终贻害大家。

(4)人才培养的陷阱。并非所有的人才都是可以培养的。首先,认同感,方向、理念非常重要,没有这一点,只是在为他人作嫁衣裳。其次,是否具备最基本的条件。例如把一个文科学生培养成理工科的技术高手,这需要很大的代价。还有,能不能吃苦、有没有主动学习的欲望、行事做事是否真正主动自觉等,这些都是很重要的。

3. 市场的幻象

(1)"技术认可＝产品认可"的陷阱。技术认可不一定会带来产品认可。很多创业者、创业团队创业时具有一定的技术积淀,但是技术认可只是一种理论上的可能性,距离产品认可还有一段距离。产品认可,是一个由社会成员广泛参与,并且结合各自使用习惯和实际效果,群体性选择的事实性结果。创业者在制定发展策略的时候,必须认清这一点,才不至于偏颇。

(2)"知识产权＝市场"的陷阱。拥有知识产权,不等于拥有了市场。对于一个创业者来说,研制出了新技术、新产品,甚至及时申请了专利、注册商标等,这只是第一步。知识产权只是表明你优先具有这个技术,但是市场是商品化大生产,如果不能形成实际市场能力一切只能归零。

(3)做技术追求不可复制性的陷阱。追求巅峰,独一无二,是大多数人的理想。实际上,现代商业之下,严格的不可复制性是不存在的,这就需要妥善对待自己的技术,及时变现是最为有效的应对方法。在一定时期对于相关项目的核心技术的掌控程度却是可以实现的,这就提出了一个可以实现的课题,如何把技术局部时段的优势变为产品和市场局部的时段的优越。

(4)"做产品＝做市场"的陷阱。对于很多初创型企业来说,也许只能集中精力专顾于产品打造。随着企业一步步成长成熟,做产品和做市场两个不同的领域,就会愈来愈展现出各自不同的规律性。创业者必须清醒地认识到这一点差异,如果漠视两者的差别,就会在市场中败下阵来。

(5)"明天＝现在"的陷阱。创业者常常犯这个错误,提前把明天的资金烧尽在今天,以至于很多东西最终被证明是好高骛远、不切实际。

警钟 1-3：　凡客诚品的大败退

✖ 项目介绍

VANCL(凡客诚品),2007年6月,由中国最早涉足电子商务领域的领军人物之一的陈年及卓越网前骨干团队成员创办。当年7月获得IDG和联创策源的第一轮融资,12月获得软银赛富、IDG、联创策源第二轮投资。

2010年,凡客已经拥有超过1万名员工,近30多条产品线,产品涉及服装、家电、数码、百货等全领域,当年卖出了3 000多万件服装,营收突破20亿元,同比增长300%。那一年,韩寒、王珞丹、黄晓明、李宇春等名人先后为凡客代言,"我们是凡客"的广告词甚至成了互联网时代盛极一时的热门话题。

"凡客的成功至少是99%,除非重大不可饶恕的错误。"雷军也曾经信心满满地说。

2011年,凡客最热闹时,目标奔向营业额100亿元,公司里有一万三千多人,光总裁级的领导就有三四十位,陈年如是说。2011年11月凡客递交了上市审批。

另一方面,凡客却正是在这种表面的繁华之下步步陷入危机。

之后的情况几乎是急转直下。

凡客上线五年,一直倍受资本市场的青睐,大量的融资成功地掩盖了企业资金问题,随着战线拉长、盈利不足、成本不断攀升，再加上巨额库存积压，进而影响生产线，导致资金链紧绷。

2011 年末凡客库存达到 14.45 亿元，总亏损近 6 亿元。

2014 年，国家质检总局一次质量抽查公告中指出，凡客诚品共有鞋、服装、提包等 11 批次产品登上"不合格榜"。央视的曝光，加剧了外界的猜测，对凡客产生了极大的负面影响。

2014 年凡客团队剩下不到 300 人，且背负了高达十几亿元的债务和近 20 亿元的库存。

2016 年凡客团队仅仅还有 180 人左右，其中策划团队仅 3 人。

项目点评

凡客失败了。首先，企业定位不清晰，一直没有解决好自有品牌电商做平台与平台电商做自有品牌的纠结。同时，盲目扩张。2011 年凡客把年销售目标定为 60 亿元，陈年随即调高至 100 亿元。其次，流程失控、广告营销费用过高等，导致产品品质直线下降。再加上京东、淘宝等新电商平台脱颖而出，犹如形成了多米诺骨牌效应。就这样，凡客不仅丧失了先发优势，还一路节节败退，令人扼腕痛惜。

路径 1-3：　为什么是今日头条杀出重围

项目介绍

2018 年 5 月 8 日，今日头条 CEO 张一鸣庆祝抖音时对微信发的一句牢骚，引起了马化腾在朋友圈的强烈回击。

究竟是什么让马化腾对一个创业不到 6 年的 CEO 竟如此重视。

背后原因，是今日头条在资讯、短视频和社交等领域，步步深入，正与腾讯展开交锋与争斗，已经成了马化腾的直接竞争对手。

事实上，相对大多数创业公司与 BAT（百度、阿里、腾讯）合作，以获取用户、算法和投资不同，今日头条自己以极少的资本成功积累了用户和建立了算法。

截至 2017 年年末，今日头条平台上已有超过 110 万个头条号，其中包括了 90 万的自媒体。截至 2018 年 3 月份的数据，今日头条的日活跃用户量已经达到了 1.2 亿，平均每天每个用户的停留时长将近 80 分钟。

据相关融资材料显示，今日头条 2018 年估值预计为 400 亿美元，而就在 2017 年 4 月其估值为 110 亿美元。

事实上，这也是张一鸣的第五次创业。

早在 2005 年大学毕业，张一鸣就组建团队开发对企业的协同办公系统。随后曾经进入旅游搜索网站酷讯，负责酷讯搜索研发。他之后还去了微软。后来又以技术合伙人身份加入饭否创业，负责饭否的搜索、消息分发、热词挖掘、防作弊等方向。再后来，张一鸣开始第一次独立创业，创办垂直房产搜索引擎"九九房"。不过都失败了。

为什么创办今日头条？

张一鸣一直比较关注信息分发类产品。2011 年，随着移动互联网的快速兴起，他锐敏地感觉到介质的重大变化，抓住机会做了一个平台型产品——今日头条，立志做好三件事情：信息分发、创作、互动。

在创立的前一年半，其实整个业界并不看好今日头条。他说，事实上，你经常想象的很美好，设计的也很完整，你也很努力，但你所期待的事情，经常需要很长时间才能发生。

项目点评

在移动互联时代，在资讯市场逐渐成熟和发展中，在一堆新闻聚合的产品中，今日头条能越做越大。这就是张一鸣很好地抓住了这个时代赋予创业者的机会。

创业，首先要找准自己的定位。其次，要找出真正具有价值的东西。接下来，就是坚决果断地抓住机会创业出击。因为所有的成功，都不是偶然的。

第 2 章　商业模式：赚钱、价值、值钱

题记 对于怀揣着伟大梦想投身创业大潮的朋友来说，他们往往充满激情、对未来满怀憧憬，但最终是否能够美梦成真，享受到创业的快乐，商业模式的设计与创新将是非常重要的环节。如果他能明确客户定位，创造客户价值，建立并完善企业运营体系，凭借自身的核心资源和关键能力，让企业盈利，并能建立门槛，规模化扩张，成为值钱企业，那么所有在他创业过程中所经历的种种磨难，都将成为他创业快乐的源泉！

创新分为两种，一种是技术创新，一种是商业模式创新。美国的一项统计数据表明，创新中有超过 60％的是商业模式的创新，在我国这个比例可能更高。一项新技术的经济价值是潜在的，只有它被某些形式商业化之后才能具体表现出来。同样的技术采用不同的商业模式，会带来不同的收入，过去的几十年我们也看到了不同精彩的商业模式。随着资本市场的发展，主动设计商业模式，并在实践中验证，然后被复制、升级，已经成为很多成功企业的必经之路。

而研究商业模式，不可能不考虑企业如何赚钱。而企业如果想要赚钱，首先要有收入，其次收入要大于成本。而企业收入的来源一定是企业创造了客户价值，同时还把价值传递给了客户，从而获得了收益。而在双创领域，无论是创业者还是投资人研究商业模式以及对商业模式的设计与创新都是期望创造或找到值钱的企业，找到企业的资本价值。本章会从赚钱、价值和值钱的三个维度阐述商业模式的设计与创新。

2.1　设计赚钱逻辑

2.1.1　商业模式概述

近些年来，商业模式一直是创业者和投资人眼中的热门词汇，对企业来说，梳理清楚商业模式，有助于企业成长壮大，对投资人来说，商业模式是甄别企业优劣的重要工具。

但什么是商业模式呢？

按照魏朱商业模式理论解读，商业模式的本质是利益相关者的交易结构。企业的利益相关者包括外部利益相关者和内部利益相关者两类，外部利益相关者指企业的顾客、供应商、其他各种合作伙伴等；内部利益相关者指企业的股东、企业家、员工等。商业模式解决的

是企业战略制定前的战略问题,同时也是连接客户价值和企业价值的桥梁。商业模式为企业的各种利益相关者,如供应商、顾客、其他合作伙伴、企业内的部门和员工等提供了一个将各方交易活动相互联结的纽带。一个好的商业模式最终总是能够体现为获得资本和产品市场认同的独特企业价值。

所谓魏朱商业模式是指由北京大学汇丰商学院副院长魏炜和清华大学经管学院教授朱武祥两人联合研发而成,一般指商业模式六要素理论。它包括定位、业务系统、关键资源能力、盈利模式、自由现金流结构和企业价值六个方面。这六个方面相互影响,构成有机的商业模式体系,如图 2-1 所示。

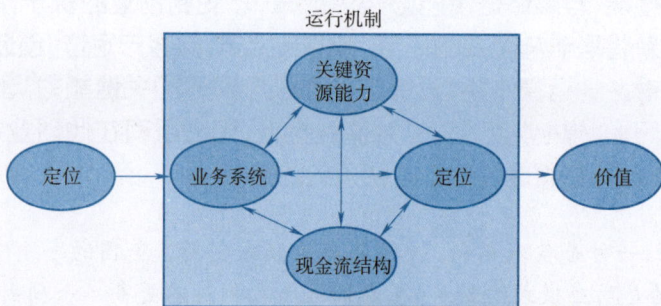

图 2-1　商业模式

(1)定位是企业的战略层面与执行层面建立更具体的直接连接点,它反映的是商业模式如何满足客户的需求,如何实现客户的价值。与战略的定位是有差别的,战略的定位可能就决定了战略的成败。而商业模式的定位更多的是商业模式的一个支撑点,更多地描述商业模式中企业的状态,描述企业是面对什么样的细分客户群,为他们提供什么样的产品和服务,满足什么样的需求;它包括什么样的业务行为,与什么样的合作机构合作,如何分配收益,等等。在商业模式定位中,选择不做什么与做什么同样重要。它关系到企业建立怎样的业务系统、如何确定盈利模式,设计现金流结构、分配关键资源能力等商业模式。

同样是复印业务,施乐通过让政府和企业低租金租用复印机,佳能则是让个人和小企业用户买复印机,富士施乐则是直接提供复印机给数码快印店使用,这就是不同定位的结果。

(2)业务系统是指企业为达成定位所需要的业务环节,它确定合作伙伴的角色以及利益相关者之间合作与交易的方式和内容。业务系统是商业模式的核心环节。高效运营的业务系统,不仅可以帮助企业赢得竞争优势,其本身也可以是竞争优势。它帮助企业根据定位识别相关业务活动,并把它整合到系统中,然后分配企业的关键资源能力给相应的利益相关者角色,确定与企业相关价值链活动的关系和结构。还是复印业务,施乐公司是大包大揽,从整机、配件、耗材的生产研发,到后续的维修技术服务,以及相关融资都属于施乐的业务;但是富士施乐则是把大量的业务活动交给第三方来服务,数码快印店直接为客户提供服务,耗材制定第三方,融资也不完全由自己做;佳能则是自己负责研发和生产,经销商负责融资、销售和技术支持。出租汽车公司自己购买汽车,招募员工为乘客提供服务,滴滴出行则是提供乘客与司机对接的信息交易平台,既不买车,也不招募司机,但却成为中国最大的出租汽车公司。

(3)关键资源能力是指企业完成业务活动所需要的一整套核心资源以及独有的核心能力,这也是企业能够战胜对手,未来建立门槛所必需具备的。它是企业回答投资人:"凭什么你能做这件事情,而且比别人做得更好?"这个问题的答案是要依靠关键资源能力的掌握才能有效回答。

不管是哪种商业模式,都需要了解其业务系统需要哪些关键资源和能力,这些资源和能力又是如何获取的。不是所有的资源和能力都很重要,也不是所有的资源和能力都是企业所需要的,只有企业的业务系统、盈利模式、现金流结构相契合,能够相互支持、强化的资源和能力才是企业所需要的。

施乐具备开发高端复印机的强大人力资源和技术研发能力,但这种资源和能力并不能确保能研发出简单、成本低廉且适合低端用户需求的复印机,因此它和佳能具备的关键资源能力是不一样的。施乐需要复印机维护和技术支持方面的能力,佳能则是把这种资源和能力放在经销商上,自己只是具备培训、指导和相应的管理能力。出租汽车公司要具备选拔、培训、管理出租司机的能力,同时拥有汽车的资源,但是滴滴出行不需要拥有汽车,也不需要雇佣司机,而只是建立乘客与司机交易信息平台,它的关键资源是用户数据,核心能力是算法,及时准确的为司机匹配合适的乘客,为乘客招来合适的司机。

(4)盈利模式是指企业如何获取收入,分配成本、获取利润。同样的行业中,不同的企业可以有不同的收入方式以及成本分配机制。例如,同样是新闻媒体行业,电视台主要的收入是广告费、赞助费等,而报纸除了广告费外,还可以收取用户订阅费。

好的盈利模式往往是收入多样化,而传统的盈利模式往往其产品和服务的收入与成本是对应的。但是现代企业的盈利模式却有很多变化,如百度、谷歌,它们免费为网民提供搜索服务,而通过被搜索到的产品和服务的商家支付广告费获取收入。而且即使企业的业务系统相同,但是盈利模式也可能不一样,如网络游戏就有收费、免费和向玩家付费三种方式。

(5)现金流结构是企业经营过程中产生的现金收入扣除现金投资后的状况,其贴现值反映了采用该商业模式的企业的投资价值。不同的现金流结构反映企业在定位、业务系统、关键资源能力以及盈利模式等方面的差异,体现企业商业模式的不同特征,并影响企业成长速度的快慢,决定企业投资价值的高低、企业投资价值递增速度以及受资本市场的青睐程度。

(6)企业价值就是企业的投资价值,是指企业未来预期可以产生的自由现金流的贴现值。

如果说定位是商业模式的开始,那么企业价值就是商业模式最后的结果,评判一个商业模式的好坏,就可以根据其企业价值的大小来决定。企业价值则由其成长空间、成长能力、成长效率和成长速度来决定。好的商业模式一定是投入产出比高,可以帮助企业赚钱,而且是持续地赚钱,并可以有机会持续地赚取超额垄断利润的,这也是具备投资价值的体现。

2.1.2　商业模式跟赚钱的关系

只要是商业化的企业都是要赚钱的,企业可以通过管理模式的创新提高效率、降低成本,战胜竞争对手,赢得市场份额,获得盈利;也可以通过商业模式的设计与创新,聚合各类资源,设计好利益相关者的交易结构,控制交易风险,降低交易成本,提高交易价值,从而实现商业模式价值最大化,也就实现了企业盈利的目的。

因此,无论是管理模式也好,商业模式也好,它们在内涵、出发点、管理实体等方面有诸多不同,但是它们都是帮助企业赚钱的工具。

根据罗伯特 N·安东尼和维杰伊·戈文达拉扬在《管理控制系统》中关于管理模式的理论体系,管理模式包括战略、组织结构、管理控制、人力资源管理、企业文化和业绩六个要素,其实是企业的执行机制,如图 2-2 所示。

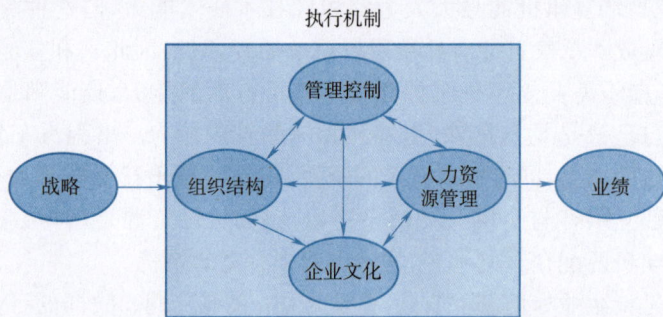

图 2-2　管理模式

(1)战略是回答企业去哪儿的问题,是回答企业的长远目标问题,而不是着眼于短期利益。

(2)组织结构是根据战略的要求设定岗位,明确岗位职责,确定岗位目标,各岗位的目标以及彼此的边界是什么。

(3)管理控制是指企业中的流程和标准,也包括相关的制度和方法。常见的流程包括战略规划流程、经营计划流程、预算管理流程、新产品开发流程、产品销售流程、客户服务流程等。

(4)企业文化是企业员工共同的价值观和准则,对于初创企业来说,创始人的价值观和准则会深深地影响企业的文化,创业企业初创时,企业文化尤其显得重要。

(5)人力资源管理是与人力资源的选人、培养人、留人、解雇人以及考核激励的相关工作,初创企业人才的选拔和培养也是非常重要的,合伙人的选择和搭配更是重要。早期投资人更看重团队。

(6)企业的战略是通过组织结构、管理控制、企业文化和人力资源管理来实现的,而业绩是企业战略实现的结果。

因此，管理模式通过以上六要素的相互作用，形成了企业的执行机制，被称为企业的上层建筑，而商业模式呢？

商业模式也包含定位、业务系统、关键资源能力、现金流结构、盈利模式和价值六要素，形成了企业的基础结构，就好像战舰的结构，不同种类的战舰的船舱、甲板、发动机、炮塔、导弹等的位置和结构是不一样的，在舰队中的角色和作用也是不同的。

而管理模式就好像战舰上的官兵：战舰上的舰长，既要把舰队的舰员的职责确定，分配好工作，也要设计并制定工作的标准和流程，同时也会建立舰队成员的选拔、培养、激励约束机制，并形成具有凝聚舰队战斗力的舰队文化。

只有先确定了舰队的结构，把相关炮舰的配置设计好，才能确定在这样的战舰上配备什么样的官兵，然后设定合理的流程和机制，去激励和约束官兵形成一支有战斗力的队伍。从这个角度来说，商业模式必须先于管理模式之前设计，同理，商业模式的重构也一定高于战略、组织结构、人力资源的转型等之上。

商业模式和管理模式的关系如图 2-3 所示。

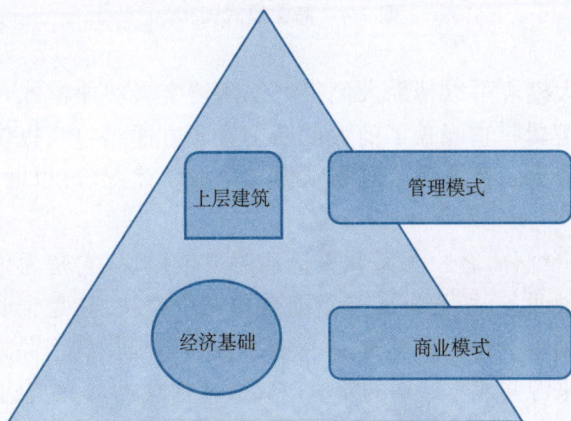

图 2-3　管理模式和商业模式的关系

综上所述，商业模式是企业的底层结构，是经济基础，是企业的运行机制，和人没有直接关系。而管理模式却与人有直接关系，是企业的执行机制。商业模式不分行业，在一个行业验证有效的商业模式还可以在另一个行业中使用。

2.1.3　商业模式设计与创新的工具

研究商业模式也要有好的工具，下面就介绍一种非常好用的商业模式设计与创新的工具：商业模式画布。

商业模式画布是由亚历山大·奥斯特瓦德（瑞士）和伊夫·皮尼厄（比利时）研发出的一个商业模式设计和构造的工具，它包含九大模块，如图 2-4 所示。

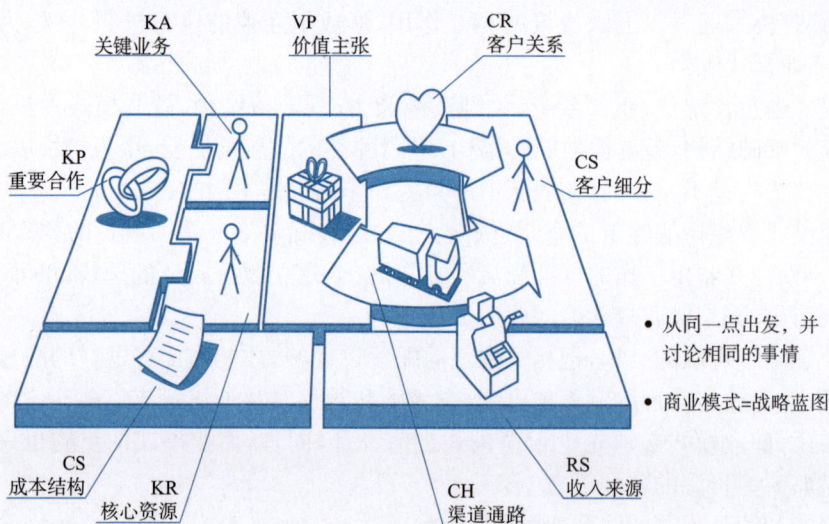

图 2-4　商业模式画布

　　商业模式画布九大模块可以帮助人们很好地阐述定义商业模式,也可以很好地展示企业该如何创造收入的逻辑。它涵盖了商业的四个主要方面:客户、提供的产品或者服务、基础设施和财务的生存能力。商业模式画布就像一个战略蓝图,可以通过企业组织结构流程和系统来实现。

　　客户部分包括客户细分、客户关系和渠道通路三个模块,它是为企业带来收入的部分;基础设施部分包括关键业务、核心资源和重要合作三个模块,它是企业花钱的地方;价值主张部分也是商业模式画布中非常重要的,它代表企业可以提供的产品或者服务;财务的生存能力部分是通过收入来源与成本结构的差值(利润)来体现的,好的企业是一定要有利润的,而且是持续要有利润的。

　　也可以用商业模式的简图来阐述商业模式,分成图 2-5 所示的五个部分,用一句话描述一个企业商业模式可以这样说:我们花了多少多少成本,用什么样的方式为谁(客户)提供了什么产品和服务,获得了多少多少的收入。这样一句话,别人能够知道你是做什么,赚谁的钱,赚的什么钱。

图 2-5　商业模式画布简图

2.2 创造客户价值

2.2.1 你的价值主张

关于价值主张,其实不同的学科有不同的说法。

营销学者分别从企业视角、顾客视角、企业与顾客关系视角形成了关于价值主张的"产品营销口号、感知承诺、互惠承诺"三种理解,企业视角是站在企业的角度提出某种营销口号作为企业产品的价值主张;顾客视角就是站在顾客的角度来明确企业需要提供给顾客哪些价值,将价值主张视为企业做出的为顾客提供的价值承诺;企业与顾客关系视角是指企业和顾客在双向往复沟通中达成某种互惠承诺,并以此作为彼此的价值主张。

战略学则主要站在企业的视角,将价值主张理解为企业战略成功的某个方面,将其作为联结企业使命、愿景与实际策略行动计划之间的桥梁。

商业模式画布中的价值主张,就是企业要给客户提供的产品或者服务。为什么不直接说产品和服务呢,这是因为站在客户的角度,表面上购买了企业的产品或服务,实质上客户需要的是企业产品或者服务为客户带来的价值。

价值和价格是不一样的,所谓价值,是指公司的产品和服务为客户创造的价值,价格是客户应付的成本。客户期望至少物有所值,更期望物超所值,是指创造的价值超过客户支付的价格。按照 360 董事长周鸿祎说要让客户有意外的惊喜。而在互联网思维下,也有这样一种说法:羊毛出在狗身上,猪买单。用户免费,或者用户用极低的成本(价格)享受超值的产品或者服务,这些都是物超所值的表现。

在价值主张这个环节,其任务就是要帮助客户解决痛点问题。在实践当中要注意抓住客户真正的痛点问题,同时找好切入点。现在市面上流行"精益创业",要做 MVP(Minimum Viable Product,最小化可行产品),其实就是建议创业者要不断地在市场上验证自己的产品和服务。尤其是根据解决的难易程度和成本去找切入点和把握节奏,对客户是性价比高,对创业者来说是投资回报率高的解决方案。

"如何创造价值"这个问题并不是那么容易弄清楚的,但作为创业者你一定要在过程中逐步清楚。商业模式不是一个静态的,是需要不断更新变化的。其实通俗地讲,最直接的价值创造无非是两条:降低成本、提高效率;所谓降低成本,就是别人卖 1 000,你卖 500,别人很便宜,你还免费,等等。所谓提高效率,同样问题就是别人要花一个月的时间帮客户解决,你也许半个月就解决了。这对忙忙碌碌的现代人来说,节省时间是非常受欢迎的,多大程度地满足客户需求,就意味着你创造的价值有多大。

决定了痛点和价值之后,接着就要思考产品或者服务了。初创企业无论是资金、资源、人力等等都非常有限,因此开发 MVP 是非常切实可行的。有的创业者喜欢把自己的产品设计的很全很强大,但是移动互联网时代的三个月就是互联网时代的一年,变化是永恒的。因此通过一个针尖大的点去切入,不断地去验证,才能真正抓住用户的痛点,创造巨大的价值。

专注某个点,把产品和服务做到极致,才能形成口碑,取得可能的爆发性增长。移动互联网时代是大鱼吃小鱼,快鱼吃慢鱼,因此快速迭代能力是成功创业者一个非常重要的能力之一。

2.2.2　你的客户是谁

你的客户是谁?这是投资人经常问创业者的问题,尽管问题很简单,但是往往很多创业者都不能回答好这个问题。因为他描述不清楚他的客户。

说不清楚自己的客户是谁,技术出身的创始人总是沉溺于自己的产品功能、技术特点和先进性,更多地从自身,从产品角度,而很少从客户的角度来思考问题,因此他们往往只能非常模糊描述目标客户。

公司的产品或者服务之所以可以卖得出去,唯一的原因就是因为他解决了客户的问题,满足了客户的需求,或者让客户节省了时间,提高了效益,降低了成本,或者让客户得到了享受、得到了快乐,得到了社会影响力,等等。因此,创业者要走出办公室,到客户中去,到客户的工作场所,到客户的生活场所,去观察、去体验,去了解客户未被满足的需求。

要去了解什么问题让客户如此痛苦,有些问题为什么对客户如此重要。可以对客户设计"问题平衡表",包括以下几类问题。

(1)潜在问题:客户尚未意识到的问题,通过交流和观察发现了。

(2)被动问题:客户意识到这个问题的存在,但是解决问题的动力不强,总觉得时机不到,因此也不积极。这个就是我们说的锦上添花的问题,解决了最好,没有也可以接受。

(3)主动问题:这是客户迫切需要解决的,也就是我们常说的痛点问题,客户其实也在寻求好的解决方案,只是还没有非常合适的。

(4)个人愿景:客户对要解决的问题已有自己的看法或者思路,也打算要付费购买好的解决方案。

此时需要研究产品能否解决客户的痛点问题,能否满足客户的刚需,对客户来说是锦上添花还是雪中送炭。当产品或者服务受到客户热捧的时候,无论在实体渠道还是虚拟渠道,都要牢牢抓住机会。优秀的初创企业非常善于在客户已经尝试过自行解决问题的领域中发现商机。

警钟 2-1:　说不清楚你的客户是谁就是没有客户

项目介绍

项目为何发起:解决三农问题,要加快实现农村信息化,要大力促进农村电子商务;农村最欠缺的是现代化的科学技术知识,是改变现状的创新意识。

三个痛点

(1)农民欠缺知识。

(2)农民拥有用电脑上网条件的太少,农民有条件使用智能手机。

(3)绝大多数网站只有"电脑版"没有手机版,即使网上有大量的信息和知识,农民无法看到。

解决方案

自 2015 夏天起,用了半年多的时间,设计了一整套技术和内容都适合我国农村使用的网站程序——用电脑和手机都可以兼容访问和管理的动态网站系统。

他们期望的结果:可以让各地的村镇网管员,从浩瀚的互联网上下载适合于当地需要的各类信息,上传到我们提供的,用手机也可以访问的网站中。从而解决了让全国绝大多数的农民都可以通过我们提供的网站,获取互联网上对本地区有用信息的问题。

项目点评

这个项目把自己的项目客户定位为全国农民,从一开始就错了。他犯的错误是:如果说全国农民都是他的客户,实际上就是说不清楚自己的客户是谁。

他们提供的产品和服务没有什么独特性,也没有独特卖点,基本上没有什么收入,项目实际运营情况也是如此,员工工资都发不出,只能算是公益事业,不能说是商业了。

作为创业公司,前期无论是人手、资源或者资金都是非常紧缺的,所以开始就不能贪大求全,而是要在细分市场找到自己能够服务的细分客户,找到能够付费的客户,才能真正开始新的商业。

警钟 2-2:　自认为自己的市场有那么大

项目介绍

一号线旅游是一家致力旅游信息共享,基于大数据和互联网技术,打造旅游信息,风景实时共享的平台。项目以"共享,共赢,共成功"为口号,秉持团结互信为理念,为实现新一代共享经济变革而奋斗!

项目在介绍市场规模的时候,引用了第三方数据:国家旅游局数据显示,2016 上半年国内旅游人数 20.24 亿人次,同比增长 9.9%;旅游景区接待人数同比增长 8.7%,旅游收入同比增长 12.4%,旅行社接待国内游人数增长 7.8%,%。组织出境游人数增长 35.2%。

项目点评

这是一个初创项目,想做的事情很多,但其实能做的事情有限。上面的数据只能说是总的有效市场,它可以通过行业分析报告、市场研究报告、竞争对手新闻稿、大学图书馆来计算整体市场规模。这也是初创者容易犯错的地方,他们会以此来作为市场规模,但是市场研究机构给出的数据只是预测以往的数据。因此,要学会自下而上地评估市场,要知道还有可服务市场和目标市场的区别,如图 2-6 所示。

总有效市场是指全球市场的总和;可服务市场是指销售渠道可达的市场;目标市场是指初创企业有能力能够服务的市场,也就是其潜在的客户群体的群体。

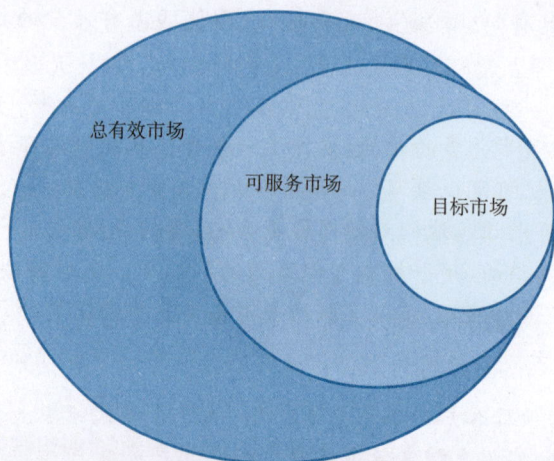

图 2-6　总有效市场、可服务市场和目标市场

　　因此本项目能够服务的目标市场非常有限,因为他们想做的事情很多,要做私人旅游定制、景点实时查询、门票购买、景点人流查询＋预测,哪件事情要做好,并能在市场中博得一席之地都不容易,而如此平均用力,本身其团队、资金、资源很有限,因此他们自认为的大市场其实很小,这也是创业者最容易犯的错误,应该关心自己有能力够得着的市场。

路径 2-1：　只有天使客户会买你的早期产品

项目介绍

　　VIPLKID,专注于4～12岁儿童在线英语教育品牌。2013年筹备,2014年6月Beta上线。公司创办2个月就获得了创业工场的天使投资,2014年10月,VIPKID获得经纬中国、红杉资本和创新工场数百万美元A轮融资;2015年9月,北极光领投、经纬中国、创新工场跟头2 000万美元B轮融资;2016年8月获得云峰基金、红杉资本一亿美元C轮融资,当月还获得科比的风险投资基金Bryant Stibel战略投资,这是科比迄今为止全球投资的唯一一家教育企业。短短3年时间,逆势融资1.3亿美元,年收入突破10亿元。

　　VIPKID采用纯北美外教1对1的在线授课模式,定制课程对标美国小学课程标准,沉浸式教学具有趣味性和互动性,学员可以自主选择喜欢的老师预约上课时间,让中国孩子灵活便捷地享受"美国小学在家上"的感觉。

项目点评

　　VIPKID一开始拿了创新工场的天使投资,又在创新工场办公,因此他们在创新工场的群里发布广告,招募实验班小朋友,提供3个月的学习课程,3 600元,学完之后再返还学费。米雯娟还纠结过,要不要收费。她想,只有付费的用户才会认真体验。第一场课他们借用了创新工场办公室做课堂,发现摄像效果不好,视频是花的。下课后研究才发现原因,办公室墙壁是彩绘，摄像头捕捉颜色时让视频变慢了。只有真正上过课，才知道墙皮也会影响上课效果。VIPKID 建议老师上课时最好是浅色、纯色的背景。即使是这样的情况下，课程效果还是有不少不足，但是，一个月后，通过微信招募了第二期实验班学生，价格上涨 33%，为 4 800 元，在朋友圈转发两小时后 43 位家长报名，很多是公司高管、投资人。整个 2014 年 VIPKID 有用户 102 位，从中可以看出，只有种子用户和天使用户才能够接受不完整、有缺陷的产品，敢于并愿意尝试，因为他们有刚需，非常需要这样的解决方案，而且也愿意为这样的试验、这样的产品买单，并提供尽可能的支持和资源，这也是为什么有很多投资人不但送孩子来学，而且还投资。一年的时间证明了这种商业模式是可行的。

VIPKID 引入了前百程旅行网的联合创始人张月佳开始做从 1 到 10、10 到 100 的工作，张月佳曾尝试过传统的流量渠道，引来的用户注册后转化率很低。他也尝试过发传单的方式，例如迪斯尼英语关了部分店面的时候，VIPKID 通过网络搜集信息，就派人去店面地址对前来退费的家长发传单，效率还是很低。线下的培训机构在门店方圆两公里内拉客户，有意向的可以直接拉到门店试听。但是互联网如此拉客户是不行的。VIPKID 属于创业公司，资金紧张，没钱买流量，而且在线教育不是流量的生意，对品牌的依赖性很强，因此 VIPKID 的营销策略是走高端路径，坚决不降价。对于老用户带来新用户就赠送一定的免费课程。VIPKID 的经验是，找对了种子用户就能够带起口碑传播。正是坚持这样的策略，2015 年就开始爆发性增长，付费用户数比上年增长 60 倍，付费客户 6 000＋，客单价平均 1.3 万，续费率 80%。开始了 VIPKID 的快速成长之路。

2.3　传递客户价值

2.3.1　你的获客有什么独特优势

企业要获得收入，就必须找到付费客户，从客户那儿获取收入。下面从客户关系模块来分析。

"获取客户、维护客户、增加客户"是所有初创企业最重要的工作，无论是哪个方面，它的成本和效率的独特优势都有可能成为企业的核心竞争力。这三个动作又包含了一系列具体的要素，反映着客户的思考和行为过程。以"获取客户"来举例，如图 2-7 所示。

印象

兴趣

考虑

购买

图 2-7　获取客户漏斗

"获取客户"是企业的开始,包括四个部分:印象、兴趣、考虑和购买。最初客户可能是通过广告或者朋友介绍等开始对产品有了初步的印象,其中一部分客户开始发生了兴趣,此时只是需要企业再往前推一步,就能使得客户开始进入考虑购买阶段。往往企业用免费试用的方式可以帮助潜在客户进入考虑阶段。

企业可以通过公关、博客、宣传册、发帖子等免费媒体宣传方式,也可以通过广告、促销等付费媒体宣传方式以及网络工具宣传去获取客户。对获取客户的不同渠道要有量化测试的方式,对于测试有效的渠道可以扩展。可以列出获取客户的成本和预计结果,如表 2-1 所示。

表 2-1　利用投资回报分析测试客户关系假设

免费媒体		
活动	成本/元	结　　果
在行业杂志上得到 4 次新品发布新闻	2 000	产生 40 次询问
在展会上发出 500 分宣传单	50	产生 5 次询问
为 5 家机构提供免费产品使用	500	达成 2 笔销售
在 3 家技术公司安装演示装置并得到反馈	100	达成 3 笔销售
付费媒体		
向 1 000 位行政经理急送 50 元促销券	3 000	达成 20 笔销售
在本地杂志上发广告	500	达成 10 笔销售
在百度发布关键词竞价广告	500	达成 5 笔销售
在 3 家本地商场进行店内促销	2 000	达成 10 笔销售
支出合计	8 650	达成 50 笔销售
活动目标:实现 50 笔销售,60 次询问,其中 10% 转化为销售		
活动结果:实现 50 笔销售,发现 52 位潜在客户		
单位销售成本＝8 650÷50＝173 元;单位销售利润 300 元。测试效果良好		

"客户维护"战略实施,要确保企业能够吸引客户购买,当然,客户一定是喜欢你的产品或者服务,而且客服、投诉处理、交付和收费等客户的沟通环节必须服务到位。当然,产品和服务不断针对客户需求的变化不断迭代升级,以保证竞争优势,这是在价值主张中应该提出的。

企业客户采取积分、奖励和折扣等方式组成的忠诚度计划,制定电话回访方案,每月或者每季度向每位客户访问或者一定比例的客户电话回访,表示感谢,并了解他们的意见。其他诸如客户满意度调查、监控客户服务的问题,通过长期合约、独特技术或者难以轻松转移数据的方式来提高客户锁定和转化成本,使得客户不轻易从你的产品转向其他竞争对手。

相对于维护客户,获取一个新客户的成本要高出 5～10 倍。客户维护活动的成败取决于对客户行为的密切监控。

因为客户维护的成本低一些,因此客户再销售是成本低、效率高的一项活动,在客户的整个生命周期内实现多次销售是企业必须要完成的任务,衡量客户的终身价值是初创企业发展的重要加速器。

企业增加客户包括两个关键点:客户再购买、客户愿意向朋友推荐。企业在线下通过追加销售、交叉销售、未来销售以及客户推荐的方式，尤其是如果实现病毒式营销效果会更好，如表 2-2 所示。

表 2-2　客户关系与渠道

	线下渠道		线上渠道
获取客户	战略方针：印象、兴趣、考虑、购买； 战术手段：免费媒体宣传，公关、博客、宣传册、评论等；付费媒体宣传，广告、促销、网络工具等		战略方针：获取、激活； 战术手段：网站、搜索引擎营销和优化、电子邮件、博客、病毒式营销、社交网络、用户评论、公关宣传、免费试用
维护客户	战略方针：互动、维持； 战术手段：忠诚度计划、产品升级、客户调查、电话回访		战略方针：互动、维持； 战术手段：产品定制、用户组、博客、在线支持、产品说明、服务扩展、吸收会员
增加客户	战略方针：实现新收入、客户推荐； 战术手段：追加销售、交叉销售、未来销售、客户推荐、分别计价		战略方针：实现新收入，客户推荐； 战术手段：升级、竞赛、在线订购、推荐好友、追加销售、交叉销售、病毒式传播

2.3.2　你的客户愿意自发传播吗

人们为什么愿意分享？背后是有规律的。沃顿商学院市场学教授 Jonah Berger 研究出了一条激发感染力的六原则，英文首字母是 STEPPS，如图 2-8 所示。

原则 1：社交货币（Social Currency）

迎合炫耀，促进分享。简单地说，就是人们希望自己在别人眼中有内涵、有品味、有趣又有料，如果你的产品和服务能够迎合人们向身边朋友炫耀身份的需要，帮助他们建立自己渴望的形象，就能促使他分享。

原则 2：诱因（Triggers）

设计线索，激活关联。设计在一种特定环境或者场景下，能够激活客户内心的产品或者思想的线索，激活产品和服务与这个场景的关联。

原则 3：情绪（Emotions）

有些情绪事件能够促进人们分享，有些情绪事件却会阻碍他人分享。因此要找那些能够激励人们积极分享的情绪事件传播。

原则 4：公共性（Public）

一些具有公共应用性的产品或者内容可以促发人们的分享。比如杜蕾斯每次的广告总是与一些公共事件紧密结合，出了很多经典广告。

原则 5：实用价值（Practical Value）

人与人之间本来就有互相帮助的倾向，如果产品和服务确实能够帮助别人提高效率，或者降低成本，获得更多的收益，这就是实用价值，这样人们就会愿意传播。比如一些生活或工作中的技巧或者方法往往很受人推崇，也会得到很多转发。

原则 6：故事性（Stories）

　　人们天生喜欢听故事，因此如果产品和服务能够融入一些故事，会更多促进人们的分享，因为人们不仅愿意分享有价值的信息，更愿意分享有趣有料的故事。

　　雷军的七字诀"专注、极致、口碑、快"中提到的口碑传播就是被现代营销人士视为当今世界最廉价的信息传播工具和高可信度的宣传媒介。

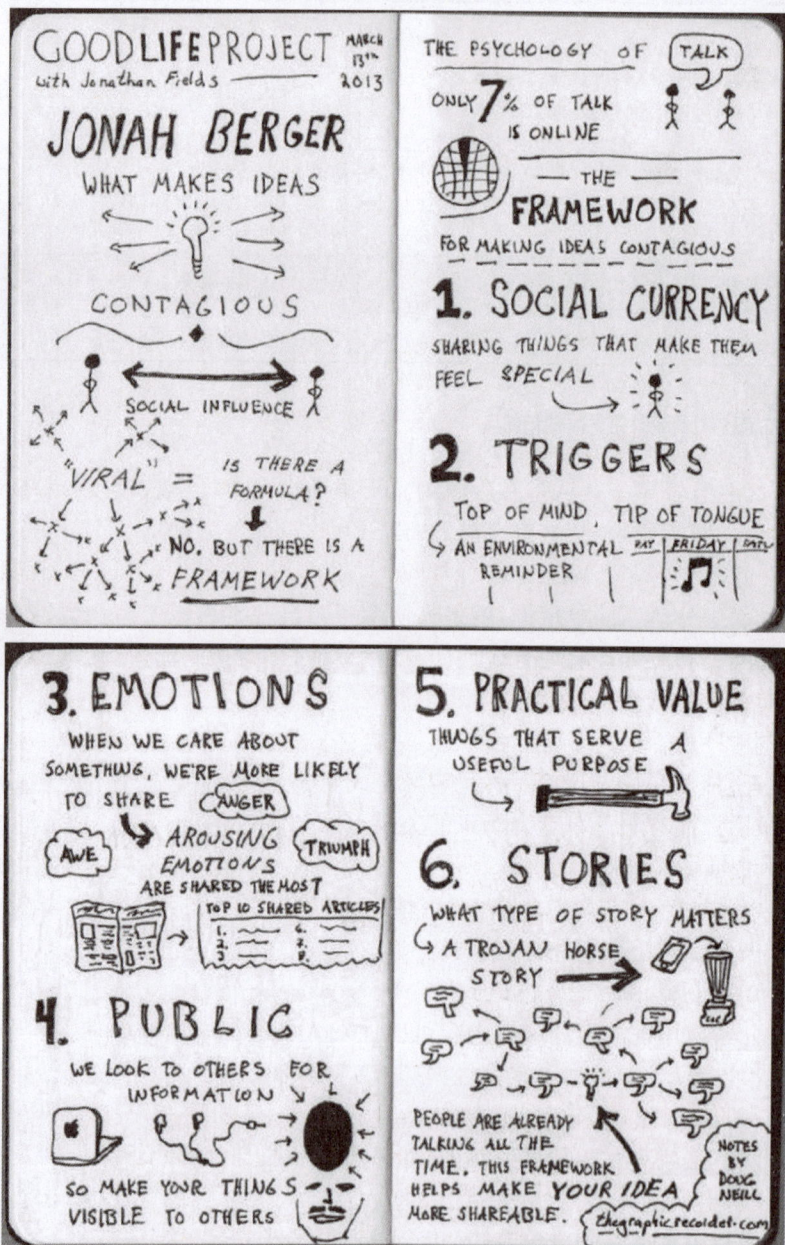

图 2-8　STEPPS 原则

口碑传播属于非正式的人际传播,除具有双向性强、反馈及时、互动频度高、方法灵活等明显的人际传播的特点外,还具有以下特点:针对性强、可信度高、传播成本低、利于企业形象推广、形成客户忠诚。

因此,创业公司可以从以上维度设计自身的产品或者服务,这是企业能够有机会指数级增长的路径。

警钟 2-3:　无法把免费客户转化为付费客户

📋 项目介绍

乐器百科是一个以互联网为基础的乐器资源 APP,目的是为用户提供一个专业的乐器知识学习、乐器相关信息整合、乐器在线体验、乐器演奏学习、交流平台;同时通过整合线下乐器教学、售卖、维修等实体机构,为用户和经营者搭建一个桥梁。

项目发起:无论是中小学生群体,还是大学生群体,老年人群体,都有需求想学一些乐器,由于互联网和智能手机的普及,使人们更倾向于通过更加快速、便捷、高效的手机获得乐器知识和相关资源。然而,国内基于 Android 移动端的乐器知识类软件很少,为数不多的几个乐器相关 APP 还有很多不足之处,有些是乐器种类单一,有些是内容空洞,更多的是 UI 设计不美观,因此项目团队萌发了研发一款乐器资源 APP 的想法。

🐝 项目点评

这是一个初创项目,他们给自己设立了宏大的目标,在资源很有限的情况下,不但要做知识的分享,还要建立学习的平台,同时要整合线下教学维修实体机构。相比搭建平台,整合资源,做知识内容要略微容易一些,但是项目提供的乐器知识,对于用户来说,有很多免费渠道能够获取,因此,如何把免费客户转化为收费客户是该项目的巨大挑战。要让客户付费,一定是解决了客户的痛点问题,让客户觉得物有所值,或者物超所值,客户才会愿意买单。而企业的产品如果没有独特卖点,很难让客户甘心掏钱买单。

路径 2-2:　把客户"拉向"你的产品

📋 项目介绍

水滴互助是一个真实可靠的互助社群。在这里,一人患病,众人均摊,大家互帮互助。目前水滴互助已获腾讯、美团-大众点评等联合投资 5 000 万元天使轮投资,王兴、熊晓鸽、徐小平等 30 位互联网大佬力挺,是国内首家基于基区块链技术的网络互助保障平台。

水滴互助 CEO 沈鹏是美团前 10 号员工,曾经把美团日均 10 单做到日均 400 万单。2016 年 5 月 9 日水滴互助悄然启动,100 天后保单用户数突破百万。P2P 平均获客成本已经超过 3 000 元,常规的互联网金融获客成本也已经超过 100 元,水滴互助的获客成本只有 2 元。

项目点评

总结一下水滴互助获客成本低的原因有以下几点：

爆点开场。5月9日，媒体放出消息，水滴互助宣布获得5 000万元天使轮融资，估值近3亿元，投资方包括腾讯、新美大、IDG资本、高榕资本、点亮基金、真格基金和大姨妈创始人柴可、Keep创始人王宁等30多位知名互联网公司创始人。有各种场合为水滴站台的"代言人"徐小平，有著名老牌风险投资基金IDG资本和真格基金，有新势力资本高榕资本，还有用户群体庞大的腾讯和新美大（美团-大众点评的简称）。很快，一些创投媒体就主动找上门来。这波传播中，水滴互助一周增长了近十万用户。

切合人性。在上线三周后，传播热潮退去，水滴开始启用邀请好友"返现"的方式，刺激用户主动分享。"团队商量的返现金额是5块钱"，沈鹏说，5块钱不多，恰好卡在了用户的临界点，已足够激发用户分享，却也是他创业初期可接受的最高获客成本。

水滴互助从"返现"，到如今"返保费"（用户不可提现，钱只能用于下次投保）阶段，获得了百万用户中的三分之一。

除此之外，水滴也开始策划一些促销活动，如"1块钱买互助保障"的体验营销，并和超低成本的流量渠道合作，如百度、美团外卖、滴滴打车等，进行推广。

水滴互助破百万用户的获客总成本近300来万，核算下来，每个用户成本2块多。

媒体公布的其他领域的获客成本如表2-3所示。

表2-3　不同行业获客成本一览

品　类	大电商	品类电商	本地生活	旅游	用车类	金融类	教育类	游戏
新客成本2014	309.87			477.24		314.10	372.92	19.65
新客成本2015	200～400	70～150	60～200	40～450	50～60	60～100	100～300	

正是如此高效同时成本极低的获客方式，才能持续、大量的把客户拉向自己的产品，企业的规模才能快速扩张，且具有很高的成长性。

2.4　获取企业价值

2.4.1　你的关键业务和核心资源

"凭什么是你，凭什么你能做的比别人更好！你的门槛是什么？"这是投资人经常问的问题。在创业的生态里，无论是哪个行业，哪个细分领域，都会充满竞争，都会出现很多企业抢一个客户，创业公司既要防着掌握人财物及很多优势资源横在前进路上的大老虎，又要防着紧跟其后的无数草根创业者群狼。创业的历程就是"先打虎，后防狼"。要做到这一点，首先要做好竞争对手和行业生态的研究，这是基本功，理解竞争对手的打法和优势，这叫知彼；在此基础上确定自身的优势，找到自己的打法，这叫知己。

企业核心资源一般都包括实体资源、财务资源、人力资源和知识产权等。

（1）实体资源包括办公场所、机器设备等固定资产，也包括一些公共设施或外包资源，比如现在很多初创企业会租用阿里云、亚马逊云、腾讯云以获得计算能力和存储能力，这些可以帮助初创企业大幅降低前期成本投入。

（2）财务资源包括发起股东的投入，以及企业发展过程中获得直接融资和间接融资，可能有天使、VC、PE 等风险投资，可能有银行、信用社、小贷公司等债权融资，也有政府等政策支持资金。销售实体的企业还具备一些额外财务资源：设备融资租赁额度、保理、供应商融资。

（3）人力资源分为三类，分别是个人指导（导师、教练和教师）、企业顾问和合格员工。

①教师、教练和导师是可以为个人职业生涯发展提供帮助的人。如果想了解某些专业领域知识，可以找教师求教；如果想磨练某些技能或者实现某个具体目标，可以找指导教练；如果期望在职业上少走弯路，可以求教于导师。

②企业顾问是可以推动企业走向成功的人。创始人遭遇失败，往往由于错误地判断自己的愿景是客观事实，向经验丰富的顾问求教可以避免走弯路。

③合格和高效能动的员工非常重要，初创企业的人力非常宝贵，员工既要有创业心态，又要具备多种能力能很好适应企业初创期的各种不确定性。企业如何吸引并筛选优秀的员工也是一个挑战。

（4）知识产权也是核心资源，包括企业的核心技术，如源代码、硬件设计、系统架构和开发流程等，也可以是企业的品牌、标识和域名，此外还可以保护商业流程、专业技术、客户信息和产品路线图等。

初创企业也常犯一些知识产权的错误：

①创始人和前雇主之间存在产权纠纷，这是最常见的问题，因为很多创始人的一些发明创造或者核心技术的研发是在原来雇主工作期间开始的，或者说很难说清楚，这样就会出现纠纷。

②初创企业无法证明拥有知识产权。

③由于申请延误或者公布发明从而导致失去专利权。

④为争取首批客户，初创企业可能会在关键市场提供特别许可，导致企业的知识产权对未来的客户相对贬值。

而企业的关键业务一定要围绕打造企业核心竞争力，建立企业自身竞争优势的目标来组成。不同时间阶段，由于内外环境的变化，其关键业务也会发生变化。比如在种子期时，企业主要聚焦在客户验证、产品验证方面，公司的关键业务就要围绕于此，而公司进入 A 轮或者 B 轮时，公司的产品或者服务已经得到验证，那么其关键业务就是围绕如何扩大规模，如何进行市场开拓和产品推广，如何提高经营效率，提高企业的利润率。

2.4.2　谁愿意成为你的合作伙伴

重要合作伙伴可以提供初创企业无法自行开发和不愿自行开发的能力。比如摩拜单车的合作代工厂富士康每年能为其提供 500 万以上的产能,天津爱玛体育用品有限公司在 2017 年与摩拜签订了 500 万的代工合同。摩拜单车的几大供应商年提供的总产能在 1 000 万辆以上,而且数字还在增长中。全球最大的自行车制造商富士达与 OFO 签约,每年提供 1 000 万的产能,飞鸽自行车厂每年能为 OFO 提供 500 万产能。

合作伙伴关系可以分为五种:战略同盟、竞争合作、联合商业开发和重要供应商、流量合作关系。

(1)战略同盟指的是非竞争性企业之间建立的合作伙伴关系,初创阶段可以帮助企业提供产品的培训、安装和服务以及周边设备或配件等,很多专业服务公司,如法律、财务、工程、IT 公司等,可通过资源整合、相互服务的方式提供更广泛的服务内容,战略同盟还可以帮助初创企业扩大产品和服务的覆盖范围。

(2)联合商业开发指的是在初创企业发展周期中的晚些时候,企业在建立自主品牌之后会发挥重要作用。

(3)竞争合作是出现在初创企业发展后期,是一种直接和竞争对手共享成本或者市场的合作形式。

(4)重要供应商是对初创企业具有生死攸关的重要意义。很多初创企业都会把自己的"后台"包给供应商。比如仓储、产品交付、人力资源、薪资管理、员工福利、财务管理等各个方面,利用供应商的能力能够很好地改善初创企业的管理效率和成本结构。

(5)流量合作关系可以通过以下方式鼓励客户访问网站或使用移动应用程序:

①交叉推荐,即是客户交换。

②按照推荐收费。

③文字链接、站内推广和推荐站点广告。

④交换邮件列表等。

例如,Youtube 视频网站早期流量大部分来自和谷歌的合作;美丽说和蘑菇街早期的流量也是来自淘宝网站;摩拜单车也通过微信导入很多流量,OFO 单车则通过支付宝导入流量。此外,苹果的 Appstore、Android 的应用程序中心是移动应用程序的重要合作伙伴。

企业必须了解合作伙伴的经营方式,建立合作伙伴的意愿以及为此付出的成本,这需要对市场的洞察以及对合作伙伴的理解。对于互联网和移动互联网初创企业,还需要把合作伙伴划分为"必须拥有"和"最好拥有"两种类型,需要分别对待。

警钟 2-4: 因为资源而生成的能力不靠谱

项目介绍

某信用卡分期购物平台拿到了戈壁资本 1 000 万美元投资,因为可以与银行密切合作,有权使用银行的一部分资源,平台可以用 DM 单、短信、手册、EDM(电子邮件营销)等形式去销售商品,同时拥有自己的 B2C 电商平台,利用银行的信用卡用户数据进行产品分期销售。

成立之后企业高速发展,第一年销售额 8 000 万,第二年 1.5 亿元,第三年 3.2 亿元,第四年 4.5 亿元,当年被国内一知名杂志评为"中国最佳服务商业模式"。但在第五年的时候,由于当时电商整体处于资本寒冬,平台拖欠供应商货款,致使内部经营困难最后导致失败。

项目缘起:因为当时银行手上有大量的客户源和数据,可以让该购物平台轻松接触到大量客户,同时由于银行单独做电商的模式不成熟,因此需要一个专业的平台帮助银行转化,获得业绩。

🐾 项目点评

该项目是典型的寄居商业模式,它是根据企业所处的产业链和价值链发展过程中产生的临时商业模式,具有很强的时效性。比如微博时代的大号、微信时代的大号营销等。如果企业在红利期不能够迅速建立自己独有的核心竞争力,不能在所处行业和企业价值链中建立居于主导地位的核心能力,一旦形势发生变化,其结果就像沙滩上建立的大厦,起得有多快,倒得就有多快。

路径 2-3:　要有自己的核心竞争力

🎯 项目介绍

VIPKID 是由创新工场、经纬中国、红杉资本、北极光、真格基金、云锋基金以及由科比创立的 Bryant Stibel 基金等投资机构联合投资的互联网教育公司,专注为 4～12 岁左右的小朋友提供有效、生动的在线英语学习体验。VIPKID 拥有优质的北美小学教师资源,孩子通过 1 对 1 在线视频互动平台,在家就可以同北美老师连线。VIPKID 的教材均为基于美国共同核心州立标准(CCSS)而独立研发的适合中国孩子的教材。

VIPKID 目前拥有学员超过 80 万名,在册北美外教超过 10 000 名,VIPKID 的愿景是:帮孩子插上语言的翅膀,自由行走于这个星球。

🐾 项目点评

资本寒冬季节,几家欢乐几家愁。VIPKID 成立三年却连续获得巨额融资,这是因为融资的背后,它有独特的竞争力。它的核心竞争力包括共享经济模式、师资队伍、教学模式、核心团队。

师资队伍:100% 纯北美外教,经过严格筛选,录取率低于 10%,具备 ESL 和 K2 教学经验。目前 VIPKID 在此的北美外教超过 10 000 人。

教学模式:教学宗旨,以学员为中心,致力于语言能力提升,思辨习惯养成,快乐学习。采用翻转课堂学习模式,课前强参与、课中强互动、课后强反馈。浸入式教学,让孩子进入仿母语的环境,让学员在应用中学习语言,自然习得知识丰富的纯正英语。

核心团队:VIPKID 创始人米雯娟 12 年深耕一个领域:4～12 岁少儿英语;17 岁辍学(家里反对),后来京,作为联合创始人,与舅舅创办 ABC 英语培训学校;2013 年离开 ABC 学校,顶着"背叛"之名,选择创办 VIPKID;自学英文,自修学业,人生的另一个起点从长江商学院起航;2016 年"赢在中国",冯仑评价"最有领导力"的创业者。

在团队配置上,不仅分工明确,米雯娟所吸引到的加盟合伙人背景经历也非常强悍。除了米雯娟这个曾经的 ABC 英语联合创始人之外,负责运营的 Victor 有 10 年互联网市场运营经验,是百程旅行网联合创始人,还曾在智联招聘供职;负责产品研发的 Fores,先后在 IBM 中国研究院、百度、IBM 中国开发中心供职;而负责教师和内容管理的 Jessie,也有 10 年外企运营及内外部客户支持经验。

VIPKID 基于共享经济模式,将北美大量优质的师资力量引入国内,连接国内有需求的小朋友,从而打破了时空与信息之间的分隔,让中国的小朋友有机会享有全球最优质的英语教学资源。

2.5　成为值钱企业

2.5.1　不清楚盈利模式如何能钱赚

商业模式设计中如果收入大于成本,就表明企业可以盈利。企业从诞生到成长以及发展壮大是有自己的规律的。先从商业模式的收入开始说起。

初创企业的收入定价是商业模式画布中最难假设的部分,但是它非常重要,因为这是企业获得利润的开始,也是企业赖以生存之根本。它重点关注以下几个问题的解答:

(1)我们要销售多少产品或者服务?

(2)企业的收入如何构成?

(3)该如何定价?

(4)能否建立值得开发的业务?

问题 1:我们要销售多少产品或服务?

一般来说,企业通过销售产品获得收入,客户可能一次性付款,或者分期付款获得商品。也有通过租赁或者订阅等财物手段获得收入。维护好老客户,通过制定激励措施鼓励老客户推荐,是企业常常采用的方法。

可以根据前面几个模块的假设进行:

(1)市场规模和市场份额假设。比如可以假设预计客户数量,如百万人群市场占 10% 市场份额应该是 10 万用户。

(2)通过对渠道假设,可以了解潜在的销售能力和渠道成本。

(3)这里需要强调的是,收入要扣除包括渠道成本在内的销售成本。

问题 2:企业的收入如何构成?

与实体渠道相比,网络企业收入来源更加多样化。企业的收入构成大致分为如下几类:

(1)销售收入。无论是实体企业还是网络企业,它们都可以通过销售硬件、软件或者服务来获得收入,这应该是企业的主要收入来源,尽管一般都是一次性收入,但是实践中一般还会带来后续收入。

(2)订阅收入。对于软件、游戏、付费知识等网上产品常常可以按照月、季度或者年度收取订阅费，如逻辑思维旗下的得到产品，按年支付 199 元就可以获得某位专家每日推送的文章或者音频产品。

（3）按照使用收费。有些网络产品按照客户使用次数收费，比如有的广告网站按照点击数收费。

（4）推荐收入。向网络或移动产品推荐流量或者客户获得收入，比如微信上不少拥有众多粉丝的大号往往获得推荐收入。

（5）加盟收入。加入到某网站平台，比如电商网站可以获得客户，销售产品获得收入或者佣金。一些会员网站常常可以获得该收入。

（6）邮件列表租金。订阅服务网站或者加盟网站，经常会把客户邮件列表出租给一些定向需求的广告商。

（7）后台活动收入。这些收入往往来自于客户在注册或者确认购买的过程中实现。

这里有两条原则需要引起注意：第一是受众群体越有特色、越是有独特性，越是难以接近，广告商就越是愿意付出成本来购买，来开发。比如上市商业银行的高端理财用户、高端别墅住宅的买家等。第二是广告商一般不愿意对小型受众群体感兴趣，即使他们的产品或者网站以后一定会吸引大型受众群体。

问题 3：该如何定价？

这个问题包括两个部分，一部分是对经营成本的评估。比如销售硬件产品，可能就需要考虑零件、组装、包装、运输等；还包括房租、员工成本等基础费用。

第二部分是如何定价。产品的定价是有学问的，有好多种定价方式。好的定价模型不但体现硬的成本、产品价值，还会体现很多软的东西：市场类型、市场信心和竞争定价等。它应该是在市场可承受范围内最高定价，这样可以获得最大利润。

初创企业定价模型有以下几种方式：

（1）价值定价。根据产品提供的价值而非产品的成本定价。投资理财产品、专利产品或者药品往往采用这种定价，可以获得高利润，iPhone 手机在国内也是采用这种定价模型。

（2）竞争定价。针对竞争对手定位产品价格，这种方式竞争对手之间打价格战。比如滴滴与快的之争。

（3）销量定价。这种定价方式鼓励多次采购，或者一次行采购多种产品，这也是很常见的定价。有的商场销售第二件商品就半价。

（4）产品组合定价。有些企业对客户提供多种产品和服务，每一种产品和服务都有各自的成本和效用，俗称打包价，这也是在各个行业经常采用的定价模型。这种定价的目标是期望利用产品组合实现利润。具体加价范围会根据竞争状况、锁定效果、产品价值和客户忠诚度来确定。

（5）"刀锋式"定价。指部分产品免费或者低价，但是可以通过持续性重复购买实现大量利润。比如打印机低价配合高价的墨盒销售模式，剃须刀＋刀片模式，运营商销售套餐送手机等活动。

（6）订阅式定价。一般来说是订阅软件，或者订阅书籍报刊，过去是纸质版本，现在更多的是电子版本。

（7）出租式定价。为了降低客户使用门槛，比如现在的婚纱租赁、摄影器材、电脑租赁等。

（8）产品型定价。根据产品的实际成本定价，这是常见的定价模式。

这里要注意的是软件产品或者网络产品的边际成本很低，网络效应的特点就是新增客户的边际成本几乎为零。

问题 4：能否建立值得开发的业务？

初创企业在商业模式设计的前期，是要通过一些假设来反复提炼商业模式，这个阶段主要是了解企业大概的收入和主要的固定成本和变动成本。可以关注以下一些问题：

（1）销售收入短期内是否可以覆盖成本。

（2）销售收入能否快速实现大幅增长。

（3）随着销售收入的增加，企业的利润是否可以改善。

总之要通过这种纸面的分析，来判断企业是否有企业价值与投资价值。

2.5.2　企业不会赚钱，怎么可能会值得投资

创造用户价值是企业赚钱的必备条件。用户是互联网的立业之本。互联网的开放性和与用户的直接接触，决定了这个行业的一个特质就是一切最终的决定权全部在用户手上。

所谓的用户价值就是，我们的产品和服务能够解决用户的痛点，或者可以帮助客户提高效率降低成本，或者能够帮助客户完成工作，工作包括功能性工作、社会性工作、个人/情感性工作等，或者帮助用户回避风险，等等，总之一定要为客户带来价值。

没有用户价值的企业是什么样的？会有哪些表现形式？

《创业小败局》提到：一个急于求成的 90 后创业者，创办本地房产信息服务网站，2013 年 2 月启动，9 个月后失败。究其原因，核心的一条，就是其网站并不能满足用户的需求。网站针对的对象是县城里买房的年轻人，但实际上，县城里年轻人上网的主要动作是游戏、视频、聊天和阅读，并没有把互联网作为工具，本地门户存在的意义在于社交和猎奇。创始人把北上广一线城市的成熟模式移植到县城市场，没有从客户需求角度思考产品形式，这样就很难成功。

有了用户价值之后还必须具有企业价值，企业才能赚钱。企业价值可定义为企业遵循价值规律，通过以价值为核心的管理，使所有企业利益相关者（包括股东、债权人、管理者、普通员工、政府等）均能获得满意回报的能力。显然，企业的价值越高，企业给予其利益相关者回报的能力就越高。

简单地说，企业价值就是企业一定是要赚钱的，收入一定要大于成本，互联网创业，可以短期不赚钱，但是长期一定是赚钱的，否则企业就失去存在的意义。按照商业模式画布的理论，客户细分、渠道通路、客户关系三个模块是带来企业收入的部分，核心资源、重要合作、关键业务是企业成本支出的部分，那么盈利企业的财务结果一定是收入大于成本的。

那么企业价值缺失的企业是什么样的?

《创业小败局》提到的刘源在 2008 年 11 月创办的休闲食品电商"西米网",从 8 000 元起步,一年后做到营收 700 万,多家电视台报道,受到追捧,但是不到 3 年依然倒闭,是因为其陷入"成本黑洞",核心的原因是贸然自建物流和仓储,同时还过早开设实体店和引入易耗的果品,增加公司运营成本,以至于公司的成本始终大于收入,出现持续亏损,致使公司商业模式出现大纰漏,不可持续。

什么样的企业值得投资?

金沙江创投的朱啸虎在判断企业时,看三条:首先市场规模大;第二可复制,可非线性的高度复制;第三个是可防御。

我们看一个企业是否有投资价值,首先它必须有用户价值;其次还必须有企业价值,如果它还能在大的市场空间里,可以快速的复制,并且有自己的护城河,这样的企业就一定有投资价值。

《创业小败局》中以张熙的精锐教育为例,2011 年 11 月成立,后来陷入困境。总结其原因:①没有认真了解市场,低估了竞争难度;②发现失误不悬崖勒马,盲目冒进;③未能处理好内部的问题,包括企业管理、团队配置等方面的问题;④照搬"星巴克模式",教育行业水土不服。

包括文中的其他案例都是创始人好大喜功,盲目扩张,致使扩张后各种问题都暴露出来,就像定时炸弹爆炸一样,将企业击败。

从这个角度来看,一个企业在小范围内可以赚钱,一开始复制扩张就出问题,也就意味着这个企业还不具备投资价值。对投资人来说,他们希望投资的企业是能够赚钱,并且能够持续的赚钱。

2.5.3　持续赚更多钱才能值钱

从商业的角度来说,公司的目标无非是赚钱、持续地赚钱、持续地赚更多的钱。而投资人也期望能够找到这样值钱的公司,搭上优秀创业者的便车。这也是商业模式设计与创新的目标之所在。

有的人说满足了用户的需求就能赚钱,其实也不竟然。比如说氧气是人需要的,但是很少有人通过氧气赚钱,是不是氧气赚不了钱? 不是,如果换一个场景,在青藏高原缺氧时候,在人登山缺氧的时候,或者因为生病缺氧的时候,这个时候氧气就可以赚钱了。为什么呢?因为这个时候氧气成了稀缺资源,提供了客户价值,客户愿意付费购买。因此找到付费客户是商业模式成立的必要条件。

那么赚钱和持续赚钱的区别在哪里? 要想持续赚钱,就必须建立壁垒,建立护城河。而壁垒与护城河的建立很多时候都会与科技的进步、技术的颠覆等密切相关。很多时候,外部环境的变化,尤其是科技的进步,直接带来了稀缺资源的变化。科技提高效率,原来稀缺的资源变得不稀缺了,比如说微信的出现,微信的免费私信代替了运营商的短信,智能手机的照相功能替代了传统的相机,等等。

科技的发展还带来另外一个变化,那就是结构性的变化和机遇,结构性的变化主要是供给关系的变化,老的稀缺资源几乎一夜之间消失了,新的稀缺资源马上取而代之。数码照相机来了,胶卷行业消失了;U 盘来了,CD 和 VCD 慢慢消失了,等等。

但是在技术颠覆的时候,还会有一个空档期,也是一个千载难逢的红利期,比如微博早期的大号,微信生态早期一大批靠侵权转载和翻译等崛起的微信号,他们填补的是微信生态下的内容供给的强烈需求。这些公司在一段时间确实能暴赚一笔,而一旦生态稳定下来之后,很多企业都会被淘汰,只有在新的供求关系下仍然具有独特优势,形成门槛的企业会生存下来。比方说团购中的美团击败了千团大战的各个竞争对手,网约车大战留下来的滴滴出行。

对于很多创业者来说,持续地赚钱,已经很不错了,但是投资人并不这么看,比方说路边的报摊、门口的早点摊,它们都可以持续地赚钱,但是投资人并不会投资。

投资人期望投资能够持续地赚更多钱的公司。这样的公司在具有稀缺资源,同时又具有护城河的前提下还具有可扩展和可垄断。可扩展是追求边际效应,随着快速复制的情况下,边际成本不断降低,可垄断是追求溢价效应,这样的企业可以持续获得高额垄断利润,一定是投资人热捧的企业。

而商业模式的设计与创新就需要从以上这些角度来设计,通过不同维度和要素的创新达到持续赚更多钱的目标,从而成为值钱的企业。

警钟 2-5:   资金链断裂是创业失败的主要原因

项目介绍

作为史上最大 O2O 洗车及养护平台,博拜养车微信公众号于 2016 年 4 月 5 日凌晨发布公告长文《认识这么久,第一次说再见》,正式宣布破产倒闭,而其官网则变成了"白板",其未来业务也正式划归庞大旗下。

博拜共完成两轮融资:2014 年 9 月博拜得到了创新工场千万元级 A 轮融资,2015 年 3 月京东、易车等参投的 B 轮 1.1 亿元融资,估值达到 5~6 亿元。拿到 B 轮后对外高调表示 2015 年下半年开启决战,吃下整个汽车后服务市场,并计划 2016 年年底覆盖 100 个城市,招聘 1 万名技师。这支团队表现出很强的执行力,不到半年内推广至全国 22 个城市,月订单超过 15 万单,员工 1 400 名,成为拓展最快的汽车后市场 O2O。但是计划赶不上变化,因为 C 轮融资失败,导致资金链断裂,企业宣告关闭。

项目点评

美国纽约的风险投资数据公司 CB Insights,在调查、访谈及研究 101 家失败的创业公司案例后,总结了 20 大败因:第一第二大败因是市场假需求和钱花完了,第五大败因就是成本控制出现了问题。

因此初创企业控制好现金流是企业生死存亡的底线,千万不可忽视。一般来说,9 个月公司营运资金留存是公司的红线,而这个时候也就视为只有三个月资金,留 6 个月的资金为后续融资预留时间。

做好现金流管理,加强成本控制是初创公司最容易忽视的。

路径 2-4:　简单清晰的盈利模式

项目介绍

OFO 小黄车是一个无桩共享单车出行平台,缔造了"无桩单车共享"模式,致力于解决城市出行问题。用户只需在微信公众号或 APP 扫一扫车上的二维码或直接输入对应车牌号,即可获得解锁密码,解锁骑行,随取随用,随时随地,也可以共享自己的单车到 OFO 共享平台,获得所有 OFO 小黄车的终身免费使用权,以 1 换 N。

2015 年 6 月启动以来,OFO 小黄车已连接了 1 000 万辆共享单车,累计向全球 20 个国家,超 250 座城市、超过 2 亿用户提供了超过 40 亿次的出行服务。

项目点评

OFO 的创始人戴威是北大的学生会主席,他在 2015 年创业时,开始并不是共享单车方向,而是长途骑游项目,但是苦于找不到投资人,看不到这个方向的前景。

也是经过一段时间的验证、磨难,后来戴威和他的团队醒悟了,"骑游是一个伪需求,自行车最本质的需求还是代步出行!"因此慢慢地就想到了共享单车的方向。

OFO 是从北大校园开始起步的,校园出发是最好的总结共享单车运营和商业模式的切入点:学生出行有明显的潮汐效应;学校里选择很少,要么步行,要么骑车。上游供应链的整合要求高:一个月在中国校园里放一万辆自行车,这样的市场需求应该有;OFO 不造车,但是连接车的模式更适合。对运营和车的质量要求非常高:学校里学生每天骑车的频率远高于社会;对车的质量、骑车体验以及对运营成本的压力测试,有利于总结运营经验和长期对车型选择有帮助。

从经营成本上考虑,学校运营成本比社会低,比如"挪车"成本;从商业模式的盈利逻辑及投资价值考虑:共享单车解决短途出行:高频、刚需、空间巨大,以北京市场为例,每天出行以亿计算,3~5 km 以内的出行没有比自行车更好的解决方案。

自行车解决方案的好处:省钱、健康、环保,出行是高频的 APP 应用,OFO 学生每天要用好几次,我们手机的 APP 很少有每天超过 2 次以上的。因此未来一定是个巨大的流量入口,还将有各种可期待的盈利模式。

这就是为什么戴威把骑车旅游创业方向改成共享单车创业方向后,迅速发展壮大,成为一个非常值钱的企业,不断被投资人追捧,获得了如今的 OFO 不到三年的发展已经成为一个估值 30 亿美金的独角兽。

第3章 创业团队：领军、互补、激励、学习

题记 创业就是一个舞台，每一位创业团队中的成员都是这个舞台上的演奏者。领军人物是乐队的指挥，为奏响美妙乐章这一共同目标，吸引不同天赋的人才聚到一起，发挥各自优势找准清晰的定位，分工明确地扮演好自己的角色。充分运用和调动时间、赞美、激励、学习的力量等资源高效地合作，保持怡悦的状态去迎接创业路上的各种挑战，共同演奏创业这首宛若天籁般的进行曲。

3.1 搭建团队是创业者成功的基石

我更喜欢拥有二流创意的一流团队，而不是一流创意的二流团队！

——风险投资管理之父乔治·多里特

李开复在谈大学生创业时曾吐露，最重要的不是点子，而是对时机的把握与良好的团队。

我们都知道团队在创业过程中发挥着举足轻重的作用。到底何为团队？作为创业者，我们要搭建一个什么样的队伍？搭建团队过程中有哪些警钟和工具以及方法与路径？本章对相关问题进行探讨。

盖兹贝克和史密斯认为，一个团队是由少数具有"技能互补"的人组成的，他们认同于一个共同目标和一个能使他们彼此担负责任的程序。罗宾斯认为，团队是指一种为了实现某一目标而由相互协作的个体所组成的正式群体。路易士认为，团队是由一群相互认同并致力于达成共同目标的人组成，这群人相处愉快并乐于投入到同一工作中，共同为达成高品质的结果而努力。不同的学者从不同的角度界定了团队的定义。简言概括，团队是一群具有不同背景和特质的人，各自扮演特定的角色发挥不同的功能，为实现共同的奋斗目标，担当责任、技能互补而组成的群体。

未来的创业团队正在从传统的依托权威调节管控到依靠集体智慧群策群力的模式过渡。因为我们处在当今这样一个数字化的速变时代，不断涌现出大量商业变革，客户需求日益呈现出多样性，传统商业模式也在逐渐转化。创业者、企业家也不再单纯是管理者和老板，而是朝着前瞻、促进、服务、引领、教练等多元化的角色发展。由此趋势可见，未来的团队将是灵活而机智的，团队成员是多才多艺的，是一个兼有协作精神又能高度自我管理的组

织。这些改变促使创业者必须依靠高效组建团队来共同取得成功。

高效组建团队首先需要考虑的因素是要把具有互补技能和经验的成员组织到一起。团队成员之间的互补、协调以及与创业者之间的补充与平衡，会远远超越团队中任何个体的技能与经验，互补的团队抵抗各种风险的能力会更加强大。与此同时创业路上有人并肩作战，为加强组织发展和推进工作也提供了更多的社会视角，无形中为团队成员营造了更加轻松愉快的心理环境。所以创业者能够搭建一支既有凝聚力、合作精神、又敢于担当、优势互补的核心队伍，一定会加快初创企业的成长步伐，帮助其渡过最初从无到有的艰难时刻。

我们也可以把创业者与团队之间，比喻成鱼与水的关系，没有鱼的水没有活力和生机，当然鱼需要水也离不开水，只有彼此之间相互依存、相互支持，才会有如鱼得水的和谐，也才有可能出现鱼跃龙门的奇观。

3.2 创业者自我认知是致胜的起点

常言道："知人者智，自知者明。胜人者有利，胜己者强。"人贵有自知之明，之所以称为是"贵"，是因为认清自己太重要了，而能够做到真正认识自己却相当不易。

认识自我的不易之处在于"我"之复杂。每个人身上至少有四个层面的"我"：一是公开的我，自己清楚，别人也知道的一面；二是盲区或脊背的我，别人都知晓，自己却看不到的部分；三是隐秘的我，自己明晰，别人不晓得的一面；四是未知潜能的我，别人不了解，自己也未发现的部分，如图 3-1 所示。

作为创业者，了解自己是能够最终致胜的起点。因为创业路上，竞争非常残酷，竞争会无时无刻不围绕在每一位创业者的身边。自我认知自我审视首先是要发现自己的优势，并能将自己的优势发挥到极致，找到自己最核心的竞争力。虽然在这样一个互联网经济兴起的多元化社会，在国家积极支持大众创业、鼓励万众创新的好时代，创业成功也

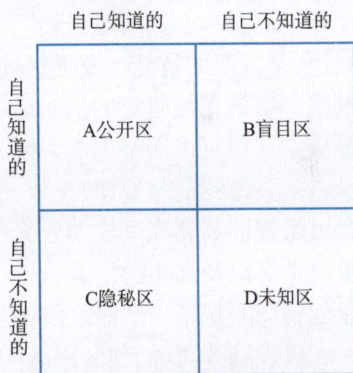

图 3-1 认识自我的四个层面

依然是一件非常艰难的事情。因为影响创业成功与否的因素太多了，环境、时机、创意、模式、心态，等等。想有所成绩最重要的一个力量之源就是要发挥自身的优势。比尔·盖茨能成为商界的首富，迪士尼能画出神奇的老鼠，追根溯源，无不是充分发挥了自己的长处。

作为创业者能够全面的认识自己，消除自我认知中的盲区，是一种积极的自我成长与开拓。而自知的关键节点是每一位创业者要懂得"自省"。盲目或片面的自我认知很容易在创业路上栽跟头。李赤曾说他的诗超越李白，而事实又有多少后人听说过他的名字。马谡信心十足守街亭，结果却掉了脑袋，导致了诸葛亮挥泪斩爱将的悲剧。自我认知与自省是我们一生都要去修炼的功课。也许到了生命的尽头，自我认知的探索依然尚未穷尽，但如果能够

做到时刻警醒自我、激励自我,就是走在创业路上的精英们为自己的梦想点亮了一盏指路明灯。

自知者英,自胜者雄。古人李世民有"三鉴",曾子有"三省",今朝走在创业路上的我们,也唯有找到自己的优势并不断认识自我、磨练自我、提升自我、突破自我、完善自我,才有可能在这个千军万马过独木桥的创业大军中脱颖而出。

3.3　创业者打造团队的七步曲

3.3.1　团队产生出色的领军人物

一位有明确进取心,能绘制蓝图,指明方向,感召他人,开拓未来的领袖,是团队的灵魂与核心,这位领袖人物的素质能力高低也一定程度上决定了创业这件事情成功与否。

吴承恩的《西游记》已被众人誉为我国团队建设的经典教科书。就是这样一个唐僧带着孙悟空、猪八戒、沙和尚、白龙马去西天拜佛求经的团队,一路走来历经九九八十一难,内部有分家散伙、外部有妖魔横行,劫难重重,却始终未能阻止其前行的步伐。不得不说这与团队领袖的素养以及坚定的信念息息相关。唐僧看似古板,甚至有时会让人感到软弱愚昧,但实际上确是一个具有超强驾驭能力的好领袖。团队的四名成员都有显赫背景与不凡的过往经历,某方面的技能也要远远优越于他,想要引领这样一个队伍去西天取得真经确实充满了挑战。唐僧用他坚定的信念、明晰的目标、心无旁骛的践行去抵抗各种诱惑和风险,最终让孙悟空这种可以揭竿而起大闹天空的高手也心服口服的成为他忠实的拥护者。

刘备最终能与曹操、孙权三分天下,不仅赢得了关羽、张飞等武将的倾心与爱戴,也能让运筹帷幄的诸葛亮这样的智者忠诚地追随,与这位刘皇叔"天下兴亡,匹夫有责"的责任感,重情重义以及高超的用人水平息息相关。可以说刘备的成功是他用自己的人格魅力、正能量的信念凝聚了一个愿意以他为马首是瞻的团队。

以古喻今,我们创业团队中的这位领袖不仅需要具有展望未来又能落地执行的计划能力;还要有能快速整合内外部资源的组织协调能力;要有识人用人的领导力;还要有凝聚人心的影响力;有快速成长与时俱进的学习能力,良好的时间管理能力,还需要具备高瞻远瞩、多谋善断的决策力。创业者也许不能保证自己身上能够拥有以上所列出的团队领袖需要具备的所有能力,但每一位创业者一定要在某一项或几项素质上有过人之处。找到自己的优势与核心竞争力,就是为后期组建团队找到了坐标轴的原点。

优秀的领袖产生了,创业团队搭建这首乐曲就奏响了第一章。

3.3.2　团队共同目标与阶段目标

1. 共同目标是团队的灵魂

目标非常重要,一个人有什么样的目标就会有什么样的人生,团队有什么样的战略目标,就会有什么样的成绩。目标能让团队以终为始,也能让团队在前进路上有方向引导。表面看唐僧在团队中最没有能力，但是他拥有坚定的信念，他的目标就是要义无反顾地去西天取得真经来普度众生。徒弟们也正是追随着他的梦想与目标，历尽艰险取回真经并随之修行圆满。拥有明确目标的团队就像一群南飞的大雁，无论遇到什么样的困难，始终能保持继续前行的斗志，直到成功抵达彼岸。

作为创业团队无论是团队的战略目标还是阶段性的分解目标，SMART 原则都可以作为衡量预之目标能否最终实现的一个重要参考工具。它围绕五个关键要素来设定目标，五个部分紧密相连，既全面又客观明晰。团队成员的绩效考核也可以根据 SMART 原则开展，将员工的晋升、福利等激励与共同目标有效结合，一定会促进团队最终目标的达成，如图 3-2 所示。

具体的 Specific	明确不含糊，团队成员能明确组织期望他做什么，什么时候做以及做到何种程度。团队目标表述要简明扼要、易懂易记。
可衡量 Measurable	如果目标无法衡量，就无法检查实际与期望之间的差异。为此，团队目标值尽可能用数字或程度、状态、时间等方式准确客观表述。
能实现 Attainable	团队目标值应尽可能在合理的基础上志存高远，过低或不切实际都会影响目标作用的发挥，制定目标最终目的是要实现它达成目标。
相关联 Relevent	团队目标是实现组织使命和远景的重要工具，目标内容的确定必须与组织宗旨和远景等相关环节紧密结合。
有时限 Time-boun	团队目标必须有起点、终点和固定的时间段，没有确切的时间节点，将无法检验，也无法归纳总结，更无法不断精进与完善。

图 3-2　SMART 目标原则

2. 分解明确的阶段目标

目标分解是实现团队终极目标的前提，是预定目标得以实现的基础保障。根据团队总目标明确每一个环节的任务，分解确定分目标。目标分解就是将设定的目标在横向、纵向、时间、空间上分解到各个层次，落实到不同负责人身上。也就是说对团队长远目标的分解和细化，就是合理配置和协调人、财、物等资源，保证最终登上高峰的每一个基础台阶稳固而扎实，保障总目标步步落地的过程。

1）目标分解法要遵循的基本原则

目标分配法要遵循的基本原则如图 3-3 所示。

2）目标分解的工具

清楚目标的重要性也设定了清晰的目标，如何实现就需要进一步了解目标分解的相关技术与工具，如图 3-4 所示。

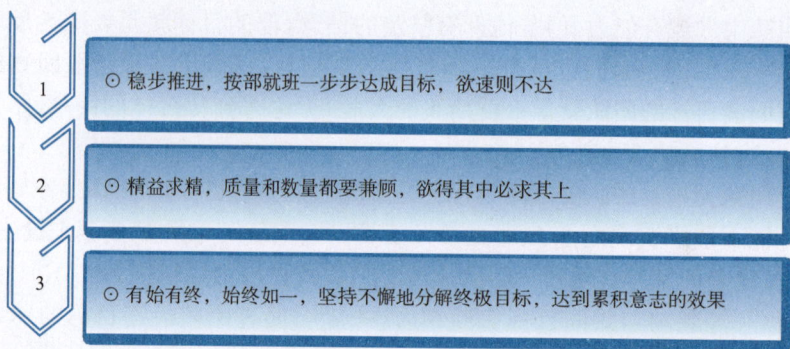

1　⊙ 稳步推进，按部就班一步步达成目标，欲速则不达

2　⊙ 精益求精，质量和数量都要兼顾，欲得其中必求其上

3　⊙ 有始有终，始终如一，坚持不懈地分解终极目标，达到累积意志的效果

图 3-3　目标分解原则

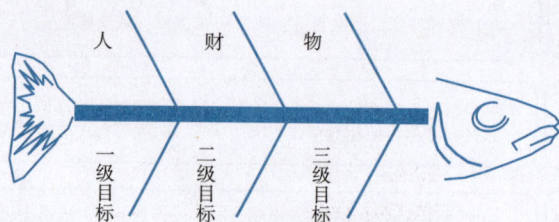

图 3-4　鱼骨图示意法

　　鱼骨图示意法顾名思义就像鱼的骨架，头尾间以及脊椎骨用粗线连接，鱼的各个脉络的刺用细线链接。在鱼尾填上问题或现状，鱼头代表目标，脊椎就是达成过程的所有步骤与影响因素，如图 3-4 所示。

　　想到一个因素，就用一根鱼刺表达，把能想到的有关项都用不同的鱼刺标出。之后再细化，对每个目标进行分析，用鱼刺分支表示每个主因相关的元素，还可以继续三级、四级分叉找出相关元素。最后，把所需工作、动作以及遗留问题进行归类整理。这样就很容易发现，哪些是困扰当前关心项的要因，该如何去解决与面对；哪些可以马上解决，需要调动哪些资源来匹配。在具体使用中，还可以灵活把握，例如，鱼的上半身是团队可以获得的资源支持，鱼的下半身是阶段目标的实现，通过不同信息的梳理和呈现帮助创业者清晰地思考与决策。

　　3）剥洋葱头

　　像生活中剥洋葱头一样，将大目标分解成若干个小目标，再将每一个小目标分解成若干个更小的目标，一直分解下去，直到现在该去干什么的行动层。实现目标的过程，是由现在到将来，由低级到高级，由近期小目标到终极大目标，一步步前行，最终达成团队的使命与愿景，如图 3-5 所示。

　　运用洋葱图设定目标以及分解目标最高效的做法，是从最终想实现的目标出发，是反向推理的过程。它是由想到将来再回到现在，由大目标终极目标到阶段的小目标，由高级到低级，层层分解出来的过程。它是一个让我们看到事实真相，找到现实与理想关系的工具。当创业者们感到迷茫或混乱时可以作为清晰思路，建立信心的工具。

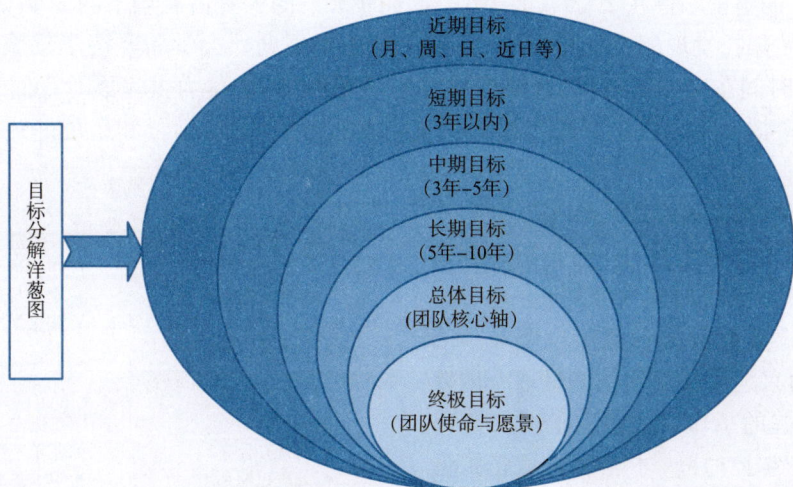

图 3-5　目标分解洋葱图

4）运用甘特图工具来管理目标进度

甘特图是通过条状图来清晰显示项目进度，与其相关的系统进展的内在联系随着时间进展的情况。

如图 3-6 所示，其中，横轴表示时间，纵轴表示工作任务。线条表示在整个期间上计划和实际的工作完成情况。甘特图可以直观地表明任务计划在什么时候进行，及实际进展与计划要求的对比，让项目进度可视化，一目了然。团队管理者和任务责任人由此可以非常便利地看清每一项任务还剩下哪些工作要做，并可评估工作是提前还是滞后，亦或正常进行。因为甘特图简单、醒目和便于操作，所以建议创业者们可以在自己的办公室或任何工作环境中运用，是提醒团队成员每天努力工作的警钟，也是帮助目标落地，计划达成的有力助手。

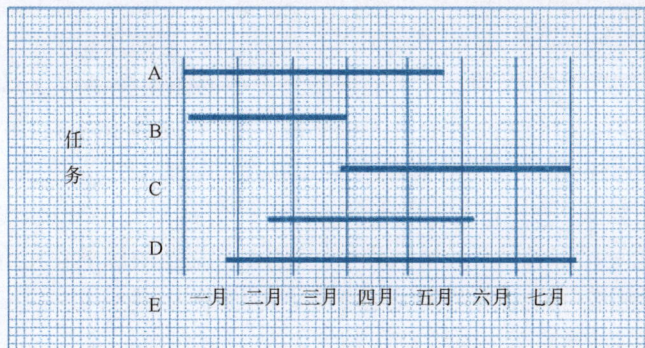

图 3-6　甘特图

5）做重要的事，监督时间节点

（1）80％的财富掌握在 20％人的手中，余下的 80％的人只占有剩下的 20％的财富，意大利经济学家帕累托发现的二八定律，已经被广泛地应用到社会学和经济学领域。而团队经常是 80％的时间在忙，只有 20％重要性的事务，却用 20％的精力去完成对我们来说有 80％重要程度的事情。作为创业者想要拥有一支高效执行的团队，学习和运用好这些原理尤为重要。

（2）规划时间正确匹配人和事。列出工作事项，按照工作价值大小、重要紧急程度进行分类，安排事情的优先顺序，合理分配时间和精力。安排具体负责人也要灵活高效，匹配能力兴趣以及工作状态最适合的队员负责有把握的工作。任何人的时间都是有限的，善于掌控时间，才能摆脱紧张忙碌的状态。预留一定的弹性时间以及可以调整计划的时间，以防突发事件，如图 3-7 所示。

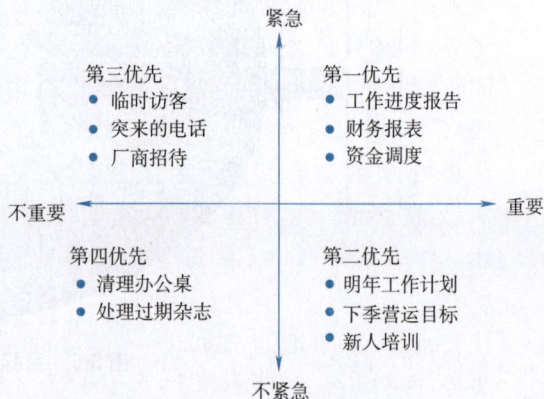

第三优先
- 临时访客
- 突来的电话
- 厂商招待

第一优先
- 工作进度报告
- 财务报表
- 资金调度

第四优先
- 清理办公桌
- 处理过期杂志

第二优先
- 明年工作计划
- 下季营运目标
- 新人培训

（坐标轴标注：紧急、不紧急、不重要、重要）

图 3-7 四象限法

（3）有效利用碎片时间。著名数学家华罗庚说："时间是由分秒积成的，善于利用零星时间的人，才会做出更大的成绩来"。这句话昭示了一个深刻的道理，碎片时间依然很可贵。每天 10 min 的零散时间大家肯定都有，但算一算，用这 10 min 记 5 个单词，一年积累下来 1 825 个单词，但是能坚持的又能有几人？减少不必要的时间浪费，别把时间不当钱花，商场如战场，战争中时间就是生命，抢占 3 min 登上山头的先机，就有可能打赢整场战役。对于初创企业来说，时间更是昂贵的成本。

3.3.3 团队成员之间优势互补

松下幸之助曾说："一个人的才干再高，也是有限的，且很多人往往是长于某方面的偏才。而将许多偏才融合为一体，就能组成无所不能的全才，发挥出无限的力量"。

我们常说没有完美的个人，只有完美的团队。完美的团队组合应该是这样的，有人提出想法，有人策划执行，有人后勤支持，有人冲锋陷阵，团队成员互相配合，发挥彼此的优势，将团队特质进行最优化的匹配，成功的概率会大大提升。从管理学角度讲，不管是狼性团队、蚂蚁军团，还是雁行模式，志同道合且目标明确、相得益彰又优势互补，扬长避短的合理配置，能够最大限度地发挥每名团队成员的作用，是创业者搭建团队的真正价值和意义所在。

贝尔宾角色理论是由梅雷迪恩·贝尔宾博士提出来的，他认为一个完整的团队应有八种不同角色组成。我们暂不不去纠结这八种角色是否全部都要具备，也先不去深究贝尔宾博士提出的角色组成是否考虑到了初创期的企业。我们建议创业者参照这一理论去逐渐搭建自己的团队，怀着一颗艺术的心去不断寻觅和完善，让我们怀着轻松愉悦的心情去寻找问路人。

　　创业是一件艰辛的事情,但我们在这里一直积极倡导快乐创业的理念。快乐创业者们可以把自己的团队比喻成一个乐队,先学习和了解具有不同乐器角色特质的成员在团队中发挥的作用,然后冷静思考自己如何能组建一支优秀的团队来唱响四方。

　　(1)乐队中的吉他——创新者

　　优势:想象力丰富、思想深刻、不拘一格、富有创意、别具匠心。

　　劣势:不够实干、不重细节、不易与人相处。

　　团队作用:为团队提供原创思想和建议,为团队带来突破性思维与见解。

　　(2)乐队中的低音提琴——执行者

　　优势:务实踏实、组织能力强、律己尽职、自我约束能力强。

　　劣势:缺乏灵活性、对新事物反应慢、墨守成规、不善变通。

　　团队作用:能将接收到的思想理念,变为实际的工作步骤并落地执行。

　　(3)乐队中的小号——外交者

　　优势:性格外向、善于交际、对新鲜事物敏感、富有激情、敢于迎接挑战。

　　劣势:性格多变、情绪不稳定、过于乐观、不够严谨。

　　团队作用:从外界带来新的资讯、收集信息推广新的思想、善于与外界交往谈判。

　　(4)乐队中的鼓——鞭策者

　　优势:思维敏捷、精力充沛、开朗有干劲、能激发进取、有较高的成就欲。

　　劣势:没有耐心、自负易冲动、容易与他人产生矛盾或冲突。

　　团队作用:推动团队达成一致意见,并督促团队士气,有勇气前进。

　　(5)乐队中的钢琴——协调者

　　优势:沉着谦逊、不带偏见、客观公正、有掌控局面的能力、兼容并蓄。

　　劣势:缺乏想象力与创造力、注重人际关系而忽略组织或事情本身。

　　团队作用:明确团队角色、任务和责任,综合团队建议,集中团队力量。

　　(6)乐队中的小提琴——凝聚者

　　优势:擅长人际交往、适应能力强、温和敏感、能够鼓舞团队精神、促进和谐。

　　劣势:决断力弱、关键时刻容易优柔寡断、不能当机立断。

　　团队作用:给予他人支持并帮助他人、融合团队分歧与矛盾、强调任务的完成。

　　(7)乐队中的竖琴——监督者

　　优势:善于分析、清醒理智、分辨能力强、做事谨慎、讲求实际。

　　劣势:古板认死理、容易较真、缺乏鼓舞性和领导力。

　　团队作用:分析问题、对繁杂模糊的事情进行简化与澄清、评价他人的贡献和作用。

　　(8)乐队中的圆号——完善者

　　优势:认真严谨、精细有条理、勤奋努力、持之以恒、追求完美。

　　劣势:过于为琐事和细节担心、为人处世不够洒脱。

团队作用：善于寻找团队中的错误、漏洞以及被忽视的内容，激发他人紧迫感。

一个顶级的乐团可以演习许多经典的乐章，因为每一个队员都能演奏自己的乐器，每个人都能找到自己最佳的那个位置与角色。高效的团队应该有以上不同的角色组成，同时能够平衡好各个成员之间的弹性角色，做好自我认知、尊重个体之间的技能差异，才能打造更加成功的团队。乐队中我们知道有人能同时演奏几种不同的乐器，有人一种乐器玩到极致，团队也是一样，角色的转化与演绎能力也是需要不断练习和培养的。

创新者提出想法，没有创新点，创业可能就不会发生，因此创新的思维和点子是团队产生和发展的源泉；执行力强的实干者们会推进创意的实施与落地，实干者运筹帷幄，千里之行始于足下，有了想法就需要去践行；外交者不断提供新信息，无论是打仗，还是经商，信息为王，这个道理毋庸置疑，团队要想做出正确的决策，在激烈的市场竞争中生存与发展，第一手信息资料是必备的武器；鞭策者促进落实，他们是团队的"助推器"，能加速大家的步伐，提高工作效率；协调者均衡利益，管理就是协调，因为团队管理最核心的是成员之间的关系，不同背景的创业者走到一起，各种问题与阶段都有可能产生分歧，有效的协调和均衡是团队能统一思想的重要工作；凝聚者润滑关系，团队成员之间不可能永远一团和气，总有思想和观点不一致的时候，凝聚者发挥自己润滑剂的作用，减缓成员之间的冲突与矛盾，求同存异，团结大家一起朝着同一个方向去努力；监督者监督过程，监督者在执行过程中有强烈的责任感，工作尽职尽责，值得信赖，是具有批判性的思想家，实事求是善于分析，行事缜密一丝不苟；完善者提高标准，不容易满足现状，永远先盯住不足之处，对品质的标准会不断完善，对于完善者来说，细节决定成败这句话是他们最认可也最擅长的，精益求精能让企业的业务更有深度和发展。

团队需要多种角色，只有不同优势的成员紧密联系在一起，共同努力奋斗，才能实现团队的愿景和目标。因此，创业者要尽全力打造团队角色搭配合理的队伍，要依据员工的特长、能力进行分工，指挥大家一起和谐共奏，不断奏出团队悦耳动听、长久回荡的华美乐章。

警钟 3-1：　　像我效应　发展受限

项目介绍

百川数据公司是一家初创不久的大数据公司，创业者都是来自海内外知名大数据公司的中高层管理者，公司主要是基于 Apache 的 Hadoop 发行版，并融合可以灵活按需调配 IT 资源对应用和服务进行支持的开放架构云计算技术，为客户打造智能大数据分析方案。公司取名百川入海，正是希望人才、资源如江河般流入大海。然而事与愿违，公司创业者在组织团队的时候却没有达到这种效果。负责技术的创始人是一个踏实肯干老黄牛型人才，他在招聘人员的时候也按照自己的标准，只招踏实肯干的员工，这直接导致整个技术团队人员沉默寡言，大家缺乏基本的沟通交流，甚至于在日常会议中多次冷场，鸦雀无声。整个团队因为没有活力，缺乏有效沟通，研发进展非常缓慢。

（⚙ 项目点评

不拘一格，合理配置。如果团队成员只能从一个视角出发，只能听到一种声音，就好比一群相似的超人去救火，最终发现每个人的特长都是发光取暖，没有一个人会喷水，结果可想而知。从心理学角度来讲，每个人最喜欢的就是自己。只跟自己喜欢的人合作，不接受差异性，容易故步自封，错过了百花齐放带来的精彩；只跟自己喜欢的人做生意，有可能三分之二的生意都做不好；倘若团队只招聘自己喜欢的人，其他类型的人才不能加入，对团队的发展来说一定是损失。团队的相似性能让团队成员之间很快产生共鸣，给予彼此认可、鼓励与安慰。但让人感觉不舒服的差异性却能带来交流、碰撞、激发大家更多的思考和成长。

路径 3-1：　扬长避短　相与有成

（✖ 项目介绍

爱奇运动是一家主营马拉松和篮球赛事的前期报名、中期运营、后期维护，对整个赛事提供系统服务的创业公司。前期竞赛组织、后勤保障、宣传推广、市场开发、技术研发共投入成本不到两千万。该公司运营了不到半年时间，发展如雨后春笋般快速，通过网络移动广告收入、现场选手服务费、特许产品销售等盈利渠道，净利润达到了一个亿人民币。最终被国家体育总局成功收购。

这家公司的创始人非常聪明，清晰知道自己的优势只是财务风险防控，所以到处招募系统技术总监、运营推广高手、各种赛事的项目负责人等各领域人才，看到优秀人才能加入团队的主动感召加入，能外聘的外聘，能外包的外包，不基于形式不固守成规，因为最终找到的都是爱好马拉松项目且有能力有想法的人，用工形式也多元而灵活，所以这个项目非常成功，参与项目的人员都获得了超出自己预期的收获。

（⚙ 项目点评

（1）分工合作，优势互补。

当今社会分工越来越细，最专业的事要交给最专业的人去做。优势互补的团队充分发挥组合潜能，一定优于单打独斗。纯粹的技术性团队，容易形成以技术为中心、产品为导向的情况，很容易使产品研发与市场脱节。全部是市场和销售人员组成的团队，因缺乏对技术的理解力与敏感度，容易错过产品研发或更新换代的核心竞争力。因此，在创业团队的选择上，必须充分注意人员的知识结构——技术、管理、市场、营销等方面都要有。

（2）合作创新，发挥价值。

提醒所有的创业者，当人才难寻，不能"据为己有"时，不要忽视外包、兼职、外聘等多元的合作模式，既节省人力成本，又能加速项目的推进。做一个善于整合各项资源的创业者，因为很多时候是渔人之利、一举多得、双赢、多赢，才是真正的赢家。

3.3.4 分工明确且责权利清晰

搭建团队无论关系多么熟悉或亲密,必需一开始就要树立责权利清晰的合作模式。角色定位不清,自然会导致任务归属的不明确,因为责任、权利都没有分解落实到人头,一旦出现问题和摩擦,很容易会相互推诿或埋怨指责的情形,团队不可避免的会大伤元气。

1. 责权利相结合对等一致原则

责是团队各个成员要承担的责任和义务;权是在完成任务过程中资源和权限的保障;利是执行和完成工作的动力和催化剂。责任和权力一定要相对称,给了负责人称号和责任担当,却没有给予足够的物力、财力、人力做支持,这样就算负责人全力以赴,也很难有效开展工作。权利是每个人都渴望的东西,但是权力越大,行使起来也就越难,团队中的权力要进行有效的均衡与分享,让权力发挥它应有的价值。责任和收益也要相对等,工作多、责任大、收益却很少,再有情怀的创业者也有不情愿或坚持不下去的那一天。三者相辅相成,尽量保持一致性,整个团队才有高效的战斗力。

2. 责任尽量明确和量化

对于刚起步的创业团队来讲,大家往往会一人多岗,一人多职,创业初期完全做到工作上的数量、质量、时间的具体化,确实很难,而且也有可能会影响工作的效率。但还是要尽量保障岗位和工作进展环节上分工明确,保障各项责任出了问题第一时间有人负责。同时也为公司后期建立更加完善的管理制度(如绩效考核、晋升路径、人才梯队建设)打下良好的基础。

3. 建立团队信条与公约

创业初期变数很大,不确定性很强,可以先通过建立团队的信条和公约暂时代替严格的规章制度。每项工作由谁来牵头,在约定的责权利范围内如何去完成;此项工作完成的标准是什么,重点需要做的工作以及时间节点;完不成任务共同约定怎样处理,有哪些激励和惩罚机制;团队成员之间怎样相互监督落实工作。这样的约定不但让团队成员更加明确团队的宗旨,也是彼此尊重与强制执行的完美结合。

> **警钟 3-2:** **人情管理　人仰马翻**

项目介绍

依美是一家 2015 年成立的养老培训教育创业公司,主要业务是为养老院和老人康复中心的护工提供培训服务。有自己开发的有针对性课程,公司虽然规模不大,但订单量还不少,客户服务的满意度也不低,但这家公司只存活了一年零七个月就夭折了。团队初创人员共五人,其中三名是医科大学的研究生同学,另两名是其中两人的家属,因为感情好,大家认同这件事情而走到一起,但也因彼此太重视感情,所有决策都需要初创团队的五人同时开会才能定夺。团队一旦不能达成一致意见,大家都会等待或选择回避。之前已经决策的事情和建立的制度,也常常因为有人提出不同意见而不了了之。

最终因为时间问题，因考虑的人情世故过多，久而久之，这样的表面和气转化为背后的不满与矛盾。最终有人在团队全体会议上播放了费玉清与周杰伦演唱的这首《千里之外》"我送你离开，千里之外，你无声黑白，沉默年代，或许不该太轻易地创业……"

这次会议后，大家心照不宣，分别撤资离开。

📖 项目点评

以创业者为核心的人际关系圈构成团队，因为友谊、共同的经验和兴趣成为合作伙伴，也是目前最广泛的创业团队，因为它适合我国文化的特点。但这样的团队很容易没有领军人物，没有领导，团队很难有向心力与凝聚力，结构相对会比较松散。组织决策沟通成本比较高，需要大量的集体协商讨论才能达成一致意见；因为大家彼此之间非常熟悉，所以容易出现多头领导或重复劳动；当团队中意见不一致出现冲突时，基于感情基础会有所隐忍，但一旦矛盾升级，对组织而言很可能无法存续下去。

人情是创业路上的挚友同时也是企业标准化管理的大敌，一起创业打拼，看起来更是不得不讲的一种情分。如果一点都不讲情分，团队成员之间的关系会变得冰冷与紧张。但是需要明白，大家一起是要做事情，而且立志要把事情做成，掺杂了人情的工作与制度，就不可能规范、合理、有效。因为人情，做事会有所顾忌，让坚持原则变得困难起来。企业中可以存在人情，但要在遵守规章制度的前提下谈人情，对于团队管理者来说，一定要分清制度与人情，切莫混淆。

路径 3-2：　规则先谈清　情谊做支撑

📝 项目介绍

中智联是一家创业园全链条投资运营招商服务机构，致力于产业园区投资运营及京津冀产业转移和企业选址，成立以来已经服务五百多家企业，协助多家北京企业成功选址乔迁。很多产业园企业也很信赖这家公司，迁址之后又融入了其他深度合作的业务，政府也非常支持这家公司的发展。

企业创始人曹总带领之前的两位老下属一起创业，从公司成立初期就聘请专业人士做了组织的股权结构设计，股权如何分配、进入机制、退出机制；团队中的管理决策权、薪酬分配机制、绩效考核以及相应的责权利等都做了相对比较清晰的游戏规则约定。正是得益于前期大家先小人后君子的约定，后期两位下属陆续离开，其中一位半年后又再次回归团队，这样多次的变动，业务不但未受任何影响，离开的人员也会主动推荐业务过来。曹总常说的一句话是："我们永远都是好兄弟，大家都来去自由。"

📖 项目点评

团队成员来去自由，是建立在有清晰界限、规则与约定的基础之上的，没有规矩不成方圆。建立制度既是各项法律法规的具体化，也是保障内部有效开展工作的重要保障。建立团队的信条和公约，不但让团队成员能更加明确团队的终极奋斗目标，也是彼此尊重与关系长久的前提和保护伞。

创业团队前期的抗风险能力还比较弱,每一个决策都可能是致命的,深刻影响团队发展的成败。俗话说:"一着不慎,满盘皆输"。创业初期每一个正确的决策和选择,也能为企业的发展带来更大的机遇与突破。所以决策能力、决策速度以及前期决策的前瞻性、正确性、有效性都是不容忽视的,约定共同遵守的规则与制度,有效保障企业发展不因团队成员之间的人情世故等主观因素而受影响。

3.3.5   设置有效的激励机制

所谓的团队成员激励,就是用各种管理手段与策略对团队成员进行激发,从而调动大家的积极性,转换工作方式,实现组织的目标。同时必须遵循双因素理论,根据团队每名成员的特点和需求,激发和调动其内在潜力。激励的本质是双赢,是否拥有有效的激励机制将直接关系到团队的业绩和持续的竞争力。

激励时机的选择尤为重要,也是领导者特别容易犯错误的地方。不要在一件事情快要忘记时再去激励,不要在他不需要时去激励,不要用你认为好的方式去激励。如果近期刚刚表扬过,需要一段时间之后再表扬;刚刚升职加薪,就要换种激励方式;激励要在团队成员最渴望的时候满足,效果会倍增;在气氛最佳的时候激励,效果也会大大提升。作为创业者运用好适时激励是一门技术也是一门艺术。

1. 团队激励的四项原则

团队激励的四项原则如图 3-8 所示。

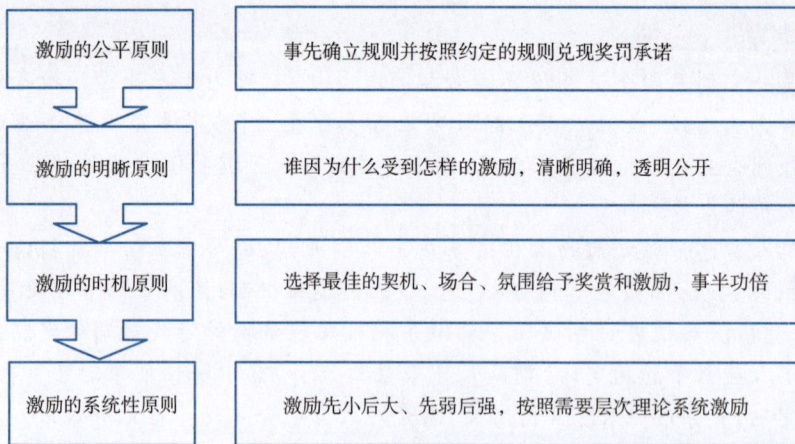

激励的公平原则	事先确立规则并按照约定的规则兑现奖罚承诺
激励的明晰原则	谁因为什么受到怎样的激励,清晰明确,透明公开
激励的时机原则	选择最佳的契机、场合、氛围给予奖赏和激励,事半功倍
激励的系统性原则	激励先小后大、先弱后强,按照需要层次理论系统激励

图 3-8   团队激励的四项原则

2. 赞美激励不容忽视

从马斯洛需求理论出发,人最渴望的就是得到他人的认可,而赞美是实现这一需要成本最低、最有效的方式。正常状态下人的工作能力只发挥了 20%～30%,而当员工得到表扬激励时，会调动其潜能，能力会被激发到 80%～90%。欣赏和关怀是增强团队成员幸福感的重要因素，赞美对员工来说是最大的动力。

(1)真诚的赞美，能提升团队成员的自信心，让大家充满热情地工作。

(2)适宜的赞美，激发员工的自尊心和自豪感，更有工作的动力。

(3)彼此的赞美，让团队之间提升信任感，提高对组织的忠诚度。

总而言之，想管理好团队，激励永远是最有效的方法之一。作为团队创始人要首先让自己成为慧眼识才的伯乐，去发现隐藏在马群中的千里马，并能挖掘到他们真正的需求和动力之源，通过激励机制，给千里马提供可以奔驰的场地和空间，让他们在你提供的这片沃土上发挥自己最大的潜能，创造最佳的成绩。

团队激励方式如图 3-9 所示。

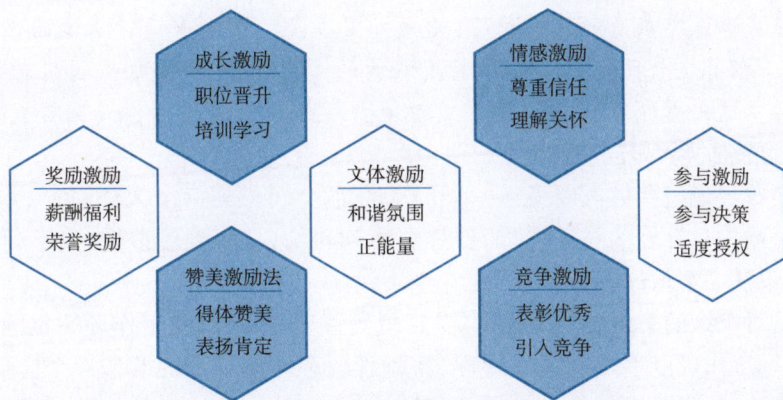

图 3-9　团队激励方式

路径 3-3：　赞美像星星之火　可以燎原

项目介绍

创新杰公司主要服务于大学生就业领域，针对每年递增的大学毕业生就业难、就业迷茫的问题，给出每名学生有针对性的分析和引导，并帮其推荐相关匹配的企业或单位。从 2015 年成立至今已经服务了六十多所高校近万名大学生。也许他们的员工都明白激励的本质，对人的性格有一定的研究，特别懂得适时适度适宜的赞美激励。学生因为被真实准确的赞美而欣喜或久久难以忘怀，从而增强个人的自信。同事之间因为相互赞美，彼此学习，形成良性循环，正所谓环境造人，去过这家公司的老师同学都被这家公司服务人员的亲和力和满满正能量所感染。

因为整个工作氛围引领大家把注意力和目光更多放到每名员工的长项上，而不是过度关注哪一位的不足和缺点，所以员工也会主动去发挥自己的优势，尽量绕过自己的短板和盲区。大多员工在这里能开心快乐地做自己，还能顺便挣钱服务他人，整体来讲创新杰公司的向心力、配合度、稳定性都比较高,创业以来核心团队成员尚无一人流失。

📖 项目点评

赞美他人,激发潜能。不吝啬去赞美他人,本身就是自己内心阳光的外化。美国心理学家罗森塔尔有一个知名的"预测未来发展的测验"。从一到六年级的学生中随机抽取一些学生,以赞许的口吻将"最有发展前景"的学生名单交给校长和老师。结果奇迹发生了,凡是上了名单的学生成绩都大有提升,同时性格开朗、自信心强、主动求知学习。这位心理学家利用自己的权威性谎言给老师们一些暗示,而这些老师将自己的心理认知通过平日里的语言、行为、情感传达给了学生,使孩子们变得更加自信、自爱、自强,从而激发了他们自动自发学习进步的潜能。

热切的期望与赞许能够产生奇迹,不仅适用于孩子,对于成人依然有效,尤其是像我国这种从小打压式和谦卑教育的大环境下,更是非常需要。赞美者通过真诚而强烈的心理暗示,使被期望者朝着这个目标去行动,这样有威力的心念能量,希望每位创业者都要学会它,并能够善于运用这一心理效应,在工作中真诚地去践行,一定会从中感受到赞美的力量。

3. 激励的最高境界是自我激励

弗朗西斯曾经说过:"你可以买到一个人的时间,你可以雇一个人到固定的工作岗位,你可以买到按时或按日计算的技术操作,但你买不到热情,买不到创造性,买不到全身心的投入,你不得不设法去争取这些。"

团队成员对组织的忠诚度与贡献度,受到绩效管理、薪酬以及工作环境氛围三个方面的影响,所以激励工作可以重点从绩效管理、薪酬管理和环境氛围的营造三个方面入手,运用马斯洛需求理论,给团队成员提供一揽子奖励计划,有针对性地激发他们的潜力,调动员工的积极性和创造性,使得每一名团队成员都能处于一种有活力的自觉行动的良好状态。这种状态越高持续时间越长,团队成员的心智努力水平越高,自我价值的实现以及高效完成任务的能力越强。一揽子激励计划的最终目的是调动员工潜在的内驱力,实现员工自我成长与组织发展的双丰收。

警钟3-3：　强调团队需求　忽视个人发展

⚖ 项目介绍

爱康是一家做体育健康后台记录系统的公司,2015年成立,投资方实力雄厚,创始团队都是有过体育与健康管理相关品牌多年工作经验的人,从6月份成立到9月份不到三个月的时间估值达到了一个亿。这样飞速发展的一家创业公司大家都很看好,也寄予了厚望。

创始团队花重金聘请了一位知名的总经理来代管这家公司,这位很有经验的总经理,性格刚毅、雷厉风行,在团队中大推"狼性"文化管理,强调创业公司初期多讲为组织的贡献,少谈自己的得失,鼓励所有员工每天加班、为公司前期发展奉献自己的全部力量。员工因为工作压力大,自己的诉求得不到满足,工作氛围紧张,最终纷纷离职。从而导致这家企业业绩也一路下滑，不到半年的时间，投资方焦头烂额最终六千万卖掉了这家公司。

项目点评

割裂团队目标与个人目标，企业将难以为继。

重视团队成员的心态与需求，为每一位员工制定职业生涯规划。一项关于现代人幸福感的调查研究发现，人在工作岗位上有三大基本需求：自主权、施展才华的机会与意义。如果团队成员不能找到自己的角色，不能达成自己的诉求实现自我价值，这样的团队再高压，领导再有能力，终将不能持续。

为团队每位成员制定职业生涯规划方案，通过专业的分析对队员的能力、兴趣、特长进行正确评估，协助他们更全面地认识自己，在工作中充分发挥自己优势区的能力。帮助团队成员进行定位，找到适合自己职业锚同时匹配团队发展的职业路径，在公司初创的这个平台上为员工提供广阔的发展空间。团队成员与组织共发展，让每一位成员有为自己做事情，寻找自己的职业梦想和人生价值的管理方式，才是真正的智者和管理高手。

3.3.6　营造默契的合作关系

1. 建立高效的沟通文化

创业者一定要在团队中倡导积极沟通，强化高效沟通，主动积极的化解矛盾、谨防各种问题潜伏，从而避免不断爆发冲突与摩擦。

团队中的沟通是一座桥梁，使团队成员之间的感情得以传递和反馈。在初创团队中我们倡导尽量采用不带有伤害的柔性方式，去化解工作中出现的矛盾与冲突，增进成员之间的信任、理解与包容，从而建立起具有同理心能换位思考的团队文化。

通过友善高效的沟通，团队成员可以提高自身的执行力和协作能力，能支持团队组织形式灵活有效的改变，帮助团队去实现真正的目标。将这种沟通的精神和原则融入团队的管理建设中，对组织对团队对个人的发展都有巨大的促进作用。

2. 营造默契的工作氛围

营造默契工作氛围，能让团队成员觉察到被尊重，从而从心理上产生一种愉悦感。

（1）倡导团队成员之间坦诚开放、真诚友善的平等沟通。

（2）反省自己的错误，察觉自身的负面情绪，并积极主动的去改变。

（3）面对矛盾与冲突，全身心去倾听和尊重对方的真实需求。

（4）将成员之间良好的沟通模式培养成一种习惯，关注彼此的感受与需要。

（5）转化工作中的压力，创造和谐温暖的团队文化，争取个人与团队的共赢。

3. 换位思考——带上六顶思考帽

营造默契的沟通环境可以尝试团队一起带上六顶思考帽。

具有同理心的换位思考是有效地避免冲突和争执的方法，使团队中无意义的争论变成集思广益的创造。

（1）请戴上白色的帽子。白色代表纯洁和中立，不掺杂情感、个人喜好等因素，客观公正地讲述事实,真实、准确地看待事物。

(2)请戴上红色的帽子。红色代表热情奔放、感情丰富,具有积极的影响力。带上红色帽子去思考,能发挥直觉和预感,思维的自由容易产生好的想法和创意。

(3)请戴上黄色的帽子。黄色代表阳光,财富与辉煌,团队成员带上黄色帽子,让大家从寻求价值、实现目标的方向去思考,从而提升团队的业绩和竞争力。

(4)请戴上黑色帽子。黑色代表着沉默与严肃,深沉与庄重。戴上黑色帽子要在团队中扮演否定、怀疑、警示与批判的角色,善于发现事物消极面,敢于批判与反映问题真相,提出有逻辑性回归理性的解决方案。

(5)请戴上绿色的帽子。绿色代表生机与希望,代表积极新生的力量,让大家的大脑调频到绿色帽子之下,从而改变固有观念,运用创造性的思维去思考解决问题的方法和路径。

(6)请戴上蓝色的帽子。蓝色是天空和大海的颜色,代表着冷静与深邃、理智与格局。带上蓝色帽子的时候,团队成员从把握局势、过程控制的方向去思考问题,对组织提出建议,控制关键节点,找出统筹处理事务的最佳方案。

六顶帽子的思维角色,可以由团队中的成员分别扮演,或者团队集体依次尝试一遍,戴上哪个颜色的帽子就要用约定的思维方式去思考,然后摘帽换另一个思维帽继续研讨分析,戴帽的顺序以及帽子之间的搭配,团队自行选择和组合,这样既有利于大家换位思考,理解不同思维方式、亲身感受不同视角和出发点的队友的想法,也进一步提高了整个团队的决策时间以及决策的质量。为营造和谐默契的工作氛围提供了环境与方法。

3.3.7 在工作中打造学习型团队

现在科学信息技术迅猛发展,作为创业者,从打算创业那天起,就应当意识到这是一个不断探索学习的过程。从来没有人能教会我们如何运作这家企业,就算有前辈指点迷津,能不能完全适用于团队和项目也是需要思考和甄别。所以带着一批优秀的人,努力学习、虚心请教,永无止境地提升自我,终身学习非常有必要。自我突破、自我教育是克服困难,解决难题,满足生存和发展需要的充电器。

1. 建立学习型新组织

学习型组织是一个善于获取知识和信息,并将知识和信息运用到组织中去的团队。

创业初期打造学习型组织一定要秉承精简、偏平、弹性的原则,主要是提高团队成员的学习动力和学习能力。

(1)鼓励员工自我突破与超越,实现心灵深处的渴望。

自我超越根本在于提升学习能力,是不断突破极限的自我实现。世界唯一不变的永恒就是变化,所以如果能不断的自我超越,就不会再恐惧任何的变化。自我超越首先要不断清晰自己真正的愿望,客观地认知到目前自己所处的真实环境,让每个团队成员都能为自己未来的梦想达成设计自己的职业生涯规划,并能为如何到达最高愿景,不断地突破和超越现在的自己而努力奋斗。

（2）改善心智模式，包括自我审视，当有事情发生，先进行自我审视，主动寻找自己的责任和过失；当团队有矛盾时，注意加强沟通，有效表达自己的想法；开放包容，用开放的心态去包容不同的人和看不惯的事情。

（3）考虑到每个员工的显性价值、潜在价值与成长价值，让团队时刻保持危机感，学习的目的是保持团队的心里健康。创业团队压力大，工作繁忙，随时面对各种挑战，所以团队成员的心理健康很值得关注。

2. 调动团队的集体智慧

营造团队成员在工作中学习，在学习中工作的文化。团队学习能够激发各自所长，相互借鉴学习，产生超出个体学习的成果。团队成员之间广开言路、集思广益、头脑风暴、畅所欲言，既能扩大学习的范围与效率，又能深层次地领悟自己所学的知识与认知。组织给予团队成员学习的机会，尽量完善团队的培训成长体系。根据团队的风格和发展阶段，可以从团队成员的自我管理能力、情绪管控能力、思维能力、沟通能力、管理能力、领导能力等方面综合提升。

团队成员的能力提升了、思想有了进步，倡导全员参与到公司的管理和发展建设中来。

优秀的教练、心理咨询师都是利用引导暗示技术的高手，激发让对方自己想出问题的解决方案。创业中的管理者，也要学习他们的方式，引导、鼓励和激发团队成员献计献策。

警钟 3-4：　忙碌的陀螺　忽视了配合

项目介绍

尚佳田园公司是一家社区蔬菜配送公司，成立于 2012 年，创立之初在家庭配送市场刚刚兴起之时，创始人王杰依靠自己的营销能力，快速拿下了几个大单，取得了第一桶金。前两年，公司业务发展的势头不错，每月的配送量都有增长。但好景不长，从 2015 年初，公司营业额就一直徘徊在 7 000 万左右，很难再有任何突破。与此同时，竞争对手的各种配送业务也雨后春笋般不断冒出。王杰开始跟朋友们感叹："生意越来越难做"。

项目点评

（1）忙碌陀螺，忽视配合。

王杰是业务出身，之前在团队中年年是营销冠军。他的思维依然停留在原有的经验中，将自己 80% 的时间用在联系客户、亲自去谈各种业务、召开各种各样的会议、亲自面试招人，而讨论新产品的规划、新技术的更新、新模式的探索只用到了不到 20% 的精力，更重要的是大大小小的客户只认他，公司大大小小的事情都需要他来决策。公司最忙碌的人就是他，大部分时间都在处理日常业务工作。

很多事情因为要等着他的签字和意见，给耽搁了。周而复始，因为竞争对手的快速成长，这家公司被迫转行到了红酒快消品领域。

（2）不敢放手，错失良机。

这位王总是一位非常好的将才,但并不太懂得如何带团队。敢于放手给团队其他成员成长锻炼的机会。激发他人的能力和潜质,才是一位高瞻远瞩的帅才。汉高祖刘邦打下天下后有一段经典的言论,"夫运筹帷幄之中,决胜千里之外,吾不如子房;镇国家,抚百姓,给馈饷,不绝粮道,吾不如萧何;连百万之军,战必胜,攻必取,吾不如韩信。此三者,皆人杰,吾能用之,此吾所以取天下也。"

事必躬亲,不放心,不放手,全靠一己之力,能量再强大,也有黔驴技穷的局限。前面讲到的二八定律也同样适用于这位王总,作为团队的带头人,百分之八十的时间要用在重要的事情上,紧急不太重要的事物放手让他人去做,或花费尽量少的精力和时间。

路径 3-4: 每天进步 超越自我

📋 项目介绍

益康佳肴是一家智能标准化中餐创业公司,主要是通过净菜标准化、料包标准化、炒制标准化来帮助中小餐馆丰富产品种类,减少人工和租房成本,从而提高市场竞争力。这是一家传统行业的创业小公司,但团队浓厚的学习氛围让我们感到前进的动力十足。

🐾 项目点评

(1)建立自我超越的信念——实现自己心灵深处的渴望。创始人刘先生因为有多年管理经验所以非常清楚世界唯一不变的永恒就是变化这一哲理,所以团队成员需要不断的自我超越,才能不畏惧外在的变化。益康佳肴这个团队激发每一位员工的自我超越,他的本质在于鼓励员工获得学习能力而不只是获取知识本身。建立这种自我超越的意识非常重要,是打造学习型团队的基础。

(2)每天进步一点点。在工作中学习,在学习中工作,团队之间广开言路、集思广益。只要有时间还会积极派团队成员去外部学习,学习新的技术、市场营销、菜品工艺等。团队内部定期组织学习交流会,学习分享中,团队每位成员都要轮流做分享人,就某一个业务和企业发展的话题开展深度探讨。

(3)学习型团队不是一句空的口号,也不是一个虚的形式,如果团队成员能够真正做到实处,它会成为团队具有竞争力的核心,就像火箭的发动机一样有威力。

第 4 章　产品运营：用户、数据、裂变

📖 **题记**　好产品，巧运营，数据与体验不放松，让客户和用户一起为你点赞！

运营过程要从产品本身特质出发，先把产品说明白，然后再通过有效的渠道推广和社会化营销。在运营的过程中不断发现能打动用户的产品亮点，持续创新的传播方式覆盖和引导用户的需求，实现场景匹配与体验满足；并逐步拓展场景和用户社交关系建立，提高用户黏性、交互频次和效率提升。必须认识到，运营也是一个持续打磨产品，提高技术落地能力，并相辅相成，互相促进、相互成全的良性过程；运营大咖的成长过程中，要学会熟练应用运营大数据分析和用户画像技术，这样产品特质将越来越清晰并场景聚焦。因此，运营驱动产品的成熟和升级，延展产品生命周期，形成好产品与强运营的合二为一，你中有我，我中有你的良好氛围和特征，最终实现增值运营、产品优化、技术创新的多头驱动模式。

每个创业者最初想创业那一刻一定是深信某件事情能够赚钱，于是信心十足地投入创业之旅。在创业团队做技术研发和打造特色的产品（或服务）之初，就应该对产品（或服务）的盈利模式有初步的考虑，即创业伊始的创业者就应该对如何能赚钱有一定的构思。当产品研发出来后，在面临市场的考验之前，创业者团队需要有懂得运营的人才或者创业领袖本身一定要有运营思维，明确产品定位和目标市场，思考如何找到目标客户并深挖客户需求，通过技术和产品不断迭代升级，最终将成熟的产品规模化推向市场，实现盈利。运营，就是从产品出发，提前策划好产品（服务）如何获取目标客户并不断吸引客户的计划，并在实施的过程中不断调整，反过来调整产品（服务），不断试错，从 0 到 1 找准商业模式，再从 1 到 N 不断优化商业模式，获取稳定客户渠道甚至创造出独有的产品市场，实现稳定盈利到规模化高盈利，从创业到事业的一个动态过程。因此，要想赚钱，必须学会做运营。

想做好运营，先要明确运营的最终目的，运营的核心目的就是赋予产品价值、找到用户卖出去产生收入，从而为企业带来收益。具体来讲，就是要让产品匹配用户需求，形成用户黏性、卖出去，并开始赚钱，因为只有赚钱企业才有存在的价值，当有了稳定用户群后，刺激用户不断购买实现产品的更快增值，这样创业企业才能活得好，活得久。那么如何做运营？"定位→启动→宣传→建设→赢利"不同阶段的运营的内容和目标有什么不同？互联网商务环境下运营又有哪些新的模式、手段和方法？好的运营团队以及运营人员要具备哪些特点？

4.1　什么是运营

运营是帮产品找到用户并让用户选购产品的一个过程。具体的运营工作，需要先像一

个翻译者一样,把产品的参数特点与客户敏感需求对应衔接起来。举个例子:一款天气应用的 APP 产品,如果从产品出发,表述方式是:日期-当日天气-温度-湿度-污染程度;从运营的角度,就需要换成用户能够理解的语言来阐述产品,做法是:在 APP 产品的页面上需要增加高度,在天气之下加入:晾晒指数、出行指数等各种指数类的内容;气候频繁变化时的各种提醒:晴带雨伞、防晒指引,等等;当然,还有其他很多选择。为什么要加入这些运营内容,当然是从商业目的去衡量、从用户黏性去入手。通过这个例子,读者对运营先有一个初步的印象,接下来看看到底运营是怎么回事。

4.1.1　经营和运营

创业者想要开创事业、实现自我价值并造福社会,事业的基本载体就是一家公司,一个公司必须能赚钱才能确保事业成功。因此,创业者一旦成立公司,就需要懂得如何全面去经营一家企业。运营(Operation)是近几年互联网企业带来的一个概念,首席运营官(COO)的权利很大,那么运营又是什么? 有的观点认为,运营就是经营。

笔者认为,经营和运营这两个概念并不完全相同。经营是企业以盈利为目标的全面管理工作,重点是企业管理并保持盈利模式运转的日常性工作,经营是企业在任何时期都需要的管理工作。无论是商业模式探索期,还是商业模式确定期,企业经营都要着眼于成本和收入,时刻关注现金流,确保企业正常运行。而运营是策划探索并找出如何使产品获得价值并不断增值的一项专业性的实践工作,即运营重点在于按照 PDCA(动态循环的管理模式)的逻辑开展一系列活动以确定盈利模式,并找到产品价值实现和增值方法的过程性工作。在企业初期的商业模式探索期,运营工作重点在于产品的价值实现,即为产品找到客户(获客),需要思考:用户是谁? 在哪?(定位),如何用可接受的成本得到用户(投入),让他们愿意付款你的产品(转换),让用户持续用你的产品(产出),即留住客户,实现产品的价值并产生收入,企业开始赚钱,并跟客户在不用产品时仍保持联系(促活)形成稳定的用户市场;当企业进入商业模式的成熟期,用户市场稳定,需要思考如何让用户经常来(新产品、刺激消费),促进产品更大的增值,进一步提高盈利水平。因此,从创业伊始的市场调研、产品开发定型、找到用户、产生收入、开始盈利、赚钱再到值钱,始终离不开运营思维下的一系列策划和实施的工作。

经营管理:关注现金流,以盈利为目标

对于创业者而言,创业前,也许你擅长技术,也许你拥有稳定的客户渠道,也许你擅长细分市场挖需求,不管你是什么类型的单一创业者,或者已经搭建好一个综合型团队,那么从创业开始之初一旦决定成立公司,创业者或者创业团队就需要了解并学习掌握如何经营好一家企业。即创业者开始做买卖了,心里要有本清楚账,投入多少,能产生多少收益,预计多长时间能收回投入,然后落实启动的投入资金开始创业。对于创业者,会算明白账,搞清楚需要投入多少,搞清楚大概多久开始能赚钱,这种事前规划(Plan)的思维很重要。因为现实中太多的创业者,觉得一个想法好或者一个产品很牛,就倾家荡产地投入创业中提前沉浸在创业成功的假想中,很多步骤细节都没有搞清楚就开始大干特干,有的失败在资金断流,有的失败在产品开发周期过长赶不上市场变化节奏，等等。所以，一旦开始创业，创业者就要努力学习管理一个企业、围绕创业期企业目标确保企业正常运转的本领，要学会经营管理。

说到管理、创业者着手成立一家企业，首先得有个组织架构。这里先从企业基本组织架构的角度阐述经营企业的六大基本职能的内容，如图 4-1 所示。

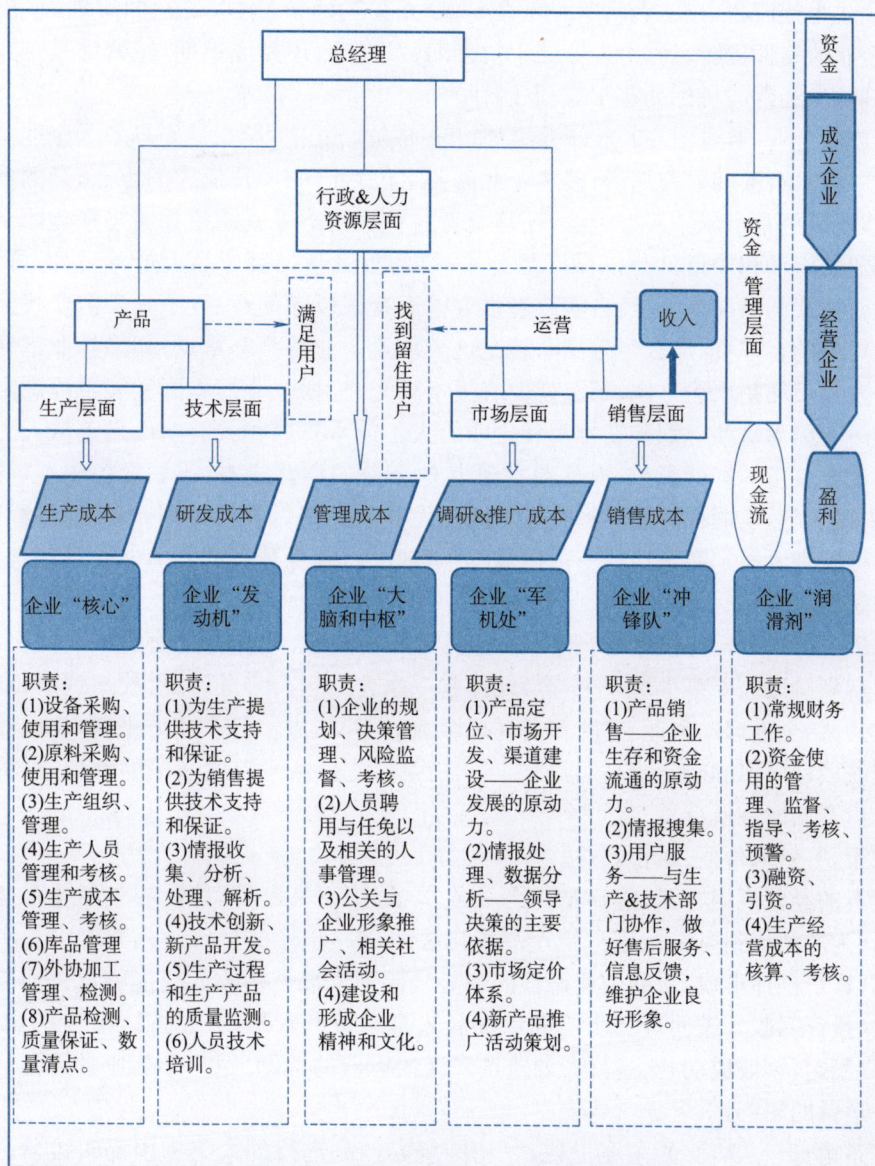

图 4-1　企业典型组织架构和各层面职能

可以看出，企业的经营活动中最基本、最主要的职能是财务会计、技术、生产、市场、销售和人力资源管理,这六大职能是有机联系的一个循环往复的过程。任何企业为了达到正常经营(赚钱)目的,必须对上述六大职能进行统筹管理,所以说,经营是一种管理活动。要经营好一家企业,主要在于协调好企业的六大职能,正确发挥每个职能模块的作用,并按照基本的"收入-成本=盈利"的逻辑,明晰成本,明确产品的盈利模式,拥有稳定用户并形成收入,不断优化企业流程,抛去与收入(价值实现)无关的环节,确保盈利的实现,掌控好现金流,实现企业的良性运转。无论企业处于初创期、发展期、还是成熟期,经营都是企业家最主要的工作职责,经营的目标就在于盈利(赚钱)。

对于创业企业,通过图 4-1 来分析:当你开始成立公司时,至少需要具备的企业基本组织架构是:总经理,行政和财务部门;接着企业需要定位自己的经营模式的重点,是侧重产品开发型企业,还是侧重市场拓展型企业,还是两者并重? 接下来就是招兵买马搭建团队。如果企业有现成的市场和渠道就是以做产品为主,要侧重大量招募产品人员,运营人员为辅;如果企业经营模式的情况是:已经自有或者供方渠道有很成熟的产品,下一步需要找到用户并拓展为大规模的客户群,那么经营团队就是这个创业企业的招募重点;如果企业本身定位是集产品开发和市场拓展为一体,那么就要有战略眼光,根据企业的不同发展阶段确定人力计划和规模……因为这些计划和安排都和企业的人工成本息息相关。上面是单从人力成本简单看创业者要具备的经营思想,其实具体到其他企业的经营成本,比如设备成本,渠道开发成本,广告投入等,也同样需要根据企业不同的发展阶段来做经营计划。总之,讲经营,无非是通过各种管理手段走两条路径——控成本和增收入,确保盈利的方向并长远地走下去,这才是一个健康的企业。

对于创业者来说需要懂经营,他从成立公司那一天起,就要有全面的成本意识,要搞清楚各个时期和阶段需要多少资本(资金)能撑起一个公司运行多久,然后找来钱(自有资本或投资资本)开始全面启动创业,要时刻关注现金流,把控成本。打个比方来讲,创业者要先考虑好航程航段,并计划好首个航段航行需要的燃料,之后载满首段航段的燃料,再将创业小船驶离港口开始出港航行。

运营策划:带来价值、赋予收益

创业者的经营意识有了,能搞清楚各项成本了,接下来需要思考:一个创业企业如何能取得收入(为产品找到第一个用户把产品卖出去),进一步形成稳定收入并确定盈利方向的经营模式(客户群体形成,看到企业赚钱的趋势),接下来取得的收入要能够覆盖前期各项成本的投入(投资回收),进而进一步不断增加收入提高盈利水平(开始持续赚钱,不断推出新产品,客户稳定,创业成功)? 这就需要重点来谈谈运营的话题,每一个创业者需要从创业初期就具备运营的思维。

什么是运营? 从广义的角度上说,一切围绕着产品进行的人工干预都叫运营。一般来讲,好的产品不需要运营只要上市就很容易被用户认可并产生购买,如苹果手机。但运营能够使产品迅速拥有知名度覆盖一定规模的目标用户并迅速产生价值增量进而快速盈利,如淘宝的理财产品余额宝推出时吸金速度之快甚至一度引起整个银行业的恐慌和抵制。

运营的最终目的是要带来价值，赋予收益。如何带来价值？即如何让凝结在产品中的一般人类劳动的这个价值得以实现？就是要找到用户并卖出去，价值才能得以实现。如何能取得收益？就是要营造能留住用户，甚至能为用户创造出核心价值，让用户能持续关注产品并重复购买的活动，交易量上升进而带来收益的不断扩大。总之，运营要做的事情很明确：找到用户，让用户掏钱买产品，留住客户，并让客户愿意重复不断掏钱去购买产品。

运营过程是一个投入、转换、产出的过程，是一个劳动过程价值实现或价值增值的过程，全面的运营需要考虑如何对生产经营（产品侧：研发投入转换为产品）以及市场营销（用户侧：产品变现为收入）活动进行规划、组织和控制。运营系统是指上述变换和转化过程得以实现的手段。运营管理的对象是运营过程和运营系统。现代运营的范围早已从传统的制造业企业扩大到非制造业、乃至新兴行业，尤其是互联网行业的兴起，赋予了运营系统很多新的内容和手段。运营的研究内容也不仅局限于生产过程的计划、组织与控制，而是扩大到包括运营战略的制定、运营系统设计以及运营系统运行等多个层次的内容。例如资本运营，就是对公司所拥有的一切有形与无形的存量资产，通过流动、裂变、组合、优化配置等各种方式进行有效运营，以最大限度地实现增值。总之，提到运营，核心是增值。

创业者只要公司需要存活，想要活得比别人都好，运营就不可或缺。因为运营实际解决的是为公司和产品带来收益。这个收益无论是用户规模，还是收入水平，都必须是决定性的。一家传统企业，如果没有运营去策划尽快带来收入，那么短期想实现财务平衡是做不到的；一家互联网公司，可以没有收入，但不能没有用户，用户规模能上去，也许现在它不知道怎么赚钱，但至少有赚钱的机会。因此，运营着重是要考虑如何为产品找到用户并留住用户，因为一旦用户规模形成，这么多人总会有人愿意为你买单。为了找到用户，运营要从产品出发，先把产品说明白，然后再通过有效渠道去推广，推广过程中找到能打动用户的产品特点，不断创新产品去满足用户，直至最终建立产品与用户的稳定关系。

4.1.2 运营、产品、技术

任何企业都会有自己的核心产品（或服务），为产品（或服务）找到用户就是运营工作的基本任务。创新是企业和产品持续保持生命力的动力之源，运营流程需要强调持续改进和优化，是一个帮助产品找到最佳盈利实践（商业模式，即如何赚钱）的重要过程。运营工作整体来看，就是在搜寻定位用户的过程中，不断地改良创新和迭代产品，最终形成适合市场的成熟产品，所以，任何企业做运营都离不开产品。

一般企业中，围绕产品与运营有关的业务部门往往是三个：产品、技术、运营。这三个部门职责各有不同：产品部门——把东西想出来，技术部门——把东西弄出来，运营部门——把东西让市场上的用户用起来。

产品部门和运营部门会因为公司或行业的不同而有不同的定位和边界，不同的产品对于产品、技术、运营这三个领域的侧重会不一样，例如拿互联网公司三巨头 BAT 来说，百度重技术，腾讯重产品，阿里重运营，在大众心中这是普遍概念，这某种程度上都是和公司最开始的业务或者最核心的业务是什么有关,当公司大到一定程度,其他部分也会很强并不会差到那里去。但对于初创型公司,前期还是需要有侧重点,你的公司或者产品是以产品为主、运营为辅,此时就没必要单独成立一个运营部门做运营,可以统一为产品运营部门。

4.1.3　运营、市场营销、销售

产品有了,如何找到用户,仍然是运营工作所要解决的问题。找到客户前,往往离不开三个层面的工作:运营、市场营销和销售。

运营,即策划如何为产品找到目标用户,并想办法把产品卖出去,继续吸引客户持续购买产品,进而实现凝结在产品中的劳动价值和产生增值的一个过程。

市场营销,站在企业高度看,它是可以包含从生产到渠道再到研发、定价的一系列过程,这个过程中包含着常常为人所知的狭义的营销传播,即"营销推广",如减价/抽奖/赠送/红包等直接促进销售额增长的营销方式。

销售,是最直接接触客户并成功把产品卖给用户的终端环节,是向用户介绍产品所提供的利益,以满足客户特定需求并督促客户实施购买的过程。

曾有这种说法,除非销售发生,否则什么都没有发生,也就是说,销售是产生收入的直接环节。但是,为了促进最终销售收入的产生,运营和市场营销这种打前战的工作也必不可少。运营像是侦察兵,更善于沟通了解用户需求,市场营销像是轰炸机,当运营把用户沟通过了,知道用户在想什么、敌人在哪里,就可以利用市场营销手段,利用有效渠道,针对性地投放炸弹,完成轰炸任务,这就是运营人员和市场营销人员的配合。运营、市场营销、销售三个层面的配合关系如图 4-2 所示。

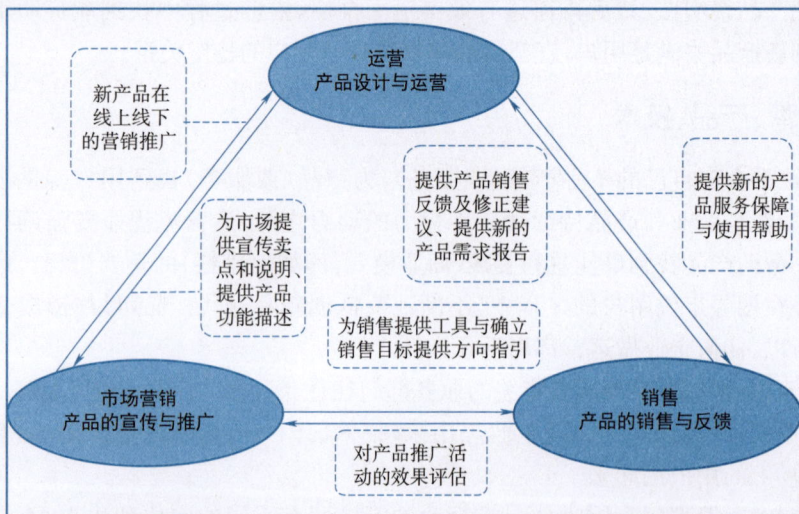

图 4-2　运营、市场营销、销售的配合关系

具体再看运营和市场营销的区别和联系。

运营需要思考:要卖什么,怎么才能卖得好,卖出去之后出问题怎么办,换句话说即是产品、品牌、策划、推广、物流、服务以及把控供应链的全盘统筹;市场营销需要思考:怎么才能卖出去,怎么卖得好,谁来买,怎么告诉他。至于卖什么,售后出不出问题,不是市场营销考虑的问题,换句话说市场即是策划、启动和推广。

运营需要给市场营销提供方向上的指引,即我要准备什么产品,谁需要,他们在哪里。市场营销主要根据运营的指引,找到产品定位,找到用户群体,然后通过用户群体的共性延展营销推广的方案,通过特有渠道的信息投放让用户群体看到,进而产生对产品的共鸣并为之买单。只要用户下了单产生了销售,即完成了市场营销的大部分使命。

当然,市场营销也可以拓展,如协助运营处理售后的问题,借助好的用户反馈去扩大营销成果,如网上商城常见产品页面中的用户好评;也可以借助坏的用户反馈去制造话题,比如针对产品质量、供货量上的问题,引导用户持续关注,树立产品负责的形象,借机炒作产品……

总之,运营者就像是军师,军师制定军事战略,布局战术和安排将帅。战略、全局、方向、框架,这些字眼都可以用来描述运营工作的定位。那么企业里的运营角色又该如何定位呢?一个合格的运营人员,需要对于上述提到的各个层面(产品、技术、市场、销售、成本、定价等)均有所了解,并至少在一到两个领域下达到精通;好的运营主管,则能够做到让以上提到的几个层面顺畅地串联起来,形成一个收放自如的整体;到了更高级的运营总监,则可以超越以上层面,以运营中的某一个节点为起点出发,去重新定义整个产品的形态、逻辑和运营模型,形成新产品。运营的角色可能简单到只是一个客服去挖掘用户需求调查用户体验,也可能重要到直接决定产品的生死。所以,运营是个统筹全面性的工作,套句俗话,"运营是个筐,啥都能往里装"。对于创业企业而言,要不就是初创者本身需要具备运营才能,要不就需要招募专业的运营人才,因为,运营工作是与用户离得最近的环节,直接决定着价值实现和产生收入的速度和规模,成功的运营工作将为企业发展带来无限的可能性。

4.2　运营:找到用户留住用户

由于运营是从产品出发、定位目标市场,通过一系列营销推广、为产品找到精准用户、促使用户购买进而实现产品价值和增值的过程,那么,依据产品周期理论,对于产品初期、成长、成熟,或者所在企业是创业、成长、成熟,在不同的阶段,运营的目标不同,运营所采取的方式不同,运营所关注的指标也不同。

4.2.1　定位——你的用户在哪里

任何一款产品从开发之初都是基于一个目标市场并针对一群特定用户的痛点去设计产品独特性和憧憬盈利模式,最初目标市场的细分和客户的定位准确与否,对运营成败起着至关重要的作用。

警钟 4-1： 定位失误遭遇创业滑铁卢

项目介绍

原宅急送总裁陈平于 2009 年创立了一家加盟制快递公司——星晨急便，在 2010 年获得阿里巴巴集团注资；2011 年与鑫飞鸿快递公司合并，是一个"云快递"平台，主要为企业及电子商务客户提供国内小件包裹速递服务。有资本撑腰，云快递采取的是加盟模式与直营模式相结合的模式，星晨急便快速扩张，在短时间内搭建了全国性的物流网络。在星晨急便成立 8 个月时，该公司平台上已拥有 1 700 个营业网点、40 多个中转中心和 100 多条班车线路，已在全国各省搭建起了网络框架。其加盟商也达到 1 万多人。但在 2012 年 3 月 5 日，有网友发帖称，星晨急便遭遇资金困境，面临倒闭风险。CEO 陈平不知所踪，公司客服以及全国子公司电话均无法接通，内部人士透露星晨急便的确面临资金困境。最后网站上有人转载陈平的一句"对不起了"，宣告星辰急便的失败。

项目点评

"云快递"失败的几个因素：

（1）根本原因：最初电子商务快递的定位行不通。

电商快递市场，看起来是一块诱人的蛋糕，甚至吸引了马云。可现实和电商物流定位的战略大相径庭。首先，阿里巴巴方面不能指定淘宝卖家必须采用哪家快递公司。再有，淘宝网上，有 70% 的卖家已经成为"四通一达"的加盟商。其余 30% 发货量较小没有成为加盟商的卖家，也有各种快递公司的营业员免费到卖家家中打包、贴单、装货。如何拿到卖家的货单，是星辰急便的第一大难题。

（2）直营模式，这种模式太烧钱。

在货单还不饱和的情况下，借助阿里巴巴资金的注入，直接烧钱自建物流网络，这个步骤与用户基础的规模并不匹配。

（3）规模扩张很快。

星辰急便着力于尽快做大，而没有着力在找客户上，因此其客户拓展、业务员培训、订单数量均无法同步跟上，用户体验差，这让其"云快递"模式开始走样。

（4）无奈之下频繁地调整业务方向，或许才是拖垮星辰急便的真正根源。

放弃 C2C 后，星辰急便与国内的 B2C 电商谈起了合作。但是国内 B2C 巨头们（京东、苏宁等）都在做自己的物流体系，留给星晨急便的只有城市远郊区的业务，而远郊区业务利润低，做得越多亏得越多。两次转型的失利，给了星辰急便很大的打击，随后对鑫飞鸿的收购，更是成为压死星辰急便的最后一根稻草。

陈平的这次创业失败，确实也受到了一定时运不济整体经济环境的影响，但必须承认，最初认知模糊考虑不周，市场定位乃至重新定位的失误为星晨急便的失败埋下了伏笔。

谈到市场定位，人们总是在谈经典的"二八定律"，"二八定律"认为 20% 的人掌握着 80% 的财富，即少数主流的人和事物可以造成主要的、重大的影响。所以厂商们都把精力放在开发那些拥有 80％的客户去购买的 20％的商品，市场工作也应将有效资源集中精力在精准找到购买其 80％商品的 20％的主流客户。

然而随着计算机及网络等高新技术的高速发展，使得"长尾营销"理论得以发展。长尾(The Long Tail)这一概念是由"连线"杂志主编 Chris Anderson(克里斯·安德森)在 2004 年十月的"长尾"一文中最早提出："商业和文化的未来，不在热门产品，而是过去被大家忽略的小产品，也就是曲线中那一条无限长的尾巴。互联网以其无限可能的选择性正在以此改变世界。"

"长尾"是统计学中 Power Laws 和帕累托分布(Pareto)特征的一个口语化表达。长尾有两个特点：小和大。"小"指份额很少的市场，在以前这是不被重视的市场或没有条件重视的市场；"大"指的是这些市场虽然很小，但是数量众多。很多数量的微小市场占据着市场中可观的份额，这就是长尾的思想。图 4-3 所示为长尾理论的典型模型。

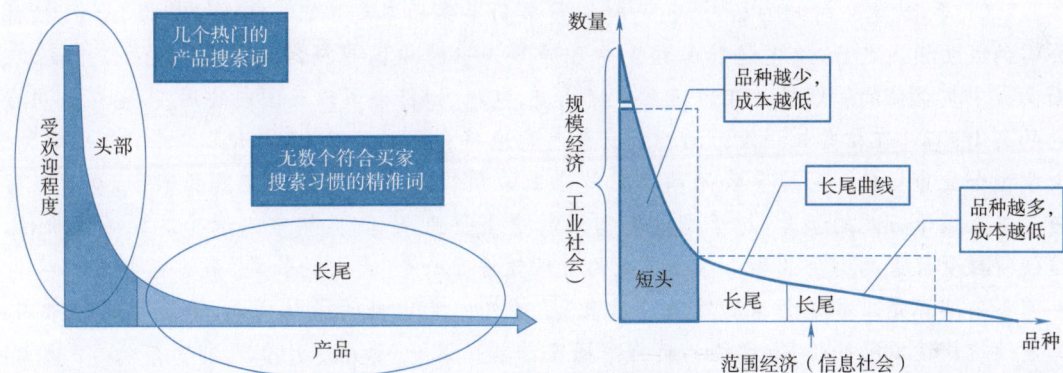

图 4-3　长尾理论的典型模型

传统观念中当市场份额过小，相应的市场回报也就很小，而开拓市场的成本却不见减少，因此长尾市场就很可能是一个亏损的市场。而当计算机和网络等新技术的出现使得用低成本甚至零成本去开拓这类市场成为可能时，很多人就利用这些技术去开拓长尾市场，并取得了巨大得成功。其实长尾思想是进一步丰富了二八定律的核心观点：即最小的投入获得最大的产出，企业利益最大化。目前长尾市场在现代企业中得到重视，并带来巨大的效益。图 4-4 所示为长尾模型下的市场战略。

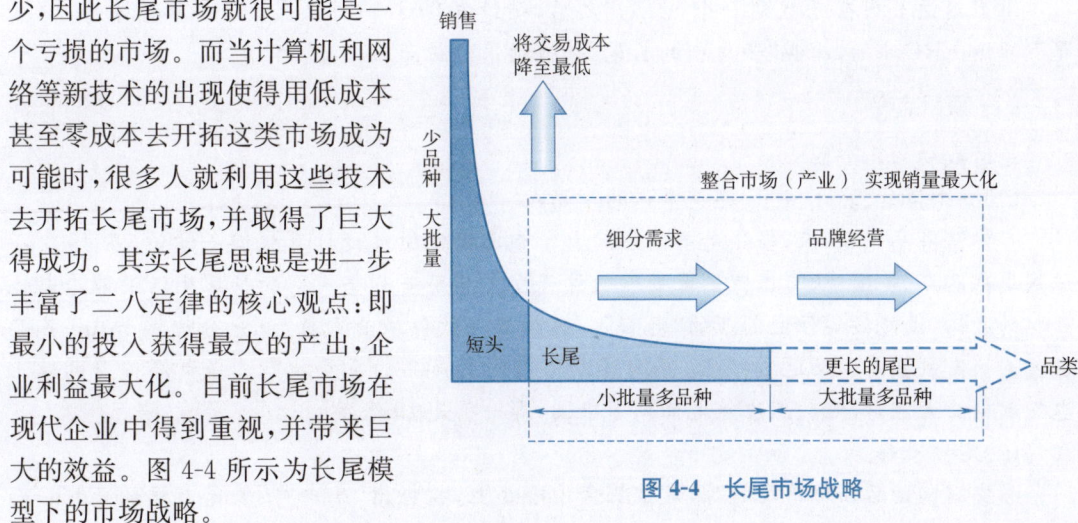

图 4-4　长尾市场战略

路径 4-1：　长尾里的商机

项目介绍

速达软件是中国中小型企业管理软件市场的领导者,是由世界著名跨国集团 Intel、IDG、Intuit 投资组建,速达软件也是国内第一家在香港上市的通用软件。"永远服务于中小企业",提升中国上千万中小企业运作效率是速达的企业使命。速达软件的管理系统,以功能强大、易学等突出的特点,已经在国内拥有超过 200 万多家企业用户。速达软件 20 多款产品系列,全部通过国家财政部门审核通过,占据国内中小企业管理软件高达 80.1% 的市场份额。

2001 年,速达公司的创始人,也是现任董事局主席的岑安滨,在看到美国的 Intuit 软件公司的成功模式之后,决定将其移植到中国市场。当时中国市场的情况是,定位在中高端、面向大中型企业的管理软件在市场上占据主流,包括 SAP 公司以及国内的用友、金蝶公司在内的大小厂商,在相当长一段时间都在有意无意地将自己的产品"贵族化","拼了命似的"往大中型企业市场钻。而这导致的结果就是企业应用软件产品价格一直高居不下,动辄数百万元甚至数千万元的预算,对于那些有需求的中小企业来说,显然难以承受这样的高价位,这使得数量巨大的小企业和个人公司成为管理软件业一个"大大的长尾"而遭受冷遇。

岑安滨正是瞄准这个市场缝隙,"抄袭"了国外同类市场的成功模式,迅速复制回中国,回看速达快速成功的路径,速达正是将市场定位放在这一"长尾"(小但是非常广泛)市场上,它连续推出多款定价在"数百元到数万元不等"的产品,引爆了管理软件市场的价格战,大幅拉低了企业应用软件产品整体价格,并"逼"着多家厂商同样进入了这一领域。而速达在这一过程中则迅速起身,仅用了 3 年左右的时间就成为国内管理软件几大品牌之一。

并且速达公司在寻找到一个"长尾"之后,继续发现这个"长尾"背后潜藏着多个"小长尾",重返 ERP 市场,深挖"长尾中的长尾"并持续推出新产品。

项目点评

速达成功的几个因素:

(1)一个懂行、真才实干、远见卓识的创始人。

岑安滨身高 1.92 米,当年赴美国纽约大学克郎研究所攻读计算机博士学位,在 1992 年进入奥林巴斯(美国)从事医疗图像处理软件开发。然而美利坚优裕的物质生活没能冷却他开拓的激情,没能按耐住他创业的"野心"。作为专业软件从业人员,他充分理解 Intuit 产品在美国的赢利模式以及运作经验,并洞察到国内同类产品的真空状态。当大洋彼岸的故土也掀起创业大潮时,他毅然决然地回到了中国,那一年是 1998 年。

(2)定位准确。

岑安滨回国后瞄准市场缝隙,定位掘金中小企业,挖掘出"小却广"长尾市场的商机。而且他能保持冷静,拒绝大企业百万的订单,不忘初心,坚持最初的服务中小企业的定位,在熟悉的领域深耕并持续打磨自己的产品，这种匠心和冷静的思维很难得。

（3）选对了路——"抄袭"国外成功商业模式，在中国复制 Intuit。

借鉴和复制模式为这款产品产生节省了大量时间，速达不惜支付不菲的品牌使用费来合法"抄袭"成功产品，取得 Intuit 长达 8 年的中国区独家合作商资格，确定产品优势。

（4）资本护航。

速达选择的快速复制成功模式的创业路径吸引到很多的风险投资商，以被验证的盈利模式和雄厚资本这两个轮子又共同推动速达驶入发展的快车道。速达超豪华级的股东阵容有：IDG、In-tel、Intuit、新加坡政府投资银行、韩国三星集团、荷兰国家银行、鼎晖……这些大名鼎鼎的企业都因为速达这个名不见经传的小公司联系在一起。而且速达确定 Intuit 本身股东的地位能够确保速达获得引进产品在模式、技术和经验上最大程度的支持。

（5）产品中国本土化以及品牌意识。

借鉴归借鉴，复制归复制，合作归合作，速达很清醒地保持拥有自有核心产品和技术的优势，即针对中国的财务体系和规范所开发的软件化产品，这些产品的版权都属于速达，只是与 Intuit 共用一个品牌。注重知识产权，多产品和强品牌结合的战略，进一步保证了速达产品的生命力。

（6）渠道商合作模式。

根据中小企业应用市场的特点：范围广、数量多、地域特色明显，成功采取和渠道商合作的 BD 形式来快速覆盖市场。

综上，速达创业成功的过程是：在一个优秀创始人的带领下，选到一款在国外已有成功模式的好产品，利用中国市场空白和产品成功的影响，吸引到雄厚的资本投资，并进一步利用核心技术实现本土化，准确定位中小企业的目标市场，精准拓展渠道，找到用户形成稳定用户群体，并不断迭代产生新的产品以适应用户群的更深层次需求，使产品不断保持生命力，进一步助力企业找到可持续盈利模式并步入稳态发展的事业过程。

4.2.2　运营首先要干的事：做出动静，让用户看到产品

当产品的市场定位确定之后，运营团队就要开始工作了，运营工作首先需要明确的是：运营本身是一个需要投入（成本）的过程，然后我们来看运营具体有哪些工作内容。

运营可以分为：市场运营，用户运营，内容运营，渠道运营和社区运营几个大类。那么对于创业企业来讲，如何理解这几方面的运营工作？笔者认为应该按照下面的逻辑依次梳理。

1. 渠道运营

创业企业产品做出来之后，首先要考虑的就是到哪里打广告的问题，这就是渠道运营的工作。

渠道运营主要有两个方面：一方面，通过商务合作、产品合作、渠道合作等方式，对产品进行推广输出、试用或者新品促销等方式，获得用户；另一方面，通过市场活动、展会、媒介推广、社会化媒体营销等方式对产品进行推广传播，简言之就是打广告。

商务运营的方式多见于一些商务 B2B 的产品,分为 BD(商务拓展)和销售两种。销售是直接卖产品,BD 更多的是互惠互利的一些合作。这都是手段,目的都是为了拉用户,然后留住他们。互联网很多企业级产品都是以这种运营方式为主要手段的,例如 BAT 的云服务产品,或者拉商家入驻、拉企业团队使用就属于这种。

而相对于传统企业产品经典的渠道链"厂家——总经销商——二级批发商——三级批发商——零售店——消费者"的路径上,如今的各种渠道,如百货业态,区别于传统的商场渠道、连锁渠道、经销商渠道、代理商渠道、展会、专卖店渠道,也都在思考现代市场营销模式在互联网思维下的渠道开发。例如,以淘宝为代表的 B2C 电子商务平台营销渠道已经成为现代营销推广中的重要模式——新零售业的 B2C2C(商家-渠道、顾客)的平台运营模式。此外随着"微博经济""粉丝经济"的日益兴起,多元化的、基于现代传播工具的营销推广渠道,如游戏渠道、视频渠道等也是层出不穷。对于互联网企业,一个移动 APP 的营销渠道大概有九种,包括 APP 推荐、CPC(每点击成本)、CPA(每行动成本)、微博营销、PR(公共关系)、资源互换、短信、预装、刷榜。虽然刷榜成本较高,但是刷榜排高位之后对于 APP 推荐、PR、预装、资源互换等营销都有很大的促进作用,所以产品的综合收益是最大的。

找好中意的渠道之后,产品就要开始打广告了。

这里重点介绍如何在互联网环境下的新媒体渠道上投放广告和互联网广告的结算术语。

广告投放流程主要分为展示(覆盖人群)和转化(用户有效行为),图 4-5 中,CPC/CPM/CPD/CPT/CPA/CPS 等代表的是不同的结算模式。

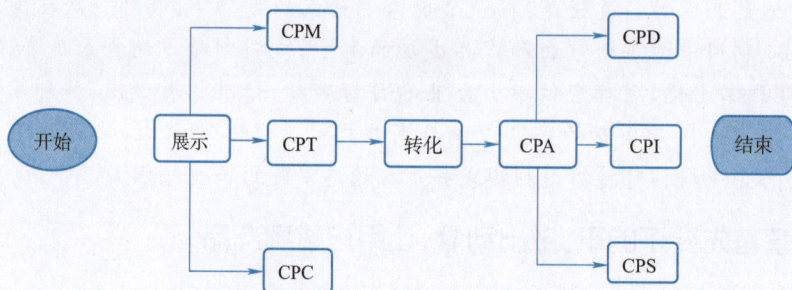

图 4-5　互联网广告投放过程中的结算术语

互联网广告收费有两种方式,展示端结算和转化端结算。每种结算方法的定义如表 4-1 所示。

表 4-1　互联网广告结算术语对比

	结算术语缩写和名称	计价依据	举　例	特　点
展示端	CPM(Cost Per Mille,每千人成本)	只要展示了广告主的广告内容,广告主就为此付费	一个广告横幅的单价是 1 元/CPM,有 10 000 人次访问的主页就是 10 元	优点:快速覆盖 缺点:不确定都是目标客户,僵尸粉也算曝光数量

续上表

	结算术语缩写和名称	计价依据	举　例	特　点
展示端	CPT（Cost Per Time，每时间段成本）	以时间来计费，按照"一个星期多少钱"，一个月这个位置多少钱	固定收费模式	优点：省心 缺点：时间段占位不佳或本身媒体影响力不够，广告效果不好
	CPC（Cost Per Click，每点击成本）	根据广告被点击的次数收费	例如，百度联盟的百度竞价广告、Google广告联盟的 Ad Sense for Content	适用：关键词广告 主要渠道：信息流类型渠道、DSP（需求方平台）渠道
转化端——CPA（Cost Per Action，每行动成本）	CPD（Cost Per Download，每次下载成本）	根据广告被下载的次数收费	例如，该广告中的APP一个下载是 10 元，被下载了 10 次，那么收取 100 元	适用：应用商店 例如，百度、OPPO、华为、小米，以及安卓积分墙买量、流量联盟
	CPI（Cost Per Install，每次安装成本）	按用户激活 APP 计费	常常只作为广告主内部衡量广告投放效果的指标之一	渠道以此作为结算方式应用较少
	CPS（Cost Per Sales，每次销售成本）	以实际销售额计算广告费用的广告，它可以理解为销售额提成	做一个社区活动约定CPS比例是 3%，销售额是 1 000 000，那么广告费就按 30 000 来结算	适合：购物类、导购类、网址导航类的网站、网盟；应用：理财 APP 也可做CPS渠道，但要防止"羊毛党"

注："羊毛党"，网络流行词，是关注与热衷于"薅羊毛"的群体，是指那些专门选择互联网公司的营销活动，以低成本甚至零成本换取高额奖励的人。受"羊毛党"攻击最多的前四大行业，依次为互联网金融、电商、社交、O2O，占所有攻击的 64.7%。举例：某上市公司旗下的全资子公司要力推直播软件，只要用户注册了这个直播，红包策略是：每天直播 10 分钟，头三天都能领到 30 元的红包，以后每天还有 10 元，而且第二天即可提现；如果看你直播的人多，还有排位奖！因此，有人用单个账号主播，其余小号去刷礼物，一天收入数万元。最后结果：2016 年底，根据统计机构的数字，该直播软件的活跃用户仅有 112 万，与其投入的 16 亿资金极其不成比例（净亏损约 10 亿元），仅仅主播分成就达到了近 14 亿，其中不知道有多少被僵尸军团薅走了羊毛。尽管现有黑/白名单、用户标签、IP监测等多种技术方法，但此类用户难以完全杜绝。

表 4-1 中介绍的转化端的结算方式通常可统称为 CPA，按投放实际效果计价的广告。这就需要给"行动"做一个定义，比如按照一个注册、搜索行为、浏览行为，等等。现在邮件营销（EDM）有很多都是 CPA 的方式在进行。APP 推广渠道中，无论 iOS 积分墙还是安卓积分墙，都是按照 CPA 付费。另外，有些网盟、中小商店、预装也是按照 CPA 付费，这里的 CPA 是下载 APP 且联网打开，指的是一个激活。

总的来说，互联网广告投放的适用规则是：强势品牌以曝光为目的的品宣广告，选择 CPM 或是以时间计价的 CPT 是比较合理的；以获客为目的的效果类广告需要更多地考虑后端转化和成本控制，CPA 相对于广告主来说性价高一点，风险更小，但由于还要核对转化率，很少有媒体会以 CPA 结算。

任何时候打广告都是花钱的事情,互联网广告投放更要基于成本和 ROI(投资回报率)来决策以确定互联网广告付费的方式。举例来说:某公司创业初期,产品是一个媒体类的 APP,即生产内容的 APP,该 APP 的受众比较广,内容是有趣的,这类软文一旦推广就能吸引用户,且效果一定很好。那么,这个 APP 做广告的付费方式该如何决策呢? 一般来说,一个 APP 产品初期,CPC、CPT 渠道的花费大,虽然知道用户是精准的,但是一个月前期投入都在 10 万左右,后期稳定后花费可逐月减少;如果是 CPD,在应用市场只要有活动,量就会上去,但是如果产品质量一般、品牌不响、无活动刺激,基本是无留存的;CPA 对于创业企业来说,必须有企业品牌时这种广告模式才有意义。总之,运营者需要牢记:用最合适的成本,找到有效的推广方式,做好产品的用户反馈并不断改进产品,这才是最重要的。

2. 内容运营

推广渠道确定了,开始准备打广告了,内容运营就开始上阵了。

内容运营是指,对产品的内容进行指导、推荐、整合和推广,给活动运营等其他运营方式提供素材等。传统企业常见的宣传册、产品说明书、品牌 CIS 设计、广播电视广告等都属于这类。互联网上除了产品页面的设计外,最常见的是产品用户体验的软文推广。而随着技术进步,视频内容在互联网上的快速传播引起企业对视频营销的重视,产品信息或企业理念可以间接植入到好玩的短视频、微电影、各路直播、互动游戏、VR、AR 虚拟现实技术(将原本不容易在线上实现的场景更加立体化)等各种与用户建立情感交流的场景中,产生一种视觉冲击力和表现张力,不直接宣传产品,而是引导用户改变原有的消费观念和消费方式,并且通过观看者的力量实现自传播。这些都是内容运营的范畴。

在互联网的运营环境下,内容运营有两种思路:一种是在 UGC(用户生产内容)社区,将用户产生的高质量内容,通过编辑,整合,优化等方式进行加工,配合其他手段进行传播。这跟用户运营往往相辅相成来做的,例如你在知乎回答一个问题,回答的很精彩,知乎的同学会把你的回答和别人的回答拿去整理好,然后通过微博,日报,周刊等手段传播,这就是以内容为中心的运营。还有一种是在一些媒体产品,比如澎湃新闻,36 氪这种,是以优秀的内容为核心来运营,和前者不同的是自己采编,整理,撰写的成分较多,不一定来自于用户。

谈到内容运营,我们需要给读者明确,"眼球经济"下只有优质内容才有更广更远的价值前景。

在信息时代的今天,每天人们都在传播和接受着铺天盖地的信息,用户早已耐不下性子读一篇上百字的广告文案,甚至连超过 10 个字的标题都懒得读完,如果不是移动互联媒体后台规则强行植入用户所感兴趣的内容界面,客户对随意冒出的推送广告恨不得以最快的速度删除。所以,投放新媒体的广告或文章内容,要思考如何在客户看到标题或图片的 2~3 s 内抓住客户,能产生让用户停下来想看一看的冲动,这是新媒体广告内容的首要要求,内容也许是一张美图,也许是一个热点标题……并不是一上来就是产品,总之,映入用户眼里的首帧界面一定要能吸引住用户的眼球,因为眼球经济模式下的内容生产,就是要求用短平快的方法来博取注意力,快速捕捉到大量用户。

眼球经济泛滥的今天，有学者专门基于人性特点的展开进行研究，结果发现：人本性中天然有一种负面偏好，即人们在接受外界信息时不自然的会把更多的注意力放在负面的事情上，如明星的离婚八卦热点等。发现了人们对负面事件和认知的偏好与好奇，就能够明白：眼球经济是这个新媒体时代的经济原理，并不一定必须要与正能量的内容进行绑定，所以，这个发现，很好地解释了为什么现在网上那么多恶俗炒作主播能够赚钱的经济现象。

但是，人们更应该清醒地认识到，在价值经济时代，博取眼球的一时热闹会稍纵即逝，只有更具有深度性含义的内容才是用户能持续关注的根本，所以部分以高品质原创内容的新媒体服务号已经掘出了优质内容的真正价值并取得成功，比如今日头条、36 氪。眼球经济模式也许更加适合一次性的广告价值达成，但是希望通过新媒体能够实现有价值的增量，就需要在运营的内核中减少或者放弃眼球经济的比重，把握住价值经济的逻辑，这才是正能量、真知识、好产品在眼球经济下突围的王道。今天越来越多的内容平台，开始花巨资来寻找更多的内容原创作者，并对优秀内容不遗余力地推荐支持，这就是价值模式集中的表现。逻辑思维的得到产品已经开启付费阅读模式，也是更加看重内容服务的深度用户价值，而不是用眼球领经济来创造用户收益。网络新媒体环境正在发生变化，人们不再盲目地追逐潮流和风尚，不愿意再人云亦云，而是开始真实的追求自我价值的体现与表达，人的价值、用户的价值已经成为主流，产品级优质内容生产的比例将在互联网上越来越大，聚焦价值，这是现代互联网营销的最有价值模式。

3. 市场运营

市场运营就是以 Marketing 为手段，通过花钱或不花钱的方式，进行对产品的一系列宣传、曝光、营销等行为的干预手段。也就是要折腾出来动静，吸引新用户，或者刺激老用户持续消费。

市场运营比较典型的形式是开展活动运营，即针对需求和目标策划活动，通过数据分析监控活动效果适当调整活动，从而达到提升 KPI（关键绩效指标），实现对产品的推广运营作用。对于创业初期，也许发红包、让利这种给用户以利益的方式是吸引用户最直接的活动，但是市场活动运营，需要围绕产品，带着问题去观察，不是简单的互动，也不是粗暴的烧钱，要做数据记录，关注活动的投入产出比 ROI（投资回报率），市场运营是一场精心的策划，需要利用数据分析达到精准、高效的效果，市场运营的所有效果都要用数据来说话。

4. 社区运营

随着网络技术的日益成熟，各种类型的电子商务在逐渐得到应用和推广，并且它的媒介特性启发了更多企业的关注。目前市场上 80、90 后年龄群是市场的主流用户，他们崇尚独立的价值观，敢于挑战权威，对网络比较敏感，愿意在各种社区点评时事或者发泄不满，等等，或沉稳、或文艺、或逗比……一时间，网络社区成为新媒体传播的新宠儿，迅速成为企业网络营销的新途径和竞争领域。

社区运营指的是面向社区消费者进行的干预活动,如网站做个活动、抽奖、投票,等等。

而面向 UGC 用户的社区运营,和面向普通社区消费者的内容运营是两个完全不同的工作。现在的用户已经不会因为一句精美的广告词去购买产品,用户在购买前会搜索对比和评测,甚至有些用户比商家还了解产品特点,用户会关注之前用户的使用感受和评价,进而决定是否选用产品,90 后、00 后用户使用产品后又乐于在新媒体上分享使用感受,某社区的意见领袖关于产品的使用心得,就可以成为产品推广最好的软文。互联网时代人人都可以是产品代言人,因此,过去是产品挑选代言人,现在是产品自动"被用户代言",社会化新媒体营销重点不是让产品本身去宣传自己,而是鼓动用户自发宣传。

社区运营的工作玩到极致就是不断地在社区里引发大家互喷,活跃整个社区。首先要引导用户产出跟社区主题相关的主题帖和评论,然后把这些优质帖根据后台数据推送到社区首页,其次是用一些小活动,日常话题来活跃社区气氛,目的是产出更多优质内容和增加社区人气,优质帖通过其他渠道推送到站外,吸引更多用户加入社区,完成公司制定的各项 KPI。

5. 用户运营

吸引并留住用户,是一切运营工作的着陆点。这属于运营的基本工作,就是负责用户的维护,扩大用户数量,并提升用户活跃度。对于部分核心用户的沟通和运营,有利于通过他们进行活动的预热推广,也可从他们那得到第一手的调研数据和用户反馈。比如,会员制,是许多产品常用的用户管理方式,然后对会员用户再次细分,对应不同产品,针对不同用户的偏好投放针对性的用户体验,从而提高产品对用户的黏性。

4.2.3　数据筛出漏斗下端的精准用户——AARRR 海盗模型

运营是一个 test 的过程,在反复实践中通过创新迭代产品并聚焦精准用户的过程,因此,运营需要摸清事物发展背后的规律。

我们首先要了解,技术、产品、企业、包括人,都存在发展的周期,例如,产品有初级版、1.0 版、2.0 版;技术有 1 代、2 代、3 代;企业有创业期、发展期、稳定期、转型期;用户也有天使用户、种子用户、增长式用户以及爆发式用户;甚至运营人员的个人发展方面也有周期:菜鸟小白、部门骨干、运营经理、总监,到 COO。因此,无论企业、产品还是个人,都需要首先界定清楚自己所处的阶段和目标,再依据阶段制订计划选择方法。

任何产品的运营都围绕"用户"展开,重点"吸引用户"和"留住用户",说白了就是:让用户过来,并留下。产品与用户的周期其实也是存在匹配关系的。图 4-6 列出了产品生命周期与用户运营五个阶段的对应关系。

从 4-7 图中可以看出,由于产品存在着生命周期曲线,运营关于获取客户对应也分为五个阶段,五个阶段下用户运营的目标和对应解决的问题都是不同的,如表 4-2 所示。

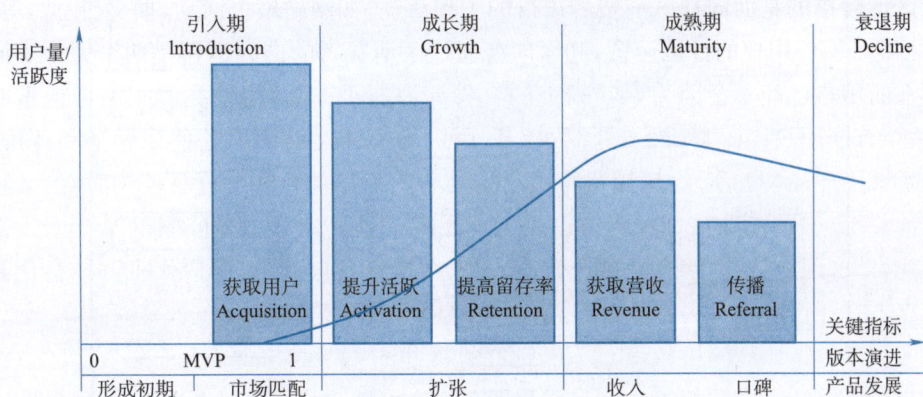

图 4-6　产品生命周期曲线和运营的五个阶段

注：MVP，即最小价值产品或最小可视化产品。

表 4-2　运营获取客户的阶段性目标与所需解决的问题

根据产品周期对应运营不同阶段的目标	运营不同阶段下所需要解决的问题
获取用户（Acquisition）	确定你的用户是谁（用户定位——Who） 如何让用户进来（拉新）
提高活跃度（Activation）	如何让用户经常来（促活）
提高留存率（Retention）	如何留住用户（留存）
获取收入（Revenue）	如何让用户掏钱（转化）
自传播（Referral）	基于社交网络的病毒式传播（增量裂变）

运营工作如何找到精准用户？这个过程，我们可以通过一个工具来实现，这个工具叫 AARRR 模型，也称海盗模型。

移动 APP 的运营中常常用到 AARRR 模型，该模型是运用数据分析来查找用户转换漏斗和漏斗上造成用户流失的漏洞，并获取精准用户的方法。

图 4-7 所示为 AARRR 模型下的用户漏斗的分析。

上述 AARRR 模型可以看出，运营在不同阶段关注和分析的指标不同，不同阶段确定的客户成交意向率逐步增加，直至最终找到漏斗下端的稳定客户，形成客户群。

1. 获取用户（Acquisition）

运营一款移动 APP 的第一步，毫无疑问先是要获取用户，就是常说的要想办法提高获客。通常通过广告、活动、红包、促销、SNS 平台和 SEO/SEM 的投入，启动该产品的推广阶段，此时大家最关心的数据是下载量。

不过，下载不等于安装，安装不等于使用。用户是否使用取决于产品本身是否能在最初使用的几十秒钟甚至几秒内抓住用户。在游戏行业，有些应用会通过体验良好的新手教程

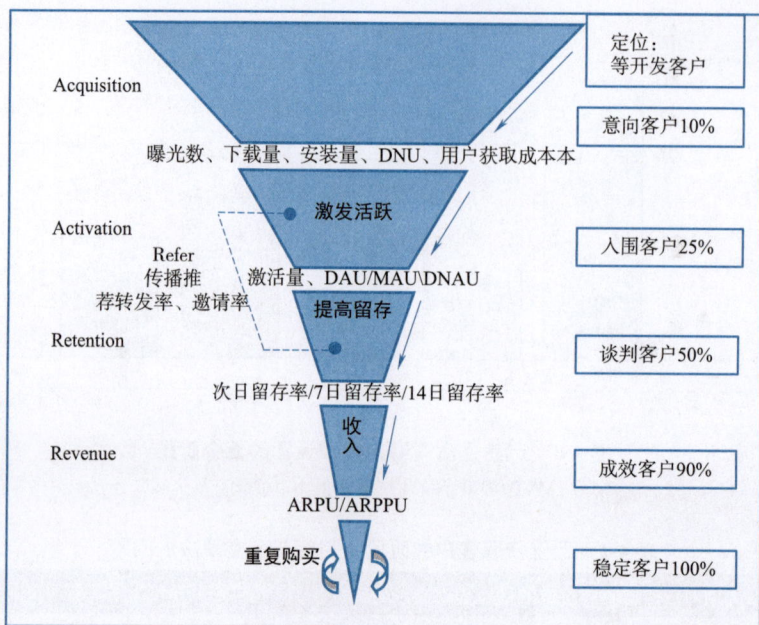

图 4-7   AARRR 模型下用户漏斗分析

来吸引新用户，DAU（日活跃用户）和 MAU（月活跃用户）两个数据能说明应用当前的用户群规模，这是运营人员必看的两个指标。

2. 提高活跃度（Activation）——好的渠道，精准推广

运营的好坏需要考虑的重要因素是推广渠道的质量。用户量最大的渠道不一定是最好的渠道，如积分墙、刷量的渠道，带来的是大量的一次性用户，也就是那种启动一次，但是再也不会使用的那种用户，这不是真正意义上的好渠道。有两个数据指标经常用来衡量渠道上真正活跃的用户数量：每次启动平均使用时长和每个用户每日平均启动次数，这两个数据高的用户是对产品感兴趣的用户。

好的推广渠道往往精准作用在容易产生兴趣的目标用户，精准推广，永远是运营人员需要记住的点。这就需要对用户获取数据进行分析，以便找出最优价值的渠道，即转化最好的渠道，注意，这并不意味着是用户量最大的渠道，而是指为我们带来了"触发关键行为的用户"的渠道。那么什么是"关键行为"？它可能是观看视频、下载插件、开始游戏或者填写邮箱，总之用户已经切实浏览具体项目，他很感兴趣，可能继续使用产品。因此，在定义了什么是产品上的"关键行为"后，该关键行为的指标将成为运营团队更准确地评估各个渠道质量的最佳标准。如果怕麻烦，也可以使用最简单的"关键行为"指标——留存率。

3. 提高留存率（Retention）

许多应用在被下载后，没有用户黏性，次日留存，7 日留存很低，用户留不住。但是很多应用又不清楚用户是在什么时间流失的，于是一方面不断地开拓新用户，另一方面又不断地

有大量用户流失。解决这个问题首先需要通过日留存率、周留存率、月留存率等指标监控应用的用户流失情况，并采取相应的手段在用户流失之前，激励这些用户继续使用应用，不断提高留存率。例如，已经知道了哪些关键行为是判断用户价值的标准，也就知道了谁是高价值的用户，进而可以分析他们的触媒习惯，确定重点投入的渠道。借助数据分析，我们会更高效地发现运营策略的关键点：是 18～24 岁的京城男用户更喜欢我们的 APP，还是 25～30 岁来自二线城市的女性用户更喜欢在 APP 上花钱；是知乎、微信还是门户软文为我们带来了最有价值的用户；各渠道的流量是否正随时间而变化，等等。总之，保留一个老客户的成本要远远低于获取一个新客户的成本，着眼提高老客户留存率，他们是所开发出的渠道上的高价值用户，因为他们使用产品的可能性非常高。

4. 获取收入（Revenue）

对于一款应用类产品，开发者最关心的就是收入。即使是免费应用，逐渐也要考虑其盈利的模式。收入的来源主要的有三种：付费应用、应用内付费以及广告。无论是以上哪一种，收入都直接或间接来自用户。所以，前面所提的提高活跃度、提高留存率，对获取收入来说，是必需的基础。当用户基数大了，收入才有可能上量。关于收入，最常用的观察是 ARPU（平均每用户每月收入）值。

如何促使留存用户转化为产品的使用者，同样离不开数据分析。社交类的 APP 会注重用户打开次数、浏览时间、互动频率等指标，但另外一方面类似彩票或者购物类 APP 更关注的是用户的收藏、交易数据，这类应用目的性非常明确要做交易相关类的指标，提高交易转化率；在优化渠道流量带来了高价值的用户之后，需要确认用户的首次访问是否愉快。他们在 APP 或网站上的体验是否流畅，有没有在某个步骤或页面受到阻挠，甚至直接流失。创业者们可以使用 A/B（if not A）test 来测试每一个新功能（或着陆页）的转化率。此外，借助数据分析工具，还可以更深入地研究不同的用户类型、在线时长、登录间隔等指标对转化率的影响，据此，分析出精准用户的不同类型，可以定期定点推送对应的不同产品。

5. 自传播（Referral）

以往的运营模型到第四个层次就结束了，但是互联网社交网络的兴起，使得运营增加了一个方面，新媒体运营，就是基于社交网络的病毒式传播，这已经成为获取用户、促进收入、裂变增值的一个新途径，新媒体传播这个方式的成本很低，而且运作巧妙的话效果有可能非常好；唯一的前提是产品自身要足够好，有很好的口碑，利用用户的产品使用自体验内容并借助互联网各种类型的媒体去巧妙传播，不断扩大忠实用户的数量。

运营工作还可以利用 AARRR 模型进行反向思维，不仅仅关注获客的数据，反过来关注客户流失的数据来分析为什么客户会离开。进一步对流失客户的原因进行分析，找到对策，从而找回客户。图 4-8 所示是某网站产品的漏斗分析，从获取和流失两方面关注分析每个阶段的获客情况并进行分析。

进入访次：235 087

访次235 087

网站着陆页

流失访次129 857
跳出率55.24%

访次105 230
商品详情页到达率44.76%

站内浏览

流失访次84 613
流失率80.41%

访次20 617
购物车到达率8.77%

加入购物车

流失访次13 959
购物车流失率67.71%

提交订单访次6 658
转化率2.83%

提交订单

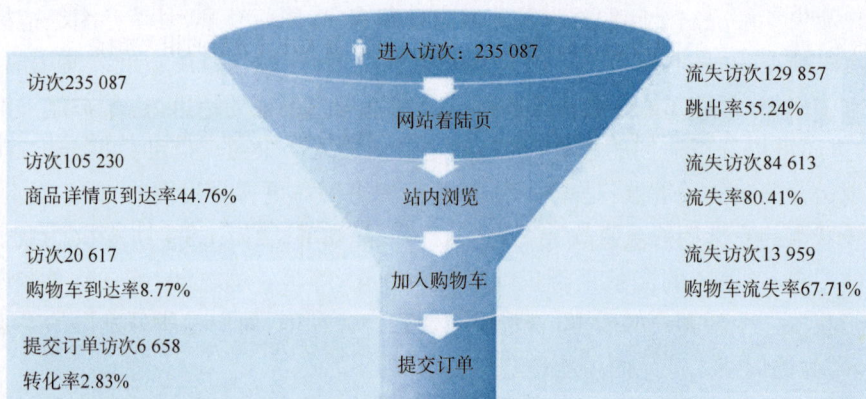

图 4-8　某网站产品漏斗分析——获客和流失数据并重

整体再来回顾关于移动 APP 运营关于产品推广周期的海盗模型。图 4-9 所示为再次细化移动 APP 的海盗模型。

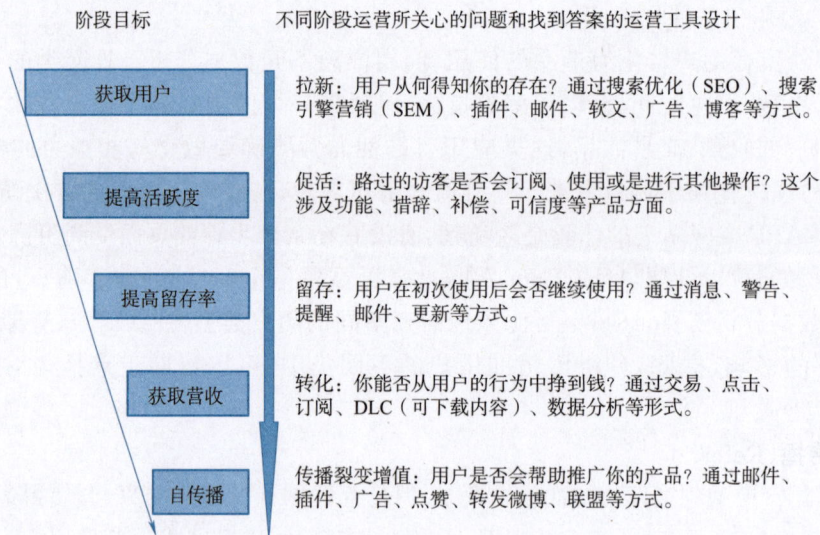

阶段目标	不同阶段运营所关心的问题和找到答案的运营工具设计
获取用户	拉新：用户从何得知你的存在？通过搜索优化（SEO）、搜索引擎营销（SEM）、插件、邮件、软文、广告、博客等方式。
提高活跃度	促活：路过的访客是否会订阅、使用或是进行其他操作？这个涉及功能、措辞、补偿、可信度等产品方面。
提高留存率	留存：用户在初次使用后会否继续使用？通过消息、警告、提醒、邮件、更新等方式。
获取营收	转化：你能否从用户的行为中挣到钱？通过交易、点击、订阅、DLC（可下载内容）、数据分析等形式。
自传播	传播裂变增值：用户是否会帮助推广你的产品？通过邮件、插件、广告、点赞、转发微博、联盟等方式。

图 4-9　移动 APP 运营推广的 AARRR 模型和方法

通过图 4-9 所示的各项运营方法，互联网技术能够轻松获得移动 APP 在运营各阶段的各类用户的指标数据，每个阶段运营所关注的指标重点也各有不同，如图 4-10 所示。

通过对 AARRR 模型的介绍，大家应该明白，运营就是需要运用数据分析的能力，通过运营各种手段，通过对不同时期关键指标的分析，不断聚焦找到你的用户，并最终形成稳定的用户群。有了用户规模，企业才有了盈利的基础。

阶段目标	APP运营的功能	需关注并分析的相关指标
获取用户	通过各种各样的手段博取眼球，无论是免费还是付费的方式。	流量、提及量、CPC（每次点击费用）、搜索结果、用户获取成本、点开率。
提高活跃度	将获取的"过客"或访客转化为产品的真正参与者。	注册人数、注册量、新手教程完成量、至少用过一次产品的人数、订阅量。
提高留存率	说服用户再次光临，反复使用，表现出黏性行为。	用户参与度、距上次登录的时间、日/月跃活跃使用量、流失率。
获取营收	商业活动的产出（不同的商业模式看重不同的产出，如购买量、广告点击量、内容产生量、订阅量，等等）。	客户终生价值、（免费到付费）转化率、平均购物车大小活跃使用量、流失率。
自传播	已有用户对潜在用户的病毒式传播及口碑传播。	邀请发送量、病毒式传播、病毒传播周期。

图 4-10　移动 APP 运营推广不同阶段的任务和关键性指标

4.2.4　利用用户画像，实现场景复利

拥有用户规模之后，接下来要做的工作就是对用户进行分析以便确定精准运营的策略。接下来介绍运营工作中关于用户的一个数据分析方法——用户画像。

获取用户只是第一步，后面如何留住他们，增加黏性也很重要。因此，一旦获客成功，更值得好好去研究并分析用户，根据用户特点，采取有针对性的策略来运营我们开发和设计出来的产品，让客户形成重复购买，不断产生更多的收入。

2011 年，互联网开始进入了"大数据时代"，如今，互联网企业更加聚焦于如何利用大数据挖掘潜在的商业价值。伴随着大数据应用的讨论、创新，个性化技术成为一个重要的落地点。大数据技术第一次使得企业能够通过互联网便利地获取用户更为广泛的反馈信息，为进一步精准、快速地分析用户行为习惯、消费习惯等重要商业信息，提供了足够的数据基础。伴随着对人的了解逐步深入，用户画像（User Profile）的概念诞生，其完美地抽象出一个用户的信息全貌，是企业应用大数据的根基。对于已有一定用户规模的企业，用好用户画像这一技术工具，相比传统的线下会员管理、问卷调查、购物篮分析，能够更精准挖掘客户更深层次的产品需求，准确激发场景内用户的其他消费行为，有利于开发新产品，更好地实现产品增值，收入尽快增长，实现同一场景下的复利效用，即某场景下的用户群可能不止对一个产品感兴趣，同样场景下，用户背后还可能衍生其他的产品消费的情况。

什么是用户画像？用户画像可以简单地理解成是海量数据的标签，根据用户的目标、行为和观点的差异，将他们区分为不同的类型，然后每种类型中抽取出典型特征，赋予名字、照

片、一些人口统计学要素、场景等描述,形成一个人物原型。举例来说,如果你经常给孩子购买一些玩偶玩具,那么电商网站即可根据玩具购买的情况替你打上标签"有孩子",甚至可以判断出你孩子大概的年龄,贴上"女,32岁,已婚,有5～10岁孩子,团购达人,喜欢阅读……"这样一串描述即为用户画像的典型案例。

用户画像的核心工作是为用户打标签,标签使用户行为成为能被计算机方便处理的信息和数据。比如,可以做分类统计:喜欢红酒的用户有多少? 喜欢红酒的人群中,男、女比例是多少? 也可以做数据挖掘工作:利用关联规则计算,喜欢红酒的人通常喜欢什么运动品牌? 利用聚类算法分析,喜欢红酒的人年龄段分布情况? 还可以根据用户行为特点和频次对各类标签分配权重,从而将用户按照权重高的标签准确分类。

大数据处理,离不开计算机的运算,而用户标签正是提供了一种便捷的方式,使得计算机能够程序化处理与人相关的信息,甚至通过算法、模型能够"理解"人。用户画像技术正是赋予计算机准确获取人的行为并转化为标准数据的能力,一旦计算机具备这种能力,无论是搜索引擎、推荐引擎、广告投放等各种应用领域,都将能进一步提升精准度,提高信息获取的效率。也就是说,用户画像能够帮助广告主找到对的人,即精准用户,进而进行精准营销。

总之,真正地了解用户,才能得到用户,在互联网这个虚拟世界中,隐藏在幕后的用户拥有太多可能性,因此,在互联网营销逐渐占据主流的大数据时代,互联网产品或服务巧用用户画像技术非常重要。

路径 4-2: 不同产品生命周期需要对目标客户进行迭代

项目介绍

2015年上线的一款幼教类APP,最初从A产品来拓展市场。A产品在运营一年后的2016年年中,公司高层还在就要不要持续找渠道买量做讨论,运营方当然坚持要买,毕竟相比市场而言,花6～8块钱去弄一个CPA(广告计费模式),又能稳定拉新。反方(产品和市场)则拿DAU(日活跃用户量)说事,买量纵然使获客成本降低,但是产品的卖点和转化是在视频监控以及园务管理等封闭式生态闭环,即使来的是适龄家长或教育工作者,游客模式下对于产品体验只能浅尝辄止,很难留住更无法转化。

这个案例表面上看是关于获客成本及获客方式的讨论,其实是对于"你的用户是谁"这个问题并没有想得很清楚,即没有意识到,在不同产品的生命周期需要对目标用户进行迭代。就图4-11来分析,如果产品处在引入期,那么用户就是教育局领导、幼儿园园长、老师以及在园孩子家长,在这个独立并自循环的用户生态外去渠道买量获取C端没有任何意义。例如掌通宝贝、微家园等竞品均是只有登录而无注册功能。

如果产品处在成长期,即用户除了引入期用户之外还要做适龄孩子家长及非合作园所机构,前提是产品迭代速度就得跟上,即在不同的产品生命周期需要通过能充分满足需求的迭代产品提供给你变化的用户。

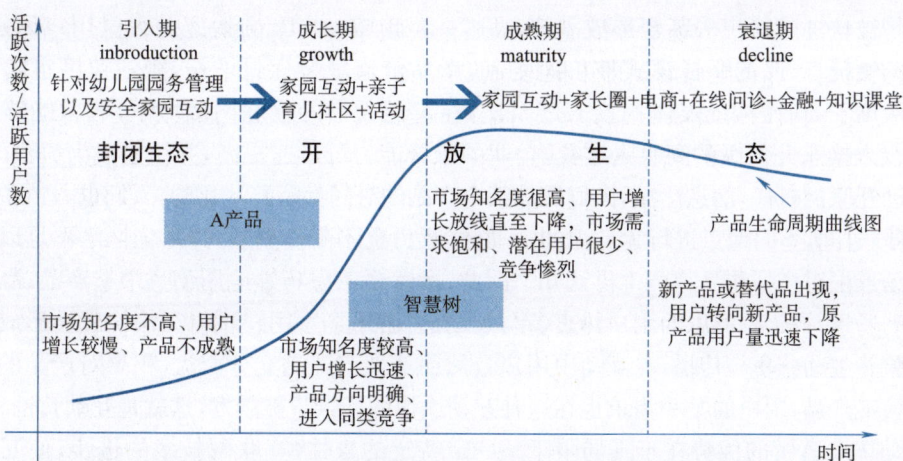

图 4-11 某幼教类 APP 的产品周期曲线和产品迭代分析

该企业的核心产品智慧树，也是从引入期到成长期再逐步过渡到成熟期，从开始的封闭生态到现在的在核心功能"家园互动"上通过"活动专区""天天抽奖""在线问诊""育儿话题"等产品迭代功能扩大生态圈，逐步由一款家园互动工具产品演变为 3～6 岁亲子育儿平台，并通过"宝宝保险"和"在线商城"成功盈利。

项目点评

用户运营第一步就是要弄明白你的用户是谁。但是"你的用户是谁？"并不是一成不变，"不忘初心"的你可能会"改变始终"。同时，用户在变，产品也要变，匹配用户的产品也不是一开始就确定下来的，都是历经不同阶段，洞悉市场变化，了解其他层出不穷的新产品，运营要做的，就是要能及时捕捉到新的市场变化并以需求形式提交给产品，经过不断打磨才能形成盈利模型最理想的爆款产品。

4.2.5 自传播：产品增值的裂变——引爆互联网的新媒体传播

我们处在互联网以及移动互联网颠覆传统产业的时代，产业的发展要求企业在互联网的思维下大胆创新，产品的创新正由消费者、客户的思维走向用户的思维，由适应市场到创造市场的转变。移动互联时代运营更加注重用户体验，产品要能够给用户带来价值，才有可能开始赚钱并持续赚钱。通过互联网，微信、微博、社区 KOL（关键意见领袖）、视频、微电影、邮件、短信等，几乎所有的社交媒介都能作为产品的传播的渠道，形成新媒体。互联网新媒体的出现，使得传播推广的速度和辐射人群数量相对传统媒体而言能够快速实现几何级的增量，因此现代运营思想都非常注重新媒体营销的互联网运营，产品更新迭代的速度同时也需要适应互联网上百舸竞舟的快速竞争状态，避免被快速淘汰。

在移动互联网、大数据、云计算等科技技术的不断进步下，运营不断涌出新型营销方式，如活动事件、病毒营销、用户互动营销，等等，加上新媒体本身自传播的特性，好产品的用户体验极易被快速传播出去甚至形成品牌,品牌一旦形成,其 IP 会快速被大量用户识别,加之产品选购便捷,产品的赚钱模式被快速复制,产品价值呈裂变式增长,赚钱速度也随着快速呈几何级增长,对比传统媒体的投入产出比,在广泛无形的互联网疆域下,运营能够实现小而巧的投入换来几何级的高收入增长,企业的赚钱能力可迅速提高,并快速成为值钱的企业。

移动互联网时代,信息泛滥,人们聚焦某个产品的时间都是碎片化的,人们也习惯了在不同屏幕,不同时间,不同地点进行无意识的活动,注意力也不断被割裂,碎片记忆已不足以让他们在某个场景中对产品和品牌产生再认知。因此,运营要考虑巧妙地用创意塑造产品、品牌与用户的互动场景,搭建有意思的用户热衷参与互动的"游乐场",用户玩得很愉快就会形成很好的互动体验并主动分享与传播,在互动中用户自然而然地与产品充分交流,积聚对产品的渴望或者是习惯某产品,用户的某些需求也在这种互动愉快的场景下被激发,这就是互动营销。

互动体验营销的优势在于不局限于某一定特定的媒体,互联网技术的进步,使互动营销有了许多新的玩法。

举例:刷脸吃饭——看手机百度外卖互动体验营销应用人脸识别技术

O2O 概念的兴起,是移动互联网开辟线上与线下消费整合的一项全新领域,百度是为 6 亿网民提供搜索服务的 APP,我们来看手机百度是如何撬开移动互联网 O2O 市场的,通过分析,百度认为,用户手机上的高频行为就是拍照,吃饭爱自拍,或拍美食爱分享,百度黑科技中重要的一项研究就是人脸识别技术,借用人脸识别技术,与移动行为"拍照相结合",再巧妙地嫁接到外卖,将搜索需求,巧妙地转化为消费需求。

具体来看手机百度外卖运营的巧妙点:

1)新技术先声夺人

用户通过搜索"外卖",APP 自动跳转入参与刷脸吃饭的互动环节,每个自拍照人脸识别技术都会以标准模板给出相应的长相分数,激起人对自我长相的关注力,形成强自传播力;另一方面,通过向公众普及人脸识别的应用场景(人脸身份证、钥匙、银行信息、新时代社交),让更多人了解手机百度有关"人脸识别"技术的发展和未来趋势,加深公众对手机百度更科技更未来的产品印象。

2)引爆点:颜值评比与实惠

突出产品"靠长相领钱"的独具一格性,将小面额的优惠券植入到人脸中,根据长相分数,产生相应的优惠券。

3)加强"有意思外卖"O2O 消费行为的沉淀,引出手机外卖体系

将"小龙虾、火锅、进口水果"在内的独具特色的外卖,都引进到手机百度外卖中,让真正靠脸吃饭的人,吃便宜点儿吃好点儿。

4)做差异化处理,推出"不可能的外卖"米其林大厨的用户体验活动

在线下,手机百度豪华外卖餐车也在北京各大写字楼商圈进行游走,凡是在手机百度上订外卖的客户,都可能被接到豪华外卖餐车上,体验超级外卖机会,更有米其林大厨亲自烹调。同时推出各种外卖爆款,比如黯然销魂蛋炒饭等,将手机百度外卖的菜品多样性和独特

性展现出来。

该互动运营活动在全国范围内引发了巨大反响，仅微博评论疯狂转发超过 1 200 万条；近 10 万人重复参与，重复参与率为 13 次/人；微活动上传图片 4 500 万张，单人上传超过 20 张；用户自发为手机百度外卖的介绍量，从每日 300 次提升到每日 70 万次，手机百度外卖产生的订单从 0 增长到 16 万单。

生活中还有很多没有被企业利用的场景，或者说场景里还存在为被挖掘的用户市场。活动运营可以多考虑进行一些有意思互动的体验，互动营销的过程中，产品要转换角色，要从用户角度出发，合理安排情感，给予消费者利益，较好地吸引用户参与互动体验，为每位用户提供表达的机会与权利，才能点燃用户对产品的热情。互动营销永远要确保让客户参与进来并坚持完成整个互动过程，创新技术使产品与用户的沟通变得更有利，在新技术驱动下产品可以通过创意和技术的结合进行场景重塑，构建产品与用户对话的新沟通环境，从而加深用户对产品的深入认知和情感连接。

因此，移动互联网时代，创业企业更要学会运用现代互联网的产品运营思维，着重新媒体运营，打造爆款产品，依据优质内容引领的眼球经济，引爆互联网营销，以互联网速度快速盈利和赚钱，直至成为一个值钱企业，创业才真正成功。

4.3　运营思维和能力

运营是一件统筹管理的事情，是一种方向性与框架性的工作，必须有全面的战略思维，对于初创期企业的创业者而言，统揽全局的思维和计划尤为重要。运营是结合各行各业不同的赚钱经验，其方法或技巧尽管不尽相同，但是，运营作为一种能力而言，这种能力具有一定的共性。

4.3.1　运营的战略思维

对于创业企业的产品运营过程中，创业者往往本身就是负责运营的人，他必须站在产品、用户、企业等全方位的角度去考虑如何策动产品的运营工作。一般来讲，创业企业家需要按照次序考虑以下几方面的因素：

1）资金链

资金是创业过程中最首先要考虑的环节，创业者首先要懂经营会算账明细各项成本，之后确定投入创业项目启动需要多少资金，目前有多少资金，可用多长时间，资金无法支撑经营规划时，是否考虑融资？创业者最核心的职能就是，将这些资金通过自己的运营变成雪球，并为投资者带来最大化的收益。所以创业者需要考虑包含项目投资金额、资金回笼时间和周转周期、经营开支（固定资本和流动资本）。

2）产品

准确地讲，在产品出来之前，运营需要提前对产品的核心价值有所考虑并对市场做出预测。往往来说,引入一个产品,创业者首先要考虑的是整个市场大致能产生多少销售量,然后再考虑与你资源最近的细分市场,能为消费者提供什么样的匹配产品。

3)目标用户

目标用户即产品的消费方,可能分为两种类型,一种为销售单位(to B),一种为直接消费单位(to C)。销售单位 B 是指产品的销售中转平台,一般意义上会是指渠道商或中间商。直接消费单位 C 是指产品的最终消费者。分清楚目标消费者才能更好地确定营销模式,采取有针对性的运营方法。例如红包这类带有严重 C 端运营思维的投放方式,并不适用于针对 B 端用户的运营。针对 B 端用户,应该着重于呈现出产品的核心价值即产品能为 B 端用户整体效率的提升。

4)选择渠道

有了产品以后,如何找到用户并卖出去? 需要落实有效的渠道。有了这么一个产品之后,通过什么方式让目标人群知道? 是通过广告方式传播? 还是用新媒体渠道? 渠道是需要投入的,运营者需要明确各种渠道的投入成本,并能计算出准确的获客成本,进而进行产出分析,确定最优渠道。

5)数据分析找到目标用户

运营针对获客的三个阶段:吸引用户、把用户留住、让用户掏钱。这个时期运营工作离不开数据分析,借助 AARRR 模型,通过数据分析,分析不同阶段的不同指标,才能锁定用户漏斗最底端的目标用户,进一步针对目标用户展开准确的产品营销方案,促成购买,提高产品价值实现的效率。

6)做好用户维系

产品卖出去以后,用户群形成,需要对用户进行分析,需要思考继续提供什么样的服务,促进用户持续购买。此时运营三大核心目标:扩大用户群、寻找合适的盈利模式以增加收入、提高用户活跃度。

7)注重新媒体运营

现代化企业运营,要注重新媒体营销的渠道和手段,公众号、社区、微博等传播渠道,以及 KOL 意见,用户体验的快速自传播方式,都在促进产品迅速增值并起到价值裂变的效果。

运营者把握好这七个方面,即具备了全面的运营思维。综上,任何行业的成功运营都基本遵循这样一个整体流程:拿钱做了一个产品出来,然后以某种方式卖出产品,并卖好这个产品,打造品牌声誉,形成稳定用户群体,促进持续购买,最后计算成本收回的时间,成本收回后进入赚钱阶段,随着用户群稳定扩大,产品不断更新迭代,盈利能力增加,企业估值提升,成为值钱的企业。

4.3.2　运营者的能力

尽管运营的方法会因人而异,但是按照各行业、各种模式、各类产品的运营做法总结下来之后,会发现好的运营者往往在三个方面与众不同:

1）数据能力

无论是初级小编、微博账号管理者，还是运营总监、COO，运营最关心的东西，从头到尾就是"弄来用户，然后持续的留住他们"。运营所做的所有工作都要紧紧围绕这一点来进行，任何运营结果都必须直接或间接地指向这个目的中的一部分，要利用数据的方式为结果负责。

一些运营图和指标是运营者必须掌握的指标点，从中可以看出留存、流失、日活、月活，但数据不仅仅是用来看的，运营者还要懂得如何分析这些数据，要能提出更进一步的措施及改进，才是真正掌握了数据能力。

2）着眼于关键问题

运营就是不断踩坑、不断试错、找到产品核心价值、探索出稳定盈利模式的过程，这个过程中一定不能墨守成规，更不要照搬其他家的运营经验。优秀的运营，需要具备很多种思维，其中，破局思维勇于突破创新尤其重要。如果不具备破局思维，走不出原来的思维框架，无论是工作，还是职业发展，都会遇到非常大的障碍。打破惯性思维模式，抓住核心问题进行优化，明确团队的整体方向，在有限的资源下解决最核心的问题，是每一位好的运营者最应该掌握的事情。

下面通过一个例子的运营分析，来看优秀运营者是如何思考和决策的。

举例：用户反馈的需求（问题、痛点）真实存在，然后呢？

产品背景：某电商促销活动界面

运营情况：产品低于市场价，但转化特别低

运营分析：积分兑换的导购路径太长，流失严重。

运营结果：在着手优化导购路径的时候，团队突然发现有款商品的销量远远超过其他商品，这些商品都在同一个页面展示，平时调整商品位置对结果影响也不大。进行了数据分析之后，我们发现用户在购买这款商品的时候，平均每一步的流失不到 2%，而其他商品则有 $5\%\sim8\%$ 的流失。所以，路径和流量是重要问题，但不是核心问题，核心问题还是在商品本身。

结论：当需求、问题、痛点都是真实存在的，如何理解表面现象背后的根本原因就变得至关重要。这个理解的过程本身就是一个创造的过程，是一个思维上的突破。

3）市场敏感能力

市场无时无刻不在变化，产品迭代的速度有时追不上外部市场的变化。很多时候，产品还在创意时期，市场上可能就已出现同类产品或者更先进的产品，那么，运营就要继续挖掘满足用户新的价值需求的点，预测市场趋势，重新定位产品，及时切入现有运营流程，重新规划运营战略，调整运营方法。总之，做好运营是要时刻紧盯市场上任何对产品运营可能带来影响的变动，适时而变。

警钟 4-2：　跳不出的惯性思维

项目介绍

产品背景：阿里系付费的 to B 产品

运营情况：付费用户有几万家，竞争者公司已经准备开始免费，阿里也希望把付费产品免费给中小企业，借此扩大市场规模。

运营分析：在产品核心功能无区别的情况下，让付费企业使用免费产品。对此，阿里内部也形成明显的两种观点，一种是激进派：看中后续增长的潜力，要快速打开免费的口子；另一种是保守派，也是大多数人的观点：用户肯定会流失，大家都没有做过免费互联网 to B 产品的经验。

运营结果：为了预测流失，分组进行了侧面的摸底。通过与认识的企业用户沟通，发现如果能削减这块成本，大部分企业是非常乐意的。根据摸底情况在内部分享，最后大家倾向于"再等等看"。这个时候，市场上已经有其他公司推出了免费版本，对方的数据增长很快。但几个月过去，阿里的付费业务并没有受到什么影响。如果问续费的企业为什么不用免费的，全都只有一个原因：怕麻烦。这里的"麻烦"，就是迁移成本。to B 产品的使用时间越长，历史数据越多，迁移成本越高。如果成本足够高，大多数企业不会冒这个险。然而，前期摸底的人并没有意识到这个。用户没有，阿里自己也没有，这是一个巨大的失误。尽管阿里的付费产品营收仍在持续增长，如今这块市场因为免费产品的爆发，市场也越来越大，但阿里已错失了全面占领市场的最好时机。

📖 项目点评

惯性思维限制了对需求（问题、痛点）的判断，运营一定要有破局的思维。

这件事的反思是：人们一旦在一个领域内深耕后，都会有一定的惯性思维。在舒适区域待久了，面对外来的，具有不确定性的"入侵者"，本能的进行防御。就连摸底调研的时候，都倾向于接受符合自己内心预期的内容，自动屏蔽了其他信息。

4.3.3　运营致胜的关键

运营是近几年被互联网企业带火的一个概念，但这并不意味着传统企业以前没有运营的概念，运营其实是个最基本的商业思想，各行各业要想开始赚钱都离不开运营，即 start and test，其实就是找到用户启动赚钱模式的试运行。运营完全是一门经验学科，它根据企业规模、时期，产品和行业的不同，运营的经验也不尽相同，再结合技术进步和互联网传播渠道的多样性，运营呈现出各种各样的方法和模式，但运营的基本过程逻辑是一致的。如何实现赚钱，这个基本过程一般都是：定位（产品）→启动（内容）→宣传（渠道）→建设（活动刺激 & 传播）→赢利（重复购买）。每个阶段具体完成的目标：找用户、拉用户、用户留存、用户互动、用户转化。运营工作的每一步都离不开后台图表和数据的分析，以便检查是否实现了策划的目标，同时，（运营）成本与收入（用户转化）这两大经营性指标时刻都应是运营者所关心的重点。在互联网思维下，运营者要着力于新媒体运营，因为移动互联网时代几乎所有的社交媒介都能作为产品的传播的渠道，而互联网的传播速度和范围之广，加之巧妙的运营，能够使用户量快速积聚扩张，盈利产品的增值将以裂变方式快速复制，因此想赚大钱，要会运用新媒体营销。那么，在资讯信息泛滥的互联网世界里，产品如何能够精准有效得打动用户购买，在良好的用户体验基础上让用户自行传播，不断产生购买的渴望，核心点就在于产品更要能够为客户创造出核心的价值，这才是一款产品能够突破自身价值（产品研发成本）而产生增值的基础和本质，即价值溢价，即消费者心中价值空间最重要最愿意付钱购买的那部分价值，抓到这部分价值，在用户心理价值体系中产品的品牌就形成了。运营，就是帮助产品找到用户，使企业赚钱盈利，并最终形成品牌，享受品牌溢价。综上，产品运营致胜的关键在于：找到用户，为用户创造核心价值。

第 5 章 品牌营销：定位、爆品、传播

📋 **题记** 《品牌营销》让我们帮助创业者打造爆款产品，迅速引爆市场，快乐地摘取创业成果。

作为"百万菁英"平台的创业导师，我们平时辅导创业者更多地采取公开授课或者面对面的辅导方式，当百万菁英的任总告诉我们说，为了帮助更多的创业者，我们要联合出一本关于创业实战宝典的书籍，那么品牌是创业辅导中很重要的一个模块。在今天互联网时代，做运营的嫌产品没有知名度，做推广的嫌转化率不高，其实这一切都指向了一个重要的概念——品牌。在这个碎片化、注意力稀缺的时代，只有成功打造一个具有影响力的品牌，才能引爆市场，但是创业者对"品牌营销"又真正了解多少呢？

作为一名从事互联网行业 17 年的媒体人和品牌策划人来说，要用系统的品牌思维来完成这个模块，品牌营销内容方面可写的东西又很多，在经过深入思考和头脑碰撞后，我们提炼出"定位、爆品、传播"三个关键词，从这三个领域阐述品牌营销的话题，帮助创业者打造属于自己的品牌阵地。

5.1　认清品牌价值

互联网时代的到来颠覆了人们许多的传统思维，黄太吉的出现颠覆了我们对煎饼果子的认知，江小白的诞生让我们对白酒产生了不一样的感觉，今天是创业疯狂打造个性品牌的时代，就像当我们喝水时会想到农夫山泉、喝饮料时会想起可口可乐、喝凉茶时会想到王老吉和加多宝，这些成功的品牌，都无一例外地占据了用户在特定场景下对于品牌的记忆。

无论是江小白还是黄太吉这些年轻的创业公司，正是在比较短的时间内借助互联网营销手段打造出爆款产品，通过不断打造品牌知名度来吸引更多的客户，利用品牌优势成功锁定目标消费人群，进而获得资本上更大的支持。

5.1.1　品牌概述

品牌是综合实力的体现。

什么是品牌？美国著名的营销学者，被誉为"现代营销学之父"的菲利普·科特勒将品牌的定义表述为："品牌是一种名称、术语、标记、符号或设计，或是它们的组合运用，其目的

是借以辨认某个销售者或某群销售者的产品或服务，并使之同竞争对手的产品和服务区别开来"。

我们可以把品牌通俗地定义为消费者的认知和体验的总和。因为品牌就是产品在实际使用价值之外给予消费者的一种印象、感觉和附加价值，如归属感、身份感、荣耀感、信任感等。身份匹配成为当今社会衡量一个人很重要的社会属性，就像一个四十多岁的企业老总一般不会用奇瑞 QQ 作为代步工具一样，就像商务人士热衷使用华为手机、学生使用小米手机一样。

如今企业之间的竞争，已由追赶性竞争演变为淘汰性竞争，所以品牌知名度和产品美誉度是至关重要的，只有这样才能赢得用户的忠诚度。今天是消费者特别注重品牌的口碑、注重用户体验的时代，因此，打造自己的品牌就显得尤为重要。

品牌是一个企业综合实力的体现，就像美国可口可乐公司前任董事长罗伯特·士普·伍德鲁夫曾说：只要"可口可乐"这个品牌在，即使有一天公司在大火中化为灰烬，那么第二天早上，企业界新闻媒体的头条消息就是各大银行争着向"可口可乐"公司贷款。

5.1.2　为什么要重视品牌

警钟 5-1： 没有品牌的企业，只能为他人做嫁衣

📖 项目介绍

2015 年马桶盖的故事，想必很多人听说过。国人去日本疯狂抢购马桶盖以致于断货，回到国内后才发现不仅是中国制造，而且完全是由中国技术团队在国内研发、生产、制造，原来这是一家杭州的制造企业，只不过该马桶的品牌是日本的。

当这件事情被媒体曝光后，国人开始反思，为什么会这样呢？我国自己生产的产品在国内卖不出去，但是到了日本反而成了香饽饽，难道日本的产品就一定要比国产的好吗？

回顾一下我国的制造历史，大家就明白了。在改革开放之初，我国的家用电器的生产能力一般，1985 年在我国制造企业发生了一件著名"张瑞敏砸冰箱"事件，张瑞敏的一柄大锤砸醒了海尔人的质量意识。在那个年代如电视机、电冰箱、洗衣机、录音机等产品，好多都是日本或者中外合资品牌，我记得我父母家里就有一台福日牌电视机，福日是国内首批彩电生产厂家之一，也是我国电子行业第一家中外合资企业（合资双方是福建省和日本的日立），那时候的人们能以拥有一台日本原装的电器产品而自豪。近些年来，我国厂商引进品牌、技术，许多电器产品可以在我国生产制造，市场上大部分的电视、洗衣机、冰箱等家电产品都是中国制造。

当很多人得知飘洋过海从日本背回的马桶盖，其实是在中国杭州生产的时候，大都感到很诧异，之后又大都很感慨这个产品的研发团队太低调了。

🌀 项目点评

马桶盖的故事背后，折射出国人对国货产品的不自信，有部分消费者仍然把"山寨、杂

牌、质量差"的帽子扣在国货上;另一方面,也反应了国内这家马桶制造企业,虽然拥有很好地产品,但是没有很好的打造出自己的企业品牌,只是作为一个产品加工商。其实类似这样的企业在国内还有很多,仅在浙江慈溪就有 2 000 多家小家电企业,其中大多数企业没有自己的品牌,只是大品牌的代工厂而已。

家电业可以说是中国制造的一张名片,伴随着改革开放,经过市场的激烈竞争,国内出现了像 TCL、海尔等能够与国际知名品牌抗衡的家电企业,通过分析国内大家电品牌成功的路径不难看出,中国的产品、品质、制造工艺并不输外国产品,但类似像杭州这样的马桶制造企业由于没有强品牌支撑,一些优秀产品只能淹没在市场洪流中,所以说不解决好品牌、技术、设计这几个核心的环节,产业的转型升级是无从谈起的。

现在的商业竞争经历了产品竞争—价格竞争—渠道竞争—品牌竞争,品牌竞争力就是品牌核心优势的竞争,没有品牌的竞争是无力的竞争,没有品牌支撑的商品是脆弱的商品,没有品牌根基的市场是脆弱的市场。

如今我国科技领域的企业品牌力正在不断上升,据英国知名品牌价值咨询公司 Brand Finance 在 2018 年 2 月份发布"2018 年全球品牌 500 强"报告,我国的阿里巴巴排在第 11 位,品牌价值达到 549 亿美元;腾讯、华为分别排在第 21、25 位,品牌价值分别达到 408 亿美元、380 亿美元,超过了可口可乐(其品牌价值 303 亿美元)。我们天天使用的微信,其品牌价值已经达到 224 亿美元,排在第 49 位,百度排名第 57 名,品牌价值 210 亿美元,京东排在第 65 名,品牌价值 196 亿美元。从上述排名可看到,我国科技领域的企业品牌正以令世人瞩目的速度缩小与欧美品牌之间的差距,想必国人再去日本狂买马桶的故事,估计以后不会再发生。

路径 5-1: 代工巨头富士康的品牌化之路

✒ 项目介绍

我们知道苹果手机是由全球最大代工厂富士康生产,对于富士康来说,为大客户苹果公司生产了这么多年 iPhone 和 iPad,其经营性利率一直维持在 3‰ 上下,属于典型的高投入、高产出、低毛利的产业类型。

2016 年 8 月,富士康正式收购夏普,夏普也成为日本首家被外资企业收购的电子厂商。在入主夏普之后,富士康科技集团副总裁陈振国在夏普战略发布会上说了一句话,让笔者印象特别深刻:"过去富士康做终端代工,但未来,我们有品牌,要做自己的品牌。"

富士康的品牌化之路,第一步就是 2016 年 8 月用 38 亿美元收购被誉为"液晶面板之父"的日本知名企业夏普,之所以收购夏普,一方面是因为夏普旗下拥有夏普电视和夏普手机等知名品牌;另一方面是因为夏普是全球第一家拥有第 10 代液晶面板生产线企业,在上游的面板技术与资源、品牌等方面具有先天优势。

富士康收购夏普时,夏普还处在长期亏损状态中,作为全球最大的液晶电视面板厂商几乎到了破产边缘,一直到 2016 年富士康收购夏普后,采取了一系列的重组和调整措施,提高了夏普内部的运营效率。富士康接管夏普后的第一个季度就开始盈利,这也是夏普连续亏损两年来的首度盈利。富士康收购夏普是典型的强强合作,富士康 CMO 袁学智是这么解读收购夏普的:"收购夏普,把富士康的自主品牌业务打响,这是一个捷径。"

富士康从收购夏普开始走品牌化转型之路,第二步就是打造自有品牌,如今富士康推出自有手机品牌富可视。富士康集团现在拥有夏普、诺基亚、富可视等几个手机品牌,夏普手机针对中国城市市场,家喻户晓的诺基亚手机针对印度、非洲以及中国农村市场,富可视手机主要针对全球第二大手机市场印度,不同的手机品牌针对于不同的消费市场。

🌐 **项目点评**

回顾富士康的发展之路,富士康在代工市场已做到极致,成为全球最大的代工企业,但是代工业务的利润低微,其母公司鸿海集团 2016 年净利润率只有 3.4%,2017 年上半年还出现亏损。即使利润如此微薄,富士康的最大客户苹果似乎依然不满意,希望降低代工价格,先后引入和硕和纬创与富士康竞争,和硕的利润率和富士康相比更低。正是在这种情况下,富士康通过收购夏普之后开始走品牌化转型之路,如今夏普打造完全由自己掌控的品牌,不必再仰仗苹果等少数几个大客户运转,所以说企业无论大小,打造自己的品牌是至关重要的。

5.2　做好品牌定位

5.2.1　什么是品牌定位?

定位之父杰克·特劳特和阿尔·里斯开创了定位理论,被美国营销学会评为"有史以来对美国营销影响最大的观念"。特劳特给品牌定位的定义是:"如何让你在潜在的客户的心智中与众不同。"阿尔·里斯说:"定位就是在顾客头脑中寻找一块空地,扎扎实实地占据下来,作为"根据地",不被别人抢占。"定位思想如图 5-1 所示。

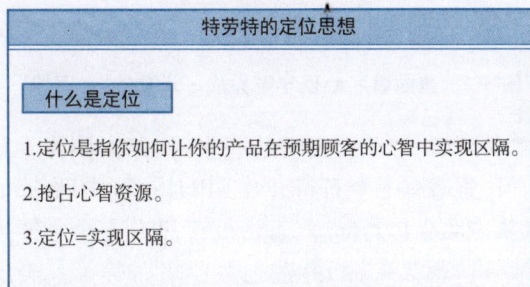

特劳特的定位思想
什么是定位
1.定位是指你如何让你的产品在预期顾客的心智中实现区隔。
2.抢占心智资源。
3.定位=实现区隔。

图 5-1　特劳特的定位思想

品牌定位的定义比较抽象,举个例子比较容易说明。比如,一群舞蹈演员在舞台起舞,她们一样的服装,一样的动作,你根本分不清谁是谁,可是当一缕追光亮起,一位翩翩起舞的女子正被聚焦其中,这个瞬间脱颖而出的女子就是定位理论最好的诠释,因为她被瞬间聚焦,特别明显。回到商业社会中,大家都在美化企业形象、推广企业形象时,就像跳舞的那些女子,你需要让你的企业品牌瞬间被大家聚焦,这样才能脱颖而出。

5.2.2　洞悉品牌背后——消费者的内心世界

对一个企业来说,品牌所带来的效益是不可估量的,做好品牌营销是企业营销的重头戏。每个企业也都渴望打造品牌知名度,尤其是新创的品牌,那么品牌能够走进消费者心里的原理是什么? 以及新创品牌如何才能走进消费者的内心世界? 通过洞悉品牌背后深入了解消费者的内心世界,这是打造知名品牌的奥秘所在。

5.2.3　人类最多只能记住 7 个品牌

笔者在做演讲的时候,曾多次做过一个实验,现场邀请两位听众,一位介绍自己所知道的手机品牌,另一位介绍笔记本式计算机品牌,多次实验的结果表明,大部分人头脑中某一个品类的品牌也就能记住 5、6 个,一般不会超过 7 个。

这个简单的实验现象,被美国著名心理学家、哈佛大学心理学教授乔治·米勒,称为"七定律",他发现人类的记忆与储存的极限是七,如图 5-2 所示。

短时记忆

7 ± 2

心理学家乔治·米勒发现：人类的记忆与储存的极限是七

乔治·米勒
George Miller

图 5-2　美国著名心理学家乔治·米勒的"七定律"

其实在生活中有很多东西都和"7"有密切的联系:比如太阳光七种颜色、每周有七天、人有"七窍"、算盘有七粒珠子、简谱有七个音符、水的 PH 是 7(中性值)、瓢虫背上有七点、北斗有七星、地球陆地分七大洲、世界七大奇迹、童话故事里有七个小矮人、神话中有七仙女、上帝用七天创造了世界,佛家讲"救人一命、胜造七级浮屠",等等。美国著名心理学家乔治·米勒教授经过研究,把"7"称为神奇的数字,认为信息爆炸时代的消费者对品牌的认知空间极其有限,他得出的结论是:多数人的短时记忆容量最多只有 7 个,超过了 7,就会发生遗忘,因此多数人都把记忆内容归在七个单位之内。

简言之:消费者在购买产品时,最多只能记住 7 个品牌,这就意味着在顾客心智中,最多只能为每个品类留下七个品牌空间。

5.2.4　特劳特：品牌的"二元法则"

全球知名营销战略家、"定位理论之父"杰克·特劳特在研究中进一步发现，7 个品牌的空间只存在于市场竞争的初始阶段，随着市场日趋成熟，大多数人消费时往往只能记住两个品牌，做出二选一的选择，特劳特将此称为"二元法则"，即任何一个市场最终会变成两个品牌竞争的局面，通常一个是领导者，另一个则是后起之秀，两者相互对立。

"二元法则"指出在一个成熟而稳定的市场上，消费者的心智空间往往只能容纳两个品牌，那么在该市场领域最终会变成两个品牌竞争的局面。

这方面例子有很多，比如可乐市场的可口可乐与百事可乐、高端汽车的奔驰与宝马、电池领域的劲量与金霸王、牙膏行业的高露洁与佳洁士、运动鞋市场的耐克与锐步等都符合"二元法则"。居于第三位以下的品牌，将因为在消费者心智阶梯中处于弱势地位，因而生存艰难，因此需要不断地进行品牌营销活动才有可能改变选择排序。这就是我们为什么一定要强调打造细分品类市场第一品牌的原因，后面会有详细阐述。

5.2.5　心智资源成为商业竞争的终极战场

特劳特的"二元法则"指出在成熟市场，消费者的心智空间只能容纳两个品牌，心智可以理解成消费者对某类产品的熟悉和需求程度。比如凉茶有很多品牌，有王老吉、加多宝、和其正、霸王、清心堂、顺牌等，但当我们想喝凉茶的时候，首先想到的是王老吉和加多宝，王老吉和加多宝这两个品牌就是凉茶在消费者心里的心智阶梯，商业竞争的终极战场就是靠心智认同来赢得消费者的认可和买单。所以凉茶市场主要被王老吉和加多宝所垄断，其他品牌的市场份额可以忽略不计。

既然消费者的心智空间有限，那么心智资源最后成为商业竞争的终极战场。企业争夺客户心智资源，也是要经历几个阶段的，企业竞争大致分三个阶段：

第一阶段是"产品竞争时代"，企业以生产为导向，看谁的规模大，设备先进，产品质量好，内部管理好，如海尔、长虹就是这类型的典型代表。

第二阶段是"营销竞争时代"，产品由过去的供给不足变为产能过剩，企业必须重视营销来满足消费者需求。因此这个阶段的企业有了高度的品牌意识，在原来产品优势基础上，加大广告宣传，树立品牌形象，提高品牌知名度和美誉度，这类企业代表有 TCL、格力等。

第三阶段是"顾客心智竞争时代"，我们处在产品极大丰富、信息爆炸的时代，消费者选择的力量越来越大，企业竞争也随之在更高的层次上展开，企业品牌的打造不再单纯地依靠广告，而是在产品研发前就做好品牌定位，直接进入细分品类竞争和顾客认知阶段，企业集中一切资源赢得顾客心智，这个时代就被称为"顾客心智时代"，这个时代最有代表性的企业莫过于小米。小米用不到 5 年时间就突破了 100 亿美元的销售额，被称为商业史上的奇迹。

5.2.6　如何精准品牌定位

按特劳特的定位理论来讲，定位分为四步走：

（1）分析外部环境，确定竞争对手是谁，以及其价值为何。

（2）避开竞争对手已经给受众留下的印象，或者利用其弱势一面，来确立自己的品牌优势。

（3）找一些东西来证明自己能够站稳这个优势位置。

（4）把这个定位整合到内部运营和外部宣传的各个方面，占领客户心智。

品牌定位的目的是为了达到在消费者心目中占据一个独特而有价值的位置，成为消费者心目中某品类或特性产品的代表品牌。比如吃火锅会想到海底捞，太太口服液是送给已婚女士的，江小白是 80 后、90 后年轻人喝的，性价比超高的小米手机是给小米发烧友们定制的。品牌通过定位才能聚焦你的用户，聚焦才能有力量。

路径 5-2：　互联网教育领域的王者 VIPKID 的品牌定位

✎ 项目介绍

少儿英语培训市场的火爆，吸引了多个在线教育品牌在这个赛道聚集，在形式上分为大班课、一对一和小班课三种模式。在教育 O2O 经历洗牌后，冲上风口的是以 VIPKID 为代表的在线英语外教一对一模式。其中，从用户规模、教师数量、融资规模几个指标来看，VIPKID 在少儿英语培训中处于绝对的领先地位。2013 年 10 月创办 VIPKID 少儿英语，凭借北美外教在线 1 对 1 的授课模式，迅速在在线少儿英语赛道异军突起。

截至 2018 年 4 月 31 日，VIPKID 拥有学生 30 多万名，北美教师 4 万名。2018 年 3 月份发布的《2017 年中国独角兽企业发展报告》显示，VIPKID 在 2017 年 8 月 D 轮融资时其估值已达到 15 亿美元。2018 年 4 月，VIPKID 又获得 5 亿美元融资，该公司估值将达到 30 亿美元，VIPKID 估值不到一年时间实现翻倍，成为互联网教育领域的第一领导品牌。VIPKID 平台通过在线方式将北美外教与超过 30 万有英语学习需求的学生连接在一起，极大地推动了全球优质教育资源的高效流通。

VIPKID 拥有 4 万名优质外教，均来自北美，大部分外教均拥有优质高等教育学历背景，不少外教毕业于哈佛、耶鲁、斯坦福等世界名校，他们发音纯正，能让孩子在语言学习黄金期，就能得到纯正的发音指导。对中国孩子来说，不光是学习语言，更要学习国际文化和视野，VIPKID 外教熟悉北美文化，拥有国际视野，北美教育水平世界一流，在北美优质外教的教学下，国内的小朋友可以更容易地掌握北美教育的精髓。用米雯娟自己的话来说："希望VIPKID 能够改变中国乃至全世界的未来教育，能够帮助全球各地更多的小朋友跟随全球最好的北美老师去学习。"

VIPKID 的 A 轮投资人、经纬创投创始管理合伙人张颖表示："在过去的三年时间里见证了公司的飞速增长，这得益于 VIPKID 强大的团队。我非常看好米雯娟和她的团队，所以经纬在公司 D 轮融资时选择继续加码；VIPKID 的快速增长同时也验证了在线教育在中国正在兴起巨大的浪潮。"

著名天使投资人、真格基金创始人徐小平曾这样评价道："VIPKID 是 21 世纪的中国教育国际化的一个深受家长欢迎和孩子喜爱的崭新而有效的实验。她通过互联网连接北美的优秀老师与中国的孩子们，为中国孩子打开了一条宽广而前途无限的通道！"

项目点评

（1）品牌定位首先应对目标消费者进行透彻了解。

企业必须了解目标顾客购买该产品是为了满足何种需求，VIPKID 的用户定位是家里有 4～12 岁小朋友的中高端收入家庭，为日后出国留学打好基础，所以 VIPKID 创办之初的品牌定位就是一对一的 100％纯北美优质外教，这也是区别于其他在线少儿英语培训的最大特色，所以宣传语是"北美好外教，让孩子爱学敢说"。

（2）品牌定位要根据企业自身资源和实力。

4 年时间 VIPKID 就成长为 30 亿美元估值的"独角兽"，这一切离不开 VIPKID 对品牌定位和品牌策略的精准营销。笔者曾在现场听过 VIPKID 创始人米雯娟的演讲，米雯娟在教育培训行业工作了十多年，拥有丰富的北美教育资源。

（3）品牌定位要始终如一，不要随意改变品牌定位

企业的品牌在目标顾客中印象中占有一个独特"位置"，就不会轻易改变，VIPKID 的优质课程获得了家长们的极大认可，VIPKID 的营销策略就是利用家长口碑营销转介绍的获客方式，为带来新用户的老客户赠送一定的免费课程。创业邦的 CEO 南立新就曾说过，她购买 VIPKID 课程作为礼物送给身边的亲朋好友。

5.2.7　好的品牌定位塑造卓越品牌

根据图 5-3，可以看出消费者对产品的接受有一个认知、考虑、尝试的过程，品牌认知也有一个由浅入深的五个维度，分别是认知度、美誉度、购买率、满意度、推荐率。在产品高度同质化的今天，品牌要想摆脱同质化竞争，成为顾客优先选择，就必须先建立好品牌定位。

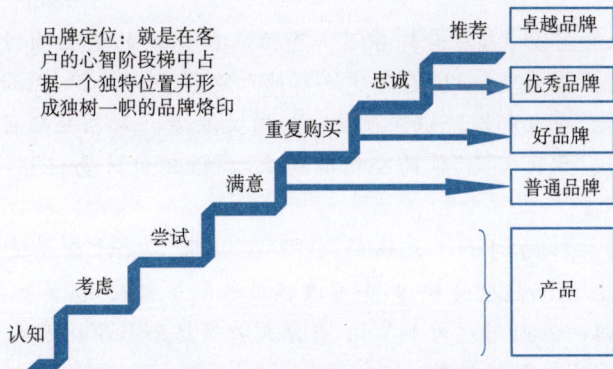

图 5-3　产品到卓越品牌的过程

比如顾客家里装修想买一台空调，大多数人第一个想到的品牌就是格力，一提起格力，

人们也立即会想到空调。可以说,空调等于格力,格力等于空调,这就是品牌定位的威力所在。面对高度同质化竞争时,只有消费者使用产品满意后,重复购买才能形成好品牌产品,用户对产品的忠诚度足够高,才能形成优秀品牌,当用户主动去做口碑分享的产品才能叫卓越品牌。这也正好对应了品牌认知的五个维度,即认知度、美誉度、购买率、满意度、推荐率,所以说好的品牌定位是塑造卓越品牌的第一步。

5.2.8　给公司起好名字的重要性

名字是企业形象的第一要素,好名字看一次就能记住,名正则言顺,名字越响亮、越能让人亲近,才会有更多的兴趣去认识企业、了解产品和服务。可口可乐在 19 世纪 20 年代刚进入中国市场时,刚开始并不叫可口可乐,一开始翻译成"蝌蝌啃蜡",一个非常奇怪的中文名字,当然这个别扭的中文名字也不被消费者所接受。后来可口可乐公司意识到这个问题的严重性,但是又找不到解决问题的办法,于是可口可乐公开登报悬赏 350 英磅征集新名字(这也是一种好的营销方式)。当时身在英国的一位上海教授蒋彝先生,将拗口的"蝌蚪啃蜡"换为如今家喻户晓的"可口可乐",可口可乐不仅在发音上维持了原名韵味,而且还非常符合中国人追求积极快乐的文化理念,这也是迄今为止被营销界公认为翻译得最好的品牌名。所以有人调侃说可口可乐真是捡了个大便宜,350 英镑的成本换来今天在中国数十亿的销售额。

路径 5-3：　品牌好名字就是营销好内容

在互联网＋时代下,一个成功的创业企业,精准的品牌定位应该有一个接地气的好名字,像大姨妈、滴滴、陌陌、探探、知乎、抖音这些名字让人过目不忘,真的是可以节省几百万的推广费用。

项目介绍

在百万菁英创业分享会上,笔者辅导过一个做人脸识别的创业项目,叫"双髻鲨",是不是感觉很拗口?在创业辅导环节中,笔者建议创始人更换公司品牌,因为"双髻鲨"不仅不容易书写,也不容易记忆,而且和人脸识别也没有任何关联度。该创业项目旗下有款产品名称叫"脸宝儿",笔者建议把"脸宝儿"作为公司品牌来打造,不仅容易记忆,而且"脸宝儿"和人脸识别有高度的契合度。

我们举一个成熟品牌的例子,"大姨妈"APP 想必很多女性朋友使用过。这款上线于 2012 年,是一款以女性经期健康为核心,关爱女性健康的手机应用,其功能包括经期记录、经期预测等,目前大姨妈的注册用户为 1.2 亿,月活用户数达到 5 500 万以上,先后获得真格基金、红杉资本中国等多家机构的投资。

我们再举一个快消品的经典案例,喜之郎果冻是我们很熟悉的品牌,当喜之郎进入杯装奶茶时,起的名字叫"喜之郎 CC 奶茶",这个名字想必大家听说过的也不多。喜之郎第一年为其投入的广告费用也不少,但是市场效果并不好,消费者并不认可;后来喜之郎快速转变,重新命名，取了一个新的名字"优乐美"，优乐美奶茶所主打的目标消费群是女大学生，伴随着亚洲天王周杰伦的那句"你是我的优乐美啊"，打动了很多少男少女的心，让大家快速地知道了这个品牌，顺利打开了市场销路。

项目点评

（1）名字要告诉用户我是干什么的。听到这名字就能猜出它是干什么的，明显节省了传播成本。比如滴滴打车，一看名字就知道是用来打车的。

（2）名字要通俗易懂，容易传播和书写，切忌使用生僻字。像优乐美多容易记忆，而且便于书写，但像人脸识别项目"双髻鲨"中的"髻"，就不容易书写。

（3）公司名字要符合公司所处的行业和领域，不要和其他公司的名称产生混淆。比如刚才介绍的创业项目"脸宝儿"，一下就记住了是人脸识别领域。

（4）寻求客户心智中的空位（根据市场细分＋差异化，从客户心智中挖掘需求）。

"大姨妈"的名字可谓简单粗暴，但是满足女性的实际需求，"大姨妈"的创始人柴可被调侃为"国内最懂'大姨妈'的人"，人送外号"大姨夫"。资本方的青睐似乎是其"最懂'大姨妈'"这一名声最好的佐证。

（5）在同质化竞争时代，品牌名称可能是唯一重要的差异化。

和"大姨妈"类似的 APP 还有很多，如美柚、经期助手、经期管家等，但是在 360 手机助手的经期管理类 APP 中，下载量最高的是"大姨妈"，其次是美柚，只有这两款 APP 下载量超过千万次级，其余经期管理类 APP 只有几百万的下载量，所以说在产品同质化的竞争时代，品牌名称可能是唯一重要的差异化。

总结：笔者在百万菁英创业分享会、百万菁英创业门诊等辅导过程中，看到很多的创业项目名称不是很理想，这个需要创始人在刚开始命名创业项目名字的时候，一定要多倾听品牌专家的建议，毕竟一个项目名称在早期更换名字还容易，如果企业做到一定规模再更改，付出的代价就会比较大。

5.3　打造品类细分市场第一品牌

5.3.1　细分市场的重要性

如今流行打造爆款产品的说法，爆款产品都是在细分市场领域中脱颖而出的，在产品高度同质化的今天，打造品类细分市场第一品牌才有机会获得成功，就如同大家都知道世界第一高峰是珠穆朗玛峰，世界第二峰就未必人人都知道一样的道理。

市场细分（Market Segmentation）的概念最早由美国营销学家温德尔·史密斯（Wended Smith）在 1956 年最早提出，此后，美国营销学家菲利浦·科特勒进一步发展和完善，并最终形成了成熟的 STP 理论。STP 理论中的 S、T、P 分别是 Segmenting、Targeting、Positioning 三个英文单词的缩写，即市场细分、目标市场和市场定位的意思。

市场细分是指营销者通过市场调研,依据消费者的需要和欲望、购买行为和购买习惯等方面的差异,把某一产品的市场整体划分为若干消费者群的市场分类过程。每一个消费者群就是一个细分市场,每一个细分市场都是具有类似需求倾向的消费者构成的群体。

为什么要细分市场? 顾客需求的差异性要求企业根据消费者需求的不同,把市场分为"同质性需求"和"异质性需求"两大类。消费者需求的绝对差异,造成了市场细分的必要性;消费需求的相对同质性则使市场细分有了实现的可能。

市场细分是一种依据消费者消费观念、消费目的、消费水平、审美取向等方面的不同而采用的一种市场分类方法,它不是对产品进行分类,而是对同种产品需求各异的消费者进行分类,是一种识别不同需求的消费者或消费者群的活动。

举个例子,口香糖是我们常用的物品之一,如果按照消费人群进行细分,可分为少儿口香糖、成年人口香糖、老年人口香糖和白领口香糖,针对不同年龄段的消费群体,推出口味不一样的产品,市场细分表面看是人群的细分,其本质是需求的细分。

路径 5-4：　陌生人社交第一品牌"陌陌",仅用 3 年时间就上市

项目介绍

在互联网时代,打造细分市场的爆款产品比比皆是,比如陌生人社交第一品牌"陌陌"。陌陌创始人唐岩曾效力网易 8 年,2011 年 4 月升任为网易总编辑,4 个月后离职创办陌陌科技。

陌陌是在 2011 年 8 月上线,那个时候,国内的社交产品格局中,QQ、微博、人人网、米聊等社交软件风头正盛,在后续的发展中,熟人社交被腾讯系的两大超级软件微信和 QQ 垄断。我国网民数量高达 7.7 亿,几乎每个人的智能手机上都下载了微信软件。众所周知,社交软件是流量的聚集地,但是在红利散尽的社交市场,再想通过熟人社交抢占市场份额,已几乎没有可能,所以唐岩将目光盯向了陌生人社交领域,唐岩认为通过网络去认识一些原本不在你现实生活轨迹中的人,这种社交行为会越来越频繁。

随着人人网、米聊等逐渐淡出大众视野,陌陌却得到了快速发展,迅速完成了用户积累,在 2014 年 2 月,其用户数突破 1 亿,2014 年 12 月 11 日,成立仅 3 年时间的陌陌就在美国纳斯达克交易所挂牌上市,陌陌上市时市值约为 25 亿美元,创始人唐岩身价随之水涨船高达到7 亿美元。2014 年 10 月,唐岩被《财富》杂志评选为"全球 40 位 40 岁以下的商界精英"之一。

如果只是单纯地把陌陌定义为交友软件,未免有点狭隘。陌陌也可以用在商业领域,有一个北京出租车司机也是陌陌资深用户,被上千人关注,每天收到一大堆约车信息,然后他根据显示的距离远近选择拉活的对象,在车上就可以达成最优绩效,每月收入轻松上万。

项目点评

随着陌陌的快速发展,陌陌主打陌生人社交的基调没有更改,引入手机游戏、兴趣社交、直播等功能。尤其是在 2016 年,陌陌发力直播成为移动直播市场的一匹黑马,成功打造泛娱

乐＋泛社交的模式。2018 年 2 月,陌陌 44 亿人民币全资收购第二大陌生人社交平台探探,成为 2018 年重大收购第一案。陌陌收购探探后等于是垄断了国内陌生人社交的细分市场,美团网王兴曾说过,"世界上最好的商业模式是垄断,互联网巨头做开放平台的目的,是为了更大的垄断。"

从品牌营销的角度来看,无论如何传播品牌,在某一点上只要做到极致,就能与某种"最"关联起来,品牌效应就容易脱颖而出,所以要通过创造品类细分市场的方法,成为人们心智中的"第一"。

5.3.2　建立用户画像

市场细分首先要建立用户画像,一个创业项目之所以有价值,就是因为能解决某些问题或者行业痛点,是否能真正赢得用户的认可,创业项目是解决用户的"刚需"还是"伪需求",需要进行真正的实际调研,要真实了解用户,要对用户需求做精准的分析,即建立用户画像。

用户画像就是要分析目标用户的社会属性、生活习惯、消费行为等主要信息,从综合数据中抽象出目标用户的商业全貌,它能够帮助创业企业快速找到精准用户群体以及用户的真实需求。

通过对目标群体进行持续深入的用户行为的洞察后,该用户群体的画像变得清晰起来,这样就能帮助创业企业了解用户群体具备的特征:

- 他们是谁?
- 他们的行为特点有哪些?
- 他们的偏好是什么?
- 他们的潜在需求和行为喜好是什么?
- 创业项目如何真正满足他们的需求?

5.3.3　刻画产品使用场景

当一个创业项目找到精准的用户群体和用户需求以后,如何吸引目标用户成为你的客户,成为你的忠实粉丝,这个时候就需要刻画一个产品使用场景,让用户能够对此感兴趣,进而能够对产品产生使用欲望。比如上班路上与在办公室、超市购物与电影院都是截然不同的产品使用场景。建立产品使用场景能够让企业理解用户使用产品的活动过程,发现问题与需求,如图 5-4 所示。

5.3.4　提高目标用户的参与感、归属感、成就感

当用户购买一件商品,决定的因素有很多,如价格、品牌、外观、售后等,随着国人消费能力水平的提升,消费心理在这几十年也发生了巨大的变化,从最早的功能式消费,到后来的品牌式消费,到前几年流行起来的体验式消费,到近几年出现全新的消费方式—参与式消费。

在物质匮乏的年代,人们的消费都是为了满足功能性的需求,比如在 20 世纪 90 年代初,

家庭固定电话对普通百姓来说仍然是可望而不可即的,家里能够拥有一部固定电话既是小康的标志,后来又出现了传呼机;随着社会的发展,商品的日益丰富,广告行业迅速崛起,品牌成了商业世界的核心因素,例如当年手机行业的王者诺基亚,就是手机的代名词,一度占据全球手机市场份额40%,超越了其他诸多的牌子,取得了前无古人的市场占有率,在其他行业,品牌知名度也曾使许多产品有过无比辉煌的历史,但随着体验式消费的到来,这些品牌基本都销声匿迹。

图 5-4　场景营销中的用户标签

体验式消费时代的来临,使得超级市场等卖场逐步取代传统的百货商店,各种体验店如雨后春笋般出现,产品开发越来越重视用户的体验,而随着体验式消费的深入,全新的参与式消费应运而生,用户逐渐影响并参与产品的研发和市场运营,产品不再是单向的传递,而是双向的互动,C2B的理念日渐深入人心。

小米联合创始人黎万强说过,在企业运营过程中,应该构建参与感,把做产品、做服务、做品牌和做服务的过程开放,让用户参与进来,建立一个可触碰、可拥有、和用户共同成长的品牌。

路径 5-5： **小米粉丝的参与式消费,缔造了小米的商业传奇**

项目介绍

小米成立迄今八年,2018 年 5 月 3 日,小米向港交所递交了上市申请,根据时间表,小米公司最快 6 月底至 7 月初在港股挂牌上市,目前投行给小米的估值在 700 亿美元,小米上市后有可能突破 1 000 亿美金市值。小米在不到三年的时间里,跻身百亿元俱乐部,这个成绩在全球创业公司中是绝无仅有的,缔造这个商业神话的就是米粉。

小米公司首创了用互联网模式开发手机操作系统 MIUI,早期就有 60 万发烧友参与了开发改进,小米让大量用户参与进来,小米工程师通过小米论坛、米聊或微博等工具和米粉一起讨论产品,一起参加线下活动。从 2010 年 8 月 16 日首个内测版发布至今,MIUI 目前已经拥有国内外 2.8 亿用户。2011 年 12 月 18 日,小米手机第一次正式网络售卖,5 分钟内 30 万台售完,小米手机一夜闻名全国,小米面向普通消费者开发出高性价比的发烧机,小米手机凭借着超高配置和便宜价格迅速俘获了人气,迅速占领了手机市场。小米在早期的做法就是让产品线聚焦在手机领域,只做一个产品线,并且要做到第一,形成规模效应,避免资源分散而导致参与感难以展开;让员工和用户获得荣誉和利益,让他们成为产品品牌的粉丝,使参与感可持续发展。直到 2014 年小米的产品涵盖了手机、平板电视、盒子、路由器等全方位发展。

小米还把公司成立日 4 月 6 日命名为米粉节,为了感谢米粉对小米公司的支持和厚爱,每年都要在 4 月 6 日的前后举办答谢米粉们的狂欢活动。2018 年是小米成立 8 周年,小米开启了为期 8 天的狂欢模式,仅 4 月 3 日一天就创下 30 万人疯抢小米旗下小爱音箱 mini 的佳绩。

在这里笔者也加入一个小插曲,笔者作为好品牌科技网(原高清家电网)总编辑,经常要参加科技企业的新品发布会,以往的发布会形式都是领导做前排,媒体做中间,结果第一次参加小米发布会的时候,没想到前五排全是密密麻麻的米粉,媒体席位是后面,也没有给重量级嘉宾预留位置。第一次参加这样的发布会还有点不习惯,毕竟在国人心目中座位是要论资排辈的,小米发布会现场的感觉是米粉比嘉宾和媒体都重要。当然了,参加次数多了也就习惯了,接受了小米的粉丝文化,小米粉丝对小米产品的热爱,从发布会现场的尖叫声就能感受出来,那种热情能让你感觉到这不是科技企业的发布会,更像是一个明星粉丝见面会。

项目点评

小米是中国第一家只用七年时间完成从零到 1 000 亿收入规模的公司,成为中国成长最快的公司。那么小米的核心资产是什么?是性价比极高的产品,还是各地的小米门店?在笔者看来小米的核心资产是"米粉"!雷军说过一句话:"小米的正业就是做米粉喜欢的东西,米粉喜欢的东西就是我们的正业"。

小米的生命力是建立在 2.8 亿活跃用户的基础上,有了这样一个平台,小米可以从应用端获得设计创意,现实痛点,解决方案和大量口碑,也可以以投入大量的产品线获得收入增长。"和用户交朋友,做用户心中最酷的公司"充分说明小米从产品设计、技术开发到产品进入市场,全生命周期都在用户的参与基础上。2018 年 4 月 25 日,小米在武汉大学召开了发布会,雷军在发布会上宣布:"小米手机的硬件综合净利润率永远不会超过 5%,如有超出的部分,将全部返还给用户。"雷军的方法就是用最具性价比的价格把消费者吸引到小米的体系中来,从而通过互联网服务赚钱。

小米是一家少见的拥有"粉丝文化"的高科技公司,"米粉"不但遍及全球、数量巨大,而且非常忠诚于小米的品牌,所以小米联合创始人黎万强总结出小米是通过米粉"参与感+归属感+成就感"来引爆网络的。

路径 5-6: 创业初期,滴滴是如何累积第一批种子用户的

项目介绍

滴滴创始人程维,是典型的草根逆袭发家之路。程维在 2005 年进入阿里巴巴旗下的

B2B 公司从事销售工作,后来因为业绩出色晋升成为区域经理,在阿里内部程维认识了人生中的第一个贵人,当然不是马云,是自己的上级领导王刚。2012 年 6 月程维创办滴滴,自己当时只有 10 万元积蓄,王刚投了他 70 万元。草根创业融资,第一笔资金很难从 VC 拿到,因为你还没有名气,外面的人不了解你,所以第一笔融资大多来源于你的父母、亲朋,或者工作上的领导,因为这些人了解你,特别是你的直属领导,他们了解你的工作能力。所以在公司好好干,干出点名堂来,这也是给日后创业打下一个好基础。当然,王刚的这 70 万元,后来获得了 35 亿元回报,所以王刚说"遇到我是程维的运气,遇到程维是我的福气"。

　　滴滴打车一开始只在一个城市——北京,验证自己的商业模式。2012 年 7 月,正是北京的炎热的时候,程维和他的创业小伙伴们开始到出租车公司联系合作,结果一次次无功而返。直到 8 月,一个在北京郊区昌平、只有 200 辆车的银山出租车公司,允许程维在司机例会上演讲 15 分钟介绍产品。那场推广会有 100 个司机在场,但只有 20 位有智能手机,最后只有 8 位司机安装了客户端。不管怎么说,总算有司机愿意体验了,程维和银山出租签了一份合同,程维拿着这份合同给其他出租车公司看——人家都做了,你们也可以尝试一下啊! 就是这样,滴滴敲开了第二家、第三家公司。

　　2012 年 9 月,滴滴打车上线,有 500 位司机安装了客户端,但是上线亮灯的只有 16 个,第二天,又灭了 8 盏。因为司机有 APP,但是乘客没有,司机拉不到活儿,就觉得自己被骗了,程维又决定给司机流量补助,一周 5 元留住司机用户。面对没有订单的情况,程维就找人去打车,给了一个员工每天 400 块钱,让他绕三环打车。当时还特意嘱咐:不要去昌平,资金有限,省着点花。就这样,滴滴慢慢积累了第一批种子用户。后来程维又在微信上认识了金沙江创投的朱啸虎,融到了 300 万美金,后面它的发展历程大部分人应该都知道了。

🐾 项目点评

　　我们要学习程维的不放弃精神,当然更要学习他为了解决实际问题的应变能力,从身边小事做起。对于早期创业企业来说,面对的问题就是没钱、没流量、没用户,如何迅速找到种子用户?

　　首先,你的产品要对目标客户群体有价值,要能为他们解决什么痛点或者需求,这样才容易建立用户黏性。

　　其次,要重视社交媒体渠道,如微信群、QQ 群、贴吧、豆瓣、天涯,这些聚集大量用户的平台。假如你做的是一个健康创业的项目,建立几个 500 人的微信群或者 QQ 群,每天定期介绍相关的健康知识来凝聚大家,时间久了大家认可你的观点、专业度后,会逐渐地给群外的小伙伴推广你的创业项目,鼓励大家积极参与到其中。得到了很多小伙伴的响应后,以后版本在更新迭代的时候,大家都会踊跃地提出自己的看法和建议,这对于完善初期产品会起到非常大的帮助。

　　再次,要重视亲友团的力量。创业不是一个孤零的事件,创业是整合身边资源的过程,当创业项目上线时,把同学、朋友、家人以及同事,这些原本就铁杆的朋友引入到 QQ 和微信用户群。前期的时候,这些铁杆朋友在群里的活跃和管理是非常重要的,亲友团的意义不在于数量而在于质量。

5.3.5　市场细分是品牌发展的必经之路

一个品牌如何在千军万马中寻找突破，树立独特的品牌个性和发展道路？市场细分是品牌建设的必经之路。

1. 细分市场品牌竞争对手少

细分市场是竞争对手没有关注和重视，品牌才有发展的机会，只有潜心在细分市场不断创新和发展，才能让品牌走上快速发展之路。

2. 细分市场品牌才能第一

走与众不同的发展路径，才能在品牌中独领风骚。"王老吉"品牌独靠一瓶红色凉茶打败可口可乐；格力独靠空调打败美的、海尔等。

3. 细分市场品牌才能聚焦

聚焦能让品牌深入人心，聚焦才能创新，聚焦才能全力以赴。只有聚焦，企业才不会分散精力，避免走弯路。

4. 细分能树立品牌独特差异性

产品同质化的今天靠价格战吸引用户和消费者，在需求不景气和市场乏力的时候，企业的各种问题就会出现，销售碰到瓶颈，增长乏力，这是因为品牌没有个性，不能让品牌占据用户的心智。所以，京东的投资人、今日资本总裁徐新女士说："要做细分品类第一，占领用户心智才能有壁垒。"

5.3.6　单点爆破——品牌崛起之道

什么是爆品？

爆品就是引爆市场的口碑产品，甚至只是一款产品。所谓爆品战略，就是找准用户的需求点，直接切入，做出足够好的产品，集中所有的精力和资源，在这一款产品上做突破，迅速引爆用户口碑，从而实现单点突破和赢得市场。中国不缺产品，缺的是爆品，互联网创业企业最核心的打法就是做爆品，单点突破，像腾讯、360、小米等都是做爆品的专家。

路径 5-7：　　雷军靠顶级单点爆破思维成为赢家

项目介绍

雷军曾说过："在当今的互联网时代，要想成功，必须要做出爆品，有引爆市场的产品和策略。"

小米的成功，很重要的因素就是采用"爆品战略"，对用户"痛点"和"刚需"的把握非常精准，小米从最初的"为发烧而生"、强调性价比，到变得更加注重工艺和设计，推出一系列包括小米手机、小米移动电源、小米手环、小米音响、小米电饭煲、小米电视等产品。

举一个例子，小米手环出现之前，手环市场价均在 600 元以上，小米手环直接降到 69 元，超高的性价比，一举成为全球出货最大的智能穿戴单品。小米推出的 10 400 mA 的大容量移动电源，售价却仅为 69 元，推出后第一年就创造狂卖 2 000 万台的惊人纪录，对移动电源行业造成颠覆性冲击，典型的单品绝杀。

小米手机是小米最重要的杀手锏，众所周知，手机是市场竞争非常激烈的行业，经过十几年的发展，经历了一次又一次的重新洗牌，倒下了一批又一批的品牌，但是小米作为后进入者，2011 年才出现的一个手机品牌，不到一年就成功杀出了一条"血路"，销量远远超出了其他手机品牌，具体数字如下：来自小米内部的资料显示，小米 2011 年手机出货 30 万台（小米一代手机）；2012 年，小米手机产品出货 719 万台，同比增长约 24 倍；2013 年，小米手机产品出货 1 870 万台，同比增长 260%；2014 年，小米手机销量达到 6 112 万台，同比增长 227%；2017 年的小米手机已出货量超过 9 000 万台，2018 年小米手机总销量有望达到 1.2 亿台或 1.5 亿台。在小米发展的八年时间里，小米手机的销量呈现爆炸式的增长。

雷军曾说过，在互联网效率的时代，首先你有没有能力做出爆品，这是最关键的。因为爆品就意味着流量，就意味着口碑，就意味着销售额，就意味着效率。

项目点评

小米联合创始人黎万强，曾总结过小米做爆品战略的五个手段：

（1）加强用户在产品开发、测试和迭代中的参与感，简言之，就是让用户与产品一同成长。

（2）产品改进中根据热度定义优先级，所谓热度当然是指媒体热度、舆论热度和口碑热度。

（3）围绕用户体验进行产品设计。

（4）敢于把自己逼疯才能做出极致的产品，这是小米不断告诉媒体的内部秘密。

（5）让用户和团队的互相激励成为一种常态。

小米的产品研发设计都遵循类似的思路，创造出设计感极佳的造型，性能比同等价位高出较多，价格是成本价加上有限的利润，产品标准化，尽可能消灭中间的流转环节和库存耗费的成本，迅速建立起销量优势和品牌优势，这种典型的爆品战略，小米即使成为知名品牌后，仍坚持为"发烧"而生的设计理念，主打低价、高配置、性价比超高的产品没有改变。品牌营销的本质就是在产品同质化的情况下追求差异化，在消费者的心智中留下独特的烙印，小米深刻地做到了这一点。

5.3.7 借势造势——品牌腾飞的翅膀

所谓"借势造势"，就是指企业举办相关活动，或者搭上热点话题、热点人物、热点事件，借助人物、事件等本身的社会效应，再通过大众传播媒介的报道造成对自己有利的声势，以达到推广企业品牌和产品的目的。犹太经济学家威廉立格逊曾说过，一切都是可以靠借的，可以借资金、借人才、借技术、借智慧。这个世界已经准备好了一切你所需要的资源，你所要做的就是用运用智慧把他们有机地组合起来。所以，对于创业者来说，单点爆破是品牌崛起之道，借势造势是品牌腾飞的翅膀。

路径 5-8: 借势高手杜蕾斯的文案之妙

项目介绍

论借势造势的高手,莫过于杜蕾斯。2011 年 6 月 23 日,北京突降大雨,导致北京交通陷入拥堵,正好是下班时间,许多上班族都无法回家,只能在办公室刷刷微博,或者看看新闻。杜蕾斯微博团队有人调侃说,不想把新买的球鞋弄脏,不如用杜蕾斯套鞋回家。杜蕾斯微博总监觉得这个创意不错,先进行简单的拍摄修饰后,利用团队成员私人账号发布此微博,然后由杜蕾斯评论。该微博一经发出,20 分钟后杜蕾斯成为微博热门话题排名第一,一个小时内转发过万,成为当年经典的营销案例,一场京城大雨也能被杜蕾斯巧妙借用。

2012 年奥运会,刘翔旧伤复发,跨栏摔倒,但坚持走完全程。杜蕾斯对此发出如下微博:最快的男人并不是最好的,坚持到底才是真正强大的男人!结合刘翔因伤失利却仍旧坚持比赛的事件来说,显得合情合理又充满人文关怀,"最快""坚持到底"简单的话语却内涵十足,实在是佩服文案之高。

项目点评

类似上述这样的借势营销,是杜蕾斯的几个经典之作。及时借用北京大雨的话题,杜蕾斯官方微博通过对产品用法的创新,利用玩味的方式巧妙地进行品牌传播,充满趣味和创新,同时又展示出产品的弹性好、不易破损的品牌特性,品牌传播的效果出奇的好,让网民对杜蕾斯的好感度不断攀升。我们经常能看到杜蕾斯成功登上微博热门话题,引发广大网友的关注和互动,总的来说,实时性和创新的方式是杜蕾斯品牌营销成功的关键。

路径 5-9: 以小博大,吉利收购沃尔沃实现李书福全球品牌梦

项目介绍

品牌借势是更高层级的营销之道,比如吉利的李书福。李书福白手起家,21 岁的李书福带着 2 000 块钱开始了创业,中间开办过电冰箱厂,造过摩托车。1997 年李书福进入汽车行业,1998 年 8 月吉利生产的第一辆汽车面世,开启中国民营造轿车的先河,2001 年,吉利成为我国首家获得轿车生产资格的民营企业。李书福认为,不能简单地学日本人和韩国人,他的理念是"做老百姓买得起的好车",从 1998 年到 2001 年这个过程,李书福度过了常人想象不到的艰难。

随着我国经济迅速发展,居民收入水平显著提高,中国已经成为全球奢侈品第二大消费国,更多的高端汽车品牌进入中国市场,在顶级豪华汽车品牌中,奔驰强调的是舒适性,宝马注重的是车辆的操控性和驾驶乐趣,所以就有了"开宝马,坐奔驰"的顾客认知。沃尔沃在与奔驰、宝马、奥迪等豪华车的竞争中,留给消费者心智中最深的认知就是"安全"。中国的汽车工业起步比较晚,尤其是在品牌和技术方面和国外品牌相比,差距很大。李书福知道,要想快速赶上、超越国外知名品牌,最便捷的办法就是资本收购,也就是品牌借势。

2002 年,李书福在一次内部会议上,第一次表达了想收购沃尔沃的想法,当时的吉利还很弱很小,公司内部也没人把他的这番豪言壮语当真。后来金融危机爆发和不断走低的美国汽车业,给了李书福机会,2007 年初,穆拉利从波音来到福特担任 CEO,随即提出了"OneFord"的战略,决定出售旗下包括沃尔沃在内的多个品牌。密切关注沃尔沃的李书福立刻出手,2007 年 9 月,李书福通过公关公司向福特阐明了收购沃尔沃的想法。经过一系列的艰苦谈判,历经三年之后,2010 年 8 月,吉利以 18 亿美元获得沃尔沃轿车 100% 的股权以及相关知识产权,这是中国汽车史上目前最大的并购案。

李书福是这么说的:"吉利与沃尔沃的最终目标,就是在提升吉利汽车的研发能力、技术创新能力的同时,让沃尔沃公司的产销规模、全球竞争力得到提高。吉利收购沃尔沃,必须要达到吉利汽车和沃尔沃汽车双赢的目标。"

如今,吉利的自由产品不断走向世界,在中东、东欧、南美、非洲等发展中国家取得非常大的成就,数十个海外生产基地的落成,帮助吉利进一步巩固海外市场,加之吉利旗下的沃尔沃品牌的影响力,极大地增强了吉利品牌在国外的号召力。尤其是沃尔沃在发达成熟市场的固有地位,随着吉利的质量提升,吉利进入成熟的欧美市场只是时间问题。

项目点评

吉利之所以重金收购沃尔沃,看上的就是沃尔沃的品牌价值和核心技术。在收购沃尔沃之前,吉利就已经开始了从低端品牌向中高端发展的战略转型,李书福的梦想不仅仅是中国市场,他想打入全球汽车市场,所以品牌借势成为李书福的最佳选择。这和柳传志谋划的当年联想成功收购 IBM PC 业务的想法一样,但是小品牌收购大品牌的难度也可想而知,没有足够大的魄力和抱负是难以胜任的。如今沃尔沃与吉利共同成立研发中心,这对于吉利的品牌提升,具有极大的帮助作用,随着时间的推移,这种正面的影响力会越来越大,最终帮助吉利品牌整体升级。

李书福在一次演讲中曾说:过去这么多年的创业经验、教训告诉我们,要想取得成功的创新,要想达到成功创业的目的,这个过程中一定要做好接受磨难,和剥几层皮的心理准备,遇到挫折、失败,要有坦然面对的气度,只有带着一颗平常、感恩之心,在一条正确的道路上,持之以恒的顽强拼搏,这种创业、创新才能够取得巨大的成功!

5.4　品牌传播方法论

5.4.1　品牌传播内容

前文介绍了小米粉丝的"参与感＋归属感＋成就感",前期小米并没有通过大面积的打广告来做营销,但是同样获得了米粉极大的支持,小米品牌营销成功有很重要的两点,第一是和米粉互动做好产品,第二是靠米粉的口碑做传播和营销,当然前提是小米的产品的确很棒。

对于初创企业来说,因为品牌没有足够的号召力,所以前期不会有那么多粉丝,所以,这个时候创业企业传播品牌的内容主要集中在创始人专访、产品评测、线下活动、用户口碑等方面。因为产品面世后，需要不断地通过线下活动和产品评测以及用户口碑来制造话题。

另外，创业企业每天都会发生很多故事，把这些看似平凡的事情加工提炼，整理成有故事、有情怀的创业故事，通过微信群、微博、今日头条等自媒体平台以及创业媒体、门户媒体等平台发出去，来提高在业内的知名度是很不错的办法。

5.4.2　品牌内容传播通道

1）开通微博、微信、QQ 等社交平台，积累原始人气

微信平台有微信公众平台、微信个人号、微信群。微博平台有企业官方微博、CEO 个人微博。通过优质内容生产（如朋友圈疯传的创意 H5）、推出微信营销活动，利用社会化媒体的自传播性，通过网友的转发分享，实现品牌传播和粉丝互动。

2）利用好问答平台

现在问答平台主要有知乎、百度知道、360 问答、悟空问答等，回答问题的方式主要是两类：一是主动回答式，就是通过百度知道等搜索其他用户的提问来回答，二是自问自答式，就是自己提问自己回答。

其中百度知道是目前最大的问答平台，百度知道上的用户多为普通网民用户去搜索某个问题，在回答问题时要有一定的专业度和客观性，尽量把最具有相关度的内容用简短文字描述出来，借用别人的力量提升知名度。

3）利用好百科平台

百科平台有百度百科，360 百科、互动百科。百科对企业信任度的累积很重要，建议创业者要做好公司的企业百科。

4）利用好短视频平台和直播平台

利用好秒拍、美拍、火山小视频等短视频平台和映客、花椒、一直播等直播平台。

短视频传播内容具有短、平、快的特点，如今短视频和直播成为当下最火热的营销手段，尤其是秒拍、美拍、火山小视频等用户量都过亿，日播放视频超 10 亿，营销的方式虽然五花八门，但是创意和内容却是永远不变的主题，所以精心策划一个和创业项目相关的极具创意的短视频，其传播速度相当的惊人。

5）利用好自媒体平台

如今有头条号、一点号、网易号、微信公众号、百家号、搜狐号等主流自媒体平台，这几大平台客户端的用户体量都很庞大，尤其是今日头条日活用户已达 1.2 亿，自媒体入驻是免费的，如果运营得好，能为企业品牌带来非常好的效果。那么如何通过自媒体推广企业品牌？关键在于内容，假如你是做健康类的创业项目，那么就要专门讲健康养生，用专业的养生知识来聚焦关心健康的用户。

6）利用好权威媒体和垂直媒体平台

如果创业项目要开新闻发布会，比如邀请新浪、搜狐、人民网、新华网这些门户媒体以及

垂直类媒体是必要的。在这个用户注意力稀缺的时代,召开发布会是企业向外传播信息的绝佳方式。媒体的权威性让你的企业品牌在更大的平台得到绽放,而且通过百度、360 等搜索平台,每一次的新闻发布会都会在网络上留下永久的记忆。所以不要把新闻发布会当作一个孤立的点,事先的充分预热、当天的集中爆炸和释放、事后的持续推波助澜和发酵,都是新闻发布会要达到的效果。

路径 5-10: 江小白如何迅速抓住年轻人的心

项目介绍

在今天市场的创新品牌中,江小白品牌的成功运作是打造用户品牌归属感非常鲜活的标杆案例。

江小白是 2012 年 3 月在重庆成立的品牌,从成立公司到业内打响"我是江小白"这个品牌,仅用一年时间,创造了白酒行业的奇迹。我国是白酒消费大国,目前国内大约有 2 万家酒厂,前 100 家酒企的规模占据整个酒行业的 90%,可想而知竞争的激烈程度。

从消费群体细分来看,白酒的目标消费群体是在 40 岁以上,40 岁以下的年轻消费者,尤其是 80 后 90 后,更喜欢喝洋酒、啤酒和红酒,这就注定了白酒的消费有断层,因此江小白的市场定位目标是 80 后和 90 后的年轻人,主打青春牌。

在品牌宣传上,江小白走的是与传统白酒"高大"的形象截然不同的路线——"文艺屌丝"路线。江小白产品没有豪华的外包装,经典的小瓶装产品,就是为三五个同学、朋友小聚所打造的,满足这种小型的社交需求。面对新生代的口味趋势,年轻人真正喝酒是因为情绪需求,饮酒快乐源自于我们对于情绪的需求。比如三五个同事之间、朋友之间、同学之间的非商务应酬,(小聚);彼此不拼酒,点到为止,讲究适度(小饮);这种小聚还具有经常性与偶然性(小时刻);小聚需要喝点江小白来助兴(小心情),以上"小聚、小饮、小时刻、小心情"就是江小白的四种消费场景,江小白成功地塑造了一个产品在某一个场景下成为标配的市场需求,江小白的表达瓶,就是去满足用户情绪表达方面的需求。江小白的表达瓶,寥寥数语抓住了 80 后、90 后年轻人的心。看着江小白酒瓶上面字字灼心、句句经典的话语,你认为这还是酒瓶吗?这简直就像一个极具创意的广告公司,就相当于抒发内心深处情感的通道一样来抚慰消费者的情绪。

项目点评

江小白的快速成功,一方面源于江小白创始人陶石泉在白酒行业积累了 10 年的工作经验,对于该领域有深刻的认知,比如他把目标用户定位 80 后、90 后;另一方面,陶石泉曾任金六福的公关总监,所以他本人极其重视在品牌推广方面的创意,江小白瓶子上面短小精悍的个性化语就是一种独特的宣传。江小白的宣传平台是通过新浪微博和电视剧中的软广告进行,传播速度快,费用少。利用微博作为线上互动工具,组织线下活动,善于制造引发粉丝主动转发的传播点,与线上形成互动,增强粉丝黏性。

5.4.3　创业公司打造品牌力的五个关键要素

（1）创业 CEO＝企业初期的品牌力

对于创业企业 CEO 来说，公司处于企业初级阶段或者成长阶段，把品牌的实施推广作为企业最重要的事务之一，要亲自抓！你重视了，你的团队才能更重视！聚美优品 CEO 陈欧"我为自己代言"就是一个非常典型的案例。"陈欧体"广告推出后获得极大成功，直接为聚美带来了大量的经济效益，陈欧也直接成为明星创业家。

（2）创业 CEO 出场站台已成必备能力。这是一个站台的时代，今天的企业领导人，出场站台已经是一个必备的能力，否则你的宣传成本可能是对手的好多倍。在我国企业家中最会演讲的莫过于阿里巴巴董事局主席马云。

（3）把产品的优势提炼出来，能在一两分钟就说出创业项目的核心优势。

（4）讲好品牌故事。每个创业企业都有一段不为人所知的创业史，经过挖局和整理，形成一个概念清晰、思路完整、特色鲜明的品牌故事，然后向创业企业的受众群体广泛传播，通过品牌故事给目标受众烙上一层深深的印记。就像当年"海尔张瑞敏砸冰箱事件"，从而让消费者更了解、更亲近这个品牌，增加了品牌信任感，提升了品牌美誉度。

（5）设计品牌情感链接。江小白的表达瓶，正是通过寥寥数语紧紧抓住了 80 后、90 后年轻人的心，成功做到了用品牌来链接用户情感，打造出了极强的品牌归属感。

（6）快速的品牌传播方式。品牌传播方式最快的速度，莫过于采用媒体矩阵的方式，就是把品牌传播通道的六种方式进行组合叠加应用。

路径 5-11：　"零成本营销"——马云演讲传播阿里巴巴品牌

项目介绍

马云引领着互联网的潮流，他是一个讲故事的高手，更是一位潜能激励大师。让我们来看看 2017 年 6 月 21 日，在美国底特律的"美国中小企业论坛"上，马云是如何征服台下 3 000 多名来自美国中小企业界的老板的，马云的演讲主题是"请重新发现中国"。

马云在演讲中举了一个例子，加拿大龙虾由于当地市场消化不了，求助于阿里巴巴，结果在双 11 仅 1 天就销售了 97 000 只加拿大龙虾，并在 72 小时内将龙虾从加拿大运到中国家庭的餐桌，3 个星期后，加拿大当地就没有龙虾了！马云说，中国人每年要吃掉 6 亿头猪，70 亿只鸡，在美国超过 100 万人口的城市，不到 10 个，而在中国多达 102 个。毫无疑问，中国将成为世界上最大的消费市场。所以马云告诫这些美国老板们，"如果你错过中国，那么你就一定错过了未来"。

当马云演讲结束后，一名加拿大啤酒商急着回去备货，他想到马云说中国一年要消费 70 亿只鸡，做啤酒烤鸭，那得需要有多大的啤酒消量啊！和这名加拿大啤酒商有同样感受的企业家们都在惊愕，因为马云说的那一系列巨大的数字背后，这意味中国有世界上最大的消费市场。马云的演讲让美国的这些老板们激动万分，心里只有一个念头：赶紧行动，到中国去！

　　马云在美国底特律为中小企业家的演讲取得巨大轰动效果,就连中国企业教父——柳传志也发表千字文章点评马云的演讲:"我为中国企业家们骄傲"!表达自己对中国企业家群体在国际舞台崛起的骄傲之情。美国农业部也特意发了贺信感谢阿里巴巴让美国企业了解中国,让他们重新发现中国!

项目点评

　　马云最牛的不是管理,也不是技术,而是演讲,他通过演讲的方式来传播阿里巴巴品牌,这一做法被写入了哈佛商学院的案例集,并将其命名为"零成本营销"。马云的一场演讲,胜过上百万上千万的广告推广费用。我们虽然没有马云那么强大的演讲魅力,但是讲好我们的品牌故事,把我们的产品优势能在一两分钟就说出来,这是一个创业企业 CEO 应该具备的基本能力!

　　马云是我们很多人的创业偶像,他的创业成功,给我们带来了很大的激励作用,马云说过:"创业者光有激情和创新是不够的,它需要很好的体系、制度、团队以及良好的盈利模式"。所以创业者在企业实力弱,宣传不足,没有品牌优势时,作为创始人一定要清楚:品牌建立需要耐心,需要时间和过程,更需要不断积累!

第 6 章　创业融资：资本、估值、融资、商业计划书

6.1　资本的逻辑

6.1.1　资本的规律

到底什么是资本？有人说是资金，有人说是资源，都对，但不全面。"资本"泛指一切投入再生产过程的有形资本、无形资本、金融资本和人力资本，以及可支配的资源。

资本可以助推社会经济发展，与科技、市场共同构成了经济增长的动力源泉。甚至，资本是社会经济发展的引擎，毕竟再尖端的科技成果也需要资本的持续投入，才能转化市场价值。再广阔的消费市场也需要资本的不断引导和培养。资本的力量推动了工业革命，使人类文明进入新纪元。在最近几十年移动互联网、人工智能、大数据、云计算、区块链等革命性技术的背后，无一不有资本的力量闪现。

资本可以刺激经济增长，有利于实体经济的发展。同样也能引致通货膨胀，偏离实体而偏好虚拟经济，让社会处于浮躁不安状态。用钱生钱的方式获取利益是资本的本质，逐利就是资本的天性，也是人趋利避害的本性。逐利本身没有错，但是对于社会而言，让资本更多地服务于实体经济发展，而不是自我膨胀，从而更大地发挥资本的积极作用，这是资本未来发展的方向，目前还有很长的路要走。

资本逐利的天性，自然也就成为资本运转的规律。资本的规律就是要不断扩张和流通，因为只有流通才能产生价值，扩张才能使价值最大化。资本的扩张，通常有两个渠道。一是在原有领域扩大再生产。但是因为行业竞争成本上涨，受限于行业天花板而利润下降，于是资本开始寻找第二个扩张渠道，也就是寻找增量市场，也叫"新赛道"，助推新的行业和领域不断产生。资本要有足够的想象力，能预见到商业未来的发展方向，在新领域能够真正创造财富和价值之前，常常需要去探索并验证商业模式是否可行，在新商业模式尚未形成规模之前，需要前期大量的资本投入，帮助科技新产品或新商业模式完成孵化和验证。这个过程中，资本承担着很大的风险。但是，一旦商业模式验证成功，资本往往会有巨大的投资回报，这也意味着资本的开疆拓土获得了成功。

资本最先发现和构筑了商业文明的新领域，靠的是资本大佬们与创业者超强的智力、前瞻力和毅力，这部分能力理应获得溢价回报，更重要的是资本背后有非常广阔的资源（人脉、数据、资讯、流量等）。资本需要承担风险，不是所有的扩张最终都会被市场买单，资本折戟沉沙、血本无归屡见不鲜。金融的本质是"信用、杠杆、风险"，而资本的规律就是用信用聚集

力量,用杠杆撬动利润,用机制控制风险。

创业者了解资本的本质以及规律,就会触碰到资本的属性和思维,对以后与投资人打交道大有裨益。

6.1.2　资本的属性

资本的本质,属于资本共性。而资本的属性则是各有不同,个性迥异,资本的不同属性也决定了是否与你的创业项目属性相匹配,只有找到属性相匹配的资本才是正确融资的开始。首先认识一下资本属性的几个主要因素"企业、投资、金融",其中投资的资本属性是由资本的所有者背景、资源、以及未来发展方向所决定的,目前投资方多青睐于:互联网金融、移动互联网、IT、交通出行、生物科技,人工智能,还有消费升级等不同的多范围领域。

投资阶段分为:种子期,初创期,扩张期,成熟期。天使投资属于初创期以及种子阶段,VC属于扩张期,PE属于相对成熟期。随着竞争加剧,投资阶段也有跨界交叉现象。资金来源的区别:天使投资人一般是自掏腰包里的钱,天使投资机构是几个天使投资人一起出钱来做。而其他机构都是别人的钱,其中VC(Venture Capital)和PE(Private Equity)的钱来自于LP(Limited Partner)投资人,以融资和募资的形式进入VC或PE,资金归GP(General Partner)普通合伙人管理。赚钱的区别:天使投资人赚他们股份退出时溢价的利润。VC和PE本身赚的是管理费,从帮助LP赚的钱中他们提取的一定比例作为奖金。

图6-1所示为不同的投资阶段。

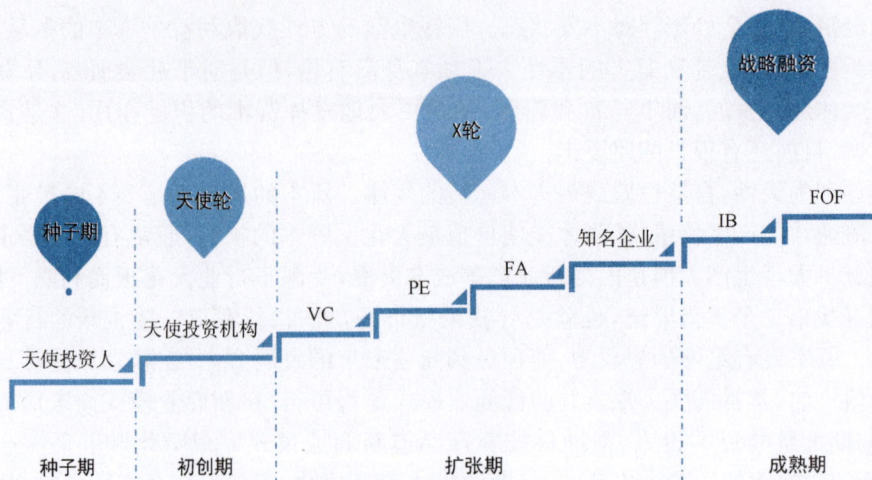

图6-1　投资阶段

本书是专门写给从0到1的初创业者,如果创业项目从天使投资,经过VC,进入PE,该项目就真正意义上完成了从0到1的蜕变。

(1)为什么叫天使投资? 天使投资人有这样几个特点:出资金,出资源,帮忙不添乱。并且很积极地参与初创企业的发展进程，用自己的创业经验或专业技能来指导和帮助创业者，为企业的成长出谋划策。项目成功不贪功，失败不追债，还会时常安慰和鼓励创业者，重振信心，真的像天使一样给予创业者光和热。天使投资解决的是项目从无到有的阶段，也就是从 0 到 0.1。

由于早期创业项目基本都是混沌状态，有很多不确定性，也是投资风险最高的阶段，天使投资失败率还是很高的，所以有投资人自嘲"项目成功了，就是投资；项目失败了，就是天使"。

天使投资不是圣母玛利亚，虽然有慈善的心态，但毕竟天使投资的本质还是逐利，这是资本的本性使然。天使投资人通常以股权的形式，投资于早期创业项目，因为风险大所期望的投资回报也较高，通常十倍到几十倍，如果遇到独角兽类型的项目，甚至有百倍、千倍、万倍的回报。天使投资的投资额，大多是数万元、几十万到百万投资级别，偶然遇到明星创业团队或重大科技产品项目，也有千万级投资。

（2）风险投资（Venture Capital，VC）。投资的对象主要是刚刚起步的中小型高科技企业，也就是刚刚经历，或正在经历从 0 到 0.1 阶段的项目。判断项目是否有前瞻性投资战略价值，以及分析企业未来的高成长预期，项目值钱比赚钱更重要。这个阶段 VC 更多关注的是持续的扩张能力和营收能力，这个时候要想获得 VC 的投资，就需要向投资方反复强调自己企业的核心竞争力，市场的积极反馈数据，以及商业模式、盈利能力的可持续性，行业壁垒等。当项目获得了 VC 投资，项目发展就要进入扩张阶段 A 轮、B 轮、……这就表明项目进入了从 0.1→0.2→0.3→……→1 的过程，每一轮的融资就是企业的成长节点，每一个节点就是企业扩张的台阶，每一个台阶都会让企业进入一个新的高度，触及更优质的资源。

（3）私募股权（Private Equity，PE）。当企业发展进入成熟期后，也就会得到更大的资本（PE）关注、认可并投资，这才算接近到了 1 的阶段。

PE 注重的项目指标：①市场容量一般在 100 亿元左右，如果是以 IPO 指标考量，至少市场容量 30 亿元起步。②市场增长率要明确，行业增长处在哪个阶段，阶段不同，成长力不同，投资策略也会各不相同。③市场竞争者，如果是仅此一家，那就是技术创新型的行业。PE 的投资大，几千万元到几十亿元的都有，投资周期 3～5 年、5～7 年，如果作为机构战略投资，周期会更长。风险投资目的不是控股，无论成功与否，退出是风险投资的必然选择，退出方式有：首次公开发行上市，并购转让，原股东、管理层或创业企业回购以及清算等。

VC 与 PE 虽然都是对上市前企业的股权投资，但是两者在投资阶段、投资规模、投资理念上有很大的不同。投资阶段：VC 投资创业早期和扩张期，PE 投资 Pre-IPO、成熟期；投资理念：VC 的心态是不能错过好项目，PE 的心态是宁可错失也不能投错。

（4）战略投资人和财务投资人的区分，是完全不同的两种投资属性。

①战略投资人的属性：在某一领域或多处领域，投资项目涵盖相关产业上下游，及周边范围的资本或商业巨头。他们具有资金、技术、管理、市场、人才等优势，能够促进投资对象进行产业结构升级，增强企业核心竞争力和创新能力，拓展市场占有率。战略投资往往立足

于自身长期战略发展目的而做出的相关投资,而不是看重眼前利益,所以在投资价格方面可能会比较宽松。优点是:战略投资人不太在乎估值价格。缺点是对被投资企业影响比较大,企业发展受影响或局限,如果在发展方向产生分歧矛盾,则会很难解决。

②财务投资人的属性:纯财务投资人能够提供的主要就是资金,以股权增值和分红获利为目的,通过投资取得经济上的回报,在适当的时候进行套现退出,财务投资者更注重短期1~3 年或 3~5 年的获利,VC/PE 大都是此种类型。优点:财务投资的好处是简单,只要被投资企业能挣钱就行,不太会干涉和影响被投资企业的战略规划。即便双方意见有些分歧,创业者也可以用合适的价格请财务投资人退出。缺点:财务投资人通常会在估值或财务数据方面比较认真仔细,对短期内盈利比较看重。

创业者通过对资本属性的了解,是要做到知己知彼,按图索骥找到资本的驾驭者"投资人",这才是认识资本的关键。切记只有顺藤摸瓜,才能找到适合自己的投资人。反之摸瓜不知根,就会造成鸡同鸭讲,碰撞的不是火花,而是一头雾水。对资本的认知,是对投资人最基础的了解,投资人的思维逻辑和决策方式,才是创业者需要了解的重要课题,知己知彼,才能做到融资有备而来。

6.1.3　投资人的思维

很多创业者苦苦寻找投资方,认为有资金、有意愿投资就是投资人,这其实是一个认知的误区,对资本的不了解,融资就是盲人摸象,过程痛苦,结果悲惨。融资也要知己知彼,才能百战不殆,认识资本,了解资本是创业者的必修课。

投资人是一个顶级聪明的群体,无论学识、见识、常识,都是见多识广。洞察力,思考力,决断力均高人一等。投资人的思维既有数学家的缜密思考,又有资本家的金钱嗅觉,还有企业家的创业情怀,等等。有资金不一定是个合格投资人,有资源不一定会变现,因为每一个投资人的思维模式都是独一无二的,我们无法探寻究竟。但是在投资人投资的过程,也能窥探出投资人思维的基本逻辑和判断依据。这个逻辑虽然说法各异,其实偏差都不大,那就是五步思维法:"兴趣→理解→判断→方案→执行。"

(1)兴趣。就是这个项目要符合投资人的喜好,这首先是由资本属性所决定的,投资领域是天使投资还是 VC 或 PE。其次是投资人个人好奇心,对新兴事物的探究和学习,项目商业模式设计奇特、精妙,都是投资人的兴趣点所在。项目本身吸引投资人,商业计划书(BP)的名字和封面也要具有吸引力,需要创业者精心设计;BP 内容赏心悦目、特色鲜明,数据有说服力也是吸引点;另一方面,创业者在路演过程中精彩的表现,如博学多才,气度不凡,演讲精彩也是吸引投资人的主要手段,毕竟初期项目投资的人由兴趣所吸引,才有进一步沟通的可能。

(2)理解。将兴趣变成关注,需要项目本身过硬,能解决用户痛点,或者弥补行业短板等。而且要用市场调研数据说话(网上抄的数据价值不大),以及有自己独特的分析报告和解决方案,去证明方案不是臆想和伪需求,是切实可行的,是可以实施的。

创始人和投资人之间能否做到同频共振，思想共鸣？避免你讲你的，我想我的，鸡同鸭讲，对牛弹琴的局面。要想让投资人理解自己的项目，在讲项目的同时，也要学会聆听投资人的心声，即他们关注的是什么？顾虑的是什么？简单地说就是换位思考，设身处地地站在投资人的角度看项目。这样，双方的关系就不是博弈的关系，而是站在同一个角度探讨和交流。创业者要想推广出自己的项目，首先就要把自己推广出去，通过沟通，彼此理解，相互欣赏和信任。

（3）判断。投资人对该项目会做出一个综合分析，以此判断这个行业未来五年发展趋势是向上行，还是向下行。如果向下行，就直接否掉。如果判断上行轨道未来五年趋势确立，并且市场空间巨大，这个项目的方向就基本得到肯定。因为在错误的方向上，创业者即使做到了 100% 也于事无补，如果进入到了一个小众市场，这就注定了这个项目不可能成长为一株参天大树，没有想象空间的事业注定只能是一门赚钱的小生意。这个分析判断过程，投资人更多关注赛道（行业领域）够不够宽阔和长远。判断方向正确（赛道），还要看方案够不够优良（赛车）。

（4）方案。犹如一辆高级赛车，商业模式是赛车的结构和车体；盈利模式犹如引擎；方向盘、油门和刹车，就是领导力和团队执行力；电气路、底盘和悬挂，好似综合服务后台；车外观是品牌形象，车内饰是客户体验；其他操控系统，决定了赛车是否有机会杀出重围，引领赛道。项目方案与传统公司对比有什么成本优势和价格优势、竞争优势（运营或技术），如何可以做到持续领先，等等。

（5）执行. 再完美的方案，没有高效的执行也是纸上谈兵，而这个执行就是关于"人"。因为决定输赢的不是赛车本身，而是驾驭赛车的赛车手和团队。创投圈里有这样一句话"一流的人才，可以把三流的项目做到二流，但是三流的人会把一流的项目做到不入流。"可见创始人及团队在早期项目中，是项目成败的重点。投资人主要看两个方面：首先看创始人，创始人是项目成败的关键，甚至很多成为独角兽的企业，90% 以上靠的是创始人独具的魅力。创始人的坚韧和毅力精神都是他们身上的共有特质，超强的目标感和高效的执行力，这都是团队其他成员很难替代的。至于创始人的格局、使命和胸怀，投资人恰恰不太在意这些，因为早期阶段，活着就是硬道理。心要强，命要硬，只为结果拼命，不为面子苟活，都是创始人的性格，即使这个项目失败了，下一个项目还有机会重新赢回来。

除了创始人的坚强性格，还要看创始人的知识结构，毕竟创业的核心是创新能力，没有创新的创业是难以想象的。创新就必须对需要的技术、潜在的竞争对手（过去、现在和将来）及市场格局等信息了如指掌。从第一天用户的所有反馈开始，到基础代码的优势和劣势，公司组织的架构等，这个知识金字塔让创新成为可能，几乎不可能复制，这样的创始人具有不可替代性。当然，看创始人的维度绝不仅仅这两项，还有很多维度需要相互参考。

其次看创始团队，在方程式赛车中途换车胎和加油的过程，眨眼的功夫（3 秒左右），四个轮胎全部更换完毕，以秒为单位的效率足以说明这个团队高效的互补性和协作性。创业团队成员之间互补性非常重要，技术与产品，市场与服务等互为依托，不可或缺。团队能力匹配要均衡,能力弱要勤能补拙,能力强要独当一面。另外,团队的持续学习能力,关乎项目的持续发展和产品服务的更新迭代,尤其是互联网科技项目,迭代速度更是发展的关键。

警钟 6-1：　找错投资人的风险

项目介绍

FN 艺术院校是一个线上和线下相结合的教育项目,为艺术学生提供全方位的辅导服务,并与国内部分艺术院校建立了合作关系,为艺术高校输送人才。线下已经开办了三家分支机构,虽然每个机构都已经实现经营性现金流,但远远不能实现全国快速扩张的目标。联合创始人陈总来北京寻求融资,由于没有融资经验,遇到了一些困惑:①投资方在没有签订投资意向书的情况下,就要做尽调,索要很多企业资料信息,不知是否妥当? ②投资人如果索取企业资料,该怎么办?(后来经证实,这个项目找的投资人根本不懂教育领域,致使在投资过程中间产生了很多问题,以至于严重影响了企业的发展目标。)

项目点评

在这里仅对创业者提出的两个问题给予点评:

(1)创业者在融资的时候,很容易为了取悦投资方的青睐,而忽略了创业者和投资人是平等的合作关系。在不了解投资方背景和实力的情况下,对对方提出的条件有求必应。如果遇到不适合的投资人,尤其是投资人已经投资过同行业的竞争方,如果以尽调之名获取商业信息和相关数据,这会给创业者带来泄露商业机密的风险。

(2)当投资人对项目感兴趣,想进一步索取资料,就和对方进行一次深入沟通,确立投资意向并签订投资意向协议书,协议书内注明保密条款,和所要承担的法律责任,以具有法律效力的协议文书作为保护措施。

建议:创业者要通过与投资人深入沟通,了解投资意向是好奇,一般的兴趣,还是非常有兴趣,并想想为什么,如果理由充分,信任度提高;如果理由牵强,信任度则有待观察。投资谈判是需要几个回合的,不要奢望一蹴而就,因为彼此的信任是要逐渐建立的。

路径 6-1：　不同阶段找相适应的资本

项目介绍

TM 智能家居,智能化解决户内独立采暖、热水供应、新风系统等集成方案和操作系统。属于家居建材类传统项目。有两年多的经营过程,新的业务模式已经打开局面,并且获得了多个投资人和机构的认可,表示有意愿投资。在这种情况下,创业者准备开始启动天使轮融资,融资 300 万元,出让 10% 股权。在一次创投圈的小型聚会上,一个在圈里有一定知名度的基金负责人 A 表示很有兴趣,于是二人约定时间再会面详谈。再次会面时,投资人 A 对创业者说:"我肯定投你,但有一个条件,本轮我全投,你不要跟别人再谈融资了。"这么有名的基金老总有这样明确的表态,创业者没有任何理由拒绝,当时就答应不再找其他家融资。把一些正在接触的投资人也婉言谢绝了，双方很快签订了投资意向书。40多天过去。创始人几次询问催促，都被不可抗拒的理由搪塞或敷衍过去了。当时创业者完全按照融资到位的情况进行市场布局和营销策划，2个多月过去了，创业者实在忍无可忍，当面质询投资人，投资人面露难色的说了原因，也就是他想用所管辖的基金投资这个项目，但是由于这个项目过于早期，属于天使轮的项目，无法通过风控，简单一句话，就是"投不了"。因为这次融资失败，市场进度被耽误了半年。创业者痛定思痛，不再盲目融资，而是潜心研究投融资，到处拜师求教，在创业工作坊学习的过程中，了解了资本属性的重要性和与投资人打交道过程中的关键点。由于项目本身优秀，再加上前期的教训和学习的经验，不再盲目找投资人，而是有目的性地拜访有过成功投资经验的天使投资人。创业导师也向积极各投资方推荐，于是在不到两个月的时间，就找到了适合自己的投资人，并且顺利拿到了融资。

项目点评

本次融资的失败关键点，是创业者初期对融资的盲目性和随意性，找了一个不适合自己项目的投资人，以此造成的信息不对称，致使第一次融资失败。这个基金公司属于PE，而且专注于投资互联网和生物科技等高科技、高成长类项目。这个投资公司的属性和项目就有距离，以公司之名投资的可能性就很小。好在后来创业者善于学习，并获得了创业辅导老师的帮助，才获得了成功。

建议：创业者在启动融资前，首先要做好的是融资规划，要很清楚自己这轮融资是什么性质，如果项目刚开始起步，或还是个想法或技术，这就是天使轮，那就找有兴趣的天使投资人，要有目的的去找，有计划的去找。融资更要融智，听他们给你的项目的建议就是你最大的收获，也是创业项目的最大营养。如果项目已经进入成长期，就去找风投机构（VC）。如果找不到心仪的投资人，还可以融资中介（FA），接受他们的专业指导，通过他们的引荐来寻找适合自己的投资人。

6.2　如 何 估 值

6.2.1　估值的概念

估值，顾名思义就是评估企业价值。但是在这几年的投资过程中，发现有一个非常共性的问题，就是创业者根本不知道估值为何物，估计出的价值没有任何依据，拍脑门或盲目跟风，甚至把自己的工作时间和创业热情作为评估的要素之一，这样的估值会给融资带来一些不必要的麻烦。估值是对自己企业的深入了解和价值挖掘，创业者对企业估值，首先要充分了解对企业估值影响的主要因素，具体有：

（1）价值类型。①重资产型企业，如传统制造业等，以净资产估值方式为主，盈利估值方式为辅。②轻资产型企业，如服务业，以盈利估值方式为主，净资产估值方式为辅。③互联网企业，以用户数、点击数和市场份额为远景考量，以市销率为主。④新兴行业和高科技企业,以市场份额为远景考量,以技术应用市场的价值和市场发展空间、技术领先时间为主要考量。

(2)价值阶段。①初创期,关注创始人/团队,以及产品和技术。②成长期,关注市场扩张、服务升级及商业环境变化。③成熟期,关注盈利预测和财务状况,以及退出机制。由此可见,对于初创型企业,对创始人和团队的评估依旧是最重要的,但也是最难量化的。

(3)预期价值。每个行业都有自己独特的估值逻辑和价值预期,市场是不是足够大? 假设你的市场占有率达到 60%,但市场也只是 10 亿元规模,这就没有投资价值。如果项目市场占有率只有 30%,但是市场规模是 100 亿元以上,这就是不同行业空间的成长预期对估值的影响。

(4)用户价值。初创企业是否能闯过生死期,重点是能否获得用户及获客成本的高低。有用户和没有用户,几百个用户和 10 万个用户,估值有天壤之别。即使项目有很多缺点,甚至还找不到盈利手段,但你有 100 万个注册用户,10 万个活跃用户,其价值也是显而易见的。

(5)营收价值。初创企业开始有收入了,营收多少不重要,重要的是市场不再冷冰冰,而是感知到了市场的温度。项目从创意到方案,实施到改进,这是一个漫长的过程,当市场愿意为此买单,前面所做的工作都得到了验证。犹如荒原打井见到了水迹一般,这个意义对估值就是最真实有效的依据。

(6)团队价值。①创始人的学历,可以评判出是学霸或学渣,学霸不仅意味着有超强的学习力,还有丰富的高知人脉资源。②经历,曾经在哪里工作,担任什么样的职务,在世界名企和名不经传的小公司,其差距有天壤之别,在名企能够立足的都是精英,同时还有了行业人脉资源。③是否有过创业经历。再优秀的职业经理人如果没有创过业,充其量也只是个优秀的管理者,没有经历过丛林法则的撕咬,是不明白创业之初痞性的重要性。因为丛林法则对初创企业更加残酷,循规蹈矩,按现有的规则做事,很难开创出自己的生存空间,或很难穿越生死线。所以,真正经历过创业,尤其是连续成功的创业者,对估值很有帮助。④团队影响估值的因素主要是他们的专业和技能、有全职专业的程序员、工程师或设计师,团队的数量和质量,以及团队的战斗力均是参考的依据。

(7)其他价值。实物资产,初创公司虽然看起来不值钱,但这属于公司的有价固定资产。知识产权,每一项发明专利都是为公司增加估值的。竞争力,如果能显示出公司在某些指标上(技术或市场占有率等)明显领先于竞争对手,并拥有话语权,同样也拥有了估值的主动权。其他诸如商业模式、产品的差异性及盈利价值,有没有足够高的门槛,竞争对手能否在短期内追赶上,等等,影响估值的因素还有很多,都是根据不同的项目设置不同的估值指标分别计算,进行综合估值。

企业价值=客户价值+员工价值+股东价值。估值就是通过对企业未来的发展预期而放大的企业价值,如图 6-2 所示。

6.2.2　投资人的估值逻辑

初创企业的估值方法有很多种,如阶梯估值法、阶段估值法以及市场估值法,等等,五花

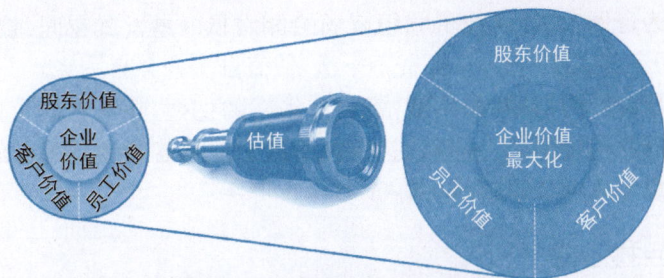

估值——是对未来企业价值的预期

图 6-2　企业价值

八门的估值法乱花迷眼，复杂的事情简单做，没有一个四海皆准的估值模型。透过现象看本质，估值是由投资人的价值观和思维逻辑所决定的。早期阶段的创业项目估值，基本是三分技术，七分艺术。毕竟初创企业还没有完全成型，产品不成熟，市场未验证，没有数据积累，没有现金流等，没有太多的估值依据，所以说天使投资人的估值方法大多是凭直觉，是一个主观性比较大的"艺术"工作。

(1)"企业股权价值"是投资人估值的核心，这个价值是一个随时变动的区间数值，而不是一个固态数值(这是在进行估值前，首先要明确的概念)。

(2)初创企业的估值，就是一个"比较"的艺术，纵向比较看行业发展趋势，昨天和今天对比，今天和明天的对比。横向比较与同类别公司进行对比，借助同行业相对成熟公司或上市公司的数据，这样更有时效性和真实性。

(3)相对估值法要确保收集到 5～10 家高度相似的可比公司的相关数据，如公司规模、市场地位、产品组合、增长潜力、资本结构、营收规模、收入和利润的增长率，以及同类上市公司流通市值。一般，会根据几个同行业的中位数来确定估值的区间，根据乘数区间反推出项目公司估值区间是多少。尽可能考虑到区间变化的细节和特殊性，并将误差控制在一个最小区间内。即使收集的信息再多，也是自我判断的一个维度。想要判断出公司相对准确的估值，还要再用其他方法来验证。就是找到其他潜在的投资人，将公司的价值很好地展现，用对方愿意支付的价格来与自己计算出的价格对比，对比次数越多，估值也就越清晰。

(4)从投资战略的角度考虑。投资人也会从自身所拥有的资源角度考虑在这个项目中能发挥的作用和价值。通过投资这个项目，实现其他资源的价值延伸，扩大边际效应，从而实现跨行业的综合优势，这也是投资人的战略投资思维。

(5)期权池对估值的影响。企业在融资成功以后都需要新招募管理团队，并为其预留一部分期权。这些人通常需要分配期权，发放期权就会稀释其他股东的股份。投资人会要求在投资之前，企业预留出 10%～20% 的期权，这就相当于创始人手里要预留 10%～20% 的股权，这样投资人的股权就不会在投资后被稀释，所以说预留和不预留期权对估值很有影响。

(6)联合创始人，有些天使投资人会提出与创业者一起作为联合创始人为投资条件，既投资又干活,还带来资源,这样所给的估值也就会相对低一些。如果是纯粹财务投资人,没时间为企业管理和经营出谋划策,只投资不干活,估值自然就会高一些。

天使投资和风险投资对初期的估值,都没有绝对的把握,在某个赛道广泛投资,期望从概率的角度投中未来行业的领军企业。甚至在重点关注的赛道内,投资所有看起来有价值的企业,尽一切可能完成这个赛道的战略布局。

6.2.3 创业者自我估值

1. 为什么要创业

创业者在自我评估之前,先问自己一个问题:为什么要创业?可能答案各种各样,有的是为实现自己的梦想,有是为了赚钱,有人天生爱折腾,总之各不相同。但有一点是相同的,都有一颗不安分的心。创业前可能是外企或上市公司的高管,也可能是企事业单位的领导或办事员,甚至是整日厮杀在一线的销售总监或销售员,可创业一旦开始,这些身份都将与你无关,从曾经优势平台的做事风格和心态,重新归零回到原点。

因为这是一个自我认识的深层思考,一个关乎于我是谁,从哪里来要到哪里去的人生思考题。这关乎于创业的源动力,是未来企业核心价值观的本源。这不是企业未来赚多少钱,或是不是能成为独角兽的问题,而是创业者的自我价值实现。自我价值是一个从小到大的放大过程,首先是能给我的客户带来什么改变?能给这个行业带来什么改变?从而能给我自己的家庭带来什么改变?能给我的家乡带来什么改变?能给我的国家带来什么改变?能给世界带来什么改变?

创业者的三观决定企业的价值观,创业者的格局决定企业未来发展的大局。

2. 创业者自问

(1)我有什么?

什么是我真正的才能、强项和弱项?如何取长补短,避免我的不足,最大可能发挥我的才能和强项?

(2)是什么?

关于事业我要干的是什么?我不要干的是什么?认清楚事业的核心有助于自己的专注力,明白自己事业的边界,有利于自己不受太多的干扰。有助于创业者分辨什么是一个真正的、符合自己理念、适应能力的机会。

创业者的事业绝不是偶然的一个外在机会所能成就的,那充其量是一个赚钱的生意而已。创业者的自我认知是对企业未来发展规划的信念投射,而这个投射随着创业者的不断成长,随着事业的发展会越来越清晰。看明白自己,准确定位,发现自己不是个领军人物也没有关系,找一个优秀的创始人,做他的合伙人,也是创业成功的一条途径。

用心问清自己,不要误导自己。要做一个真正的创业者,切记不要陷入伪创业者的陷阱。伪创业者只是从外观到形式都是创业者的样子,每天在创投圈里活跃着,热衷于参加各种活动,喜欢自我吹捧,把自己包装得像一个创业明星一般。伪装业者大致分为三类:

第一类：热衷追风口的创业者。这类人天天盯着风口的方向，追逐热点，昨天是众筹热，就做众筹项目；今天是互联网金融热，就学着别人的模样做 P2P；看着区块链火了，就又开始强加区块链概念。其实就是想通过热点伪装项目，以此来吸引投资，通过热点风口作为瞄准镜，瞄准的就是投资人的钱，其目的不是想通过创业项目实现财富，而是以创业为诈骗手段来致富。这些伪创业者融资成功后，就如同企业上市一般，立刻购房、买车、高消费，把自己变成光鲜亮丽的成功人士，到处接受采访，自我吹嘘，这种伪创业者最可恨。

第二类：打工心态的创业者。这种人有一定能力，也有一些想法，但就是缺乏一个优秀创业者的综合素质，没有雄图大志，王者之心。不是想着做大做强，却整日想着被谁收购。这种伪创业者会耽误一个项目的行业发展窗口期，让投资人怒其不争，这就是扶不起的阿斗。

第三类：误导自己的创业者。这种伪创业者最可怜，就是自己没有资源，没有机会，且能力有限，以中国几个轮流坐庄的首富为榜样，靠着心灵鸡汤自我激励，"人人都有一个梦想，万一实现了呢？"在创业的路上苦苦挣扎，消耗了家庭所有的积蓄，几乎成了创业难民，却依然痴心不改。这种认不清楚自己的创业者注定是失败者，但已经很难回头了，因为他们没有面对真相的勇气。

不是任何一个人都具备优秀创业者的综合素质。

3. 创业者的"闯劲"

创新在于别人不敢想，我敢想。别人想不到，我不仅想到还做到。开创就是没有机会也要创造机会，有机会就扩大机会，要敢于冒险，敢于突破。在别人犹豫时，你决定了；别人观望时，你行动了；别人开始跟进了，你却又开始创新了。创业者别指望天上掉馅饼的机会，敢于冒险才能博得更多的机会。要在别人不看好的时候勇敢地扑上去，哪怕一身泥土、浑身伤痛，如果非要等到有 90% 的把握再往上扑时，那里早就已经没有机会了，甚至先入者已经搭起一个防火墙，直接将你拒之墙外了。

当然，如果全凭胆子大去创业，有勇无谋胡打乱撞，创业非但无法成功，壮志未酬身先死是大概率。创业不仅要有胆还要有识，如对信息的搜集和分析，以及对未来发展的研判，对核心技术的掌握等。如今的创业绝不是靠胆子大，国家的工业体系已经要进入工业 4.0，创业更是要与趋势同行，在浪潮到来之前，找好最佳位置卡好位，借助趋势的力量来发展才是成功的重要因素。

创业者有胆识，有谋略，才有创新的能力和开创的勇气。

4. 创业者的意志力

创业是一场修行，为了追求极致的快乐，就要经受艰苦的过程。创业遭遇困境很正常，方向不对、模式不对、盲目扩张、团队离职等，都有可能带来灭顶之灾。这种情况下，没人能救你，只能自救，因为谁都可以退缩，唯有创业者不能。创业者是孤独的，因为所有的事都必须自己扛。遇到问题，再核心的员工都有甩手离职的可能，即使有利益捆绑的投资人也会弃你而去。只有创业者不能，必须舔着伤口继续奋斗。敢于冲锋陷阵，攻城拔寨。需要防守时，高接低挡，确保城门不失。初创时期所有的困难，必须创始人自己来解决。任何试图找到一个完美 CEO、完美产品总监、完美营销总监来解决问题的想法,都是无比愚蠢且完全不现实的。当然,这并不是说不需要团队,不需要投资人,而是自己要明白,创业者不仅志存高远,还要有一颗强大的内心与钢铁般的意志。

在创业的过程中,会不断地接受技术的考验、市场的考验、团队的考验,以及资本的考验。没有经过风雨闪电、礁石险滩、荆棘陷阱的洗礼,是看不见雨后瑰丽的彩虹和绮丽的风景的。

创业者强大的内心与钢铁的意志,源自于无法自拔的痴迷和热爱。

5. 创业者的真诚

创业者不管是什么项目,最终都是要面对用户。要用真诚赢得信任,建立相互信任的关系,来吸引更多的用户。创业者对创业没有敬畏之心,就不会树立诚信观念,没有诚信观念何谈诚信经营?

创业者对创业是真诚的,就需要具备各方面的优秀素质,以及投入各种资源为事业添砖加瓦。对待客户真诚,以客户的最佳体验和最好的结果,而倾注所有心血,客户也会成为粉丝,给予真诚建议,无私宣传。对团队真诚,就要知人善任,用人之长,容人之短,愿与团队分享胜利的果实,他们会死心塌地的与企业风雨同舟。对投资人真诚,在创业之初的种子轮,要敢于自己投入,这不仅是启动项目,更是表达了一种信心和决心。在经营的过程中,专注于事业本身,不该做的事不做,不该花的钱不花,坚决不赚昧心钱……只有这种诚意才能赢得投资人的信任。

对自己真诚,就是要不断自我反省和更正失误。正视自己的错误,检讨自己,并火速调整,避免更大损失。任何试图找理由弥补自身过错的行为,都会降低投资人或者团队对你的信任度。对自己还要欺瞒,比过错本身更可怕。

创业者的诚信,是企业经营的根本。

创业不是百米冲刺,而是一场超长距离马拉松、铁人三项赛,创业者的自信、勇气和智慧,精力、体力和毅力都是创业者成功不可或缺的品质和素质。它支撑着创业者能够克服困难,勇于开拓;顶住压力,守住原则;耐住寂寞、抗拒诱惑,不忘初衷。

而创业者的世界观、人生观和价值观,都会潜移默化地成为企业核心价值观。

警钟 6-2:　估值虚高的隐患

项目介绍

BDS 文旅(主题民宿项目)启动 A 轮融资融,在最初时间有几个比较知名的投资人很有意向,但是觉得估值偏高,想对估值再议价,但被创业者拒绝。后来见了几波投资人都是认为估值虚高,显得犹豫不决,而创业者的项目进展顺利,市场的良好反馈令创业者信心满满,绝不讨教还价。直到半年后遇到一个非专业投资人,才算完成了 A 轮融资。在随后发展的时间里,业绩迟迟达不到预期,启动 B 轮融资的条件达不到,只有启动 A+,但是发现投资人都犹犹豫豫,致使这轮融资耗时一年也没有成功,而企业的发展因为资金不能到位而每况愈下,直到后来项目失败。

项目点评

雷军曾经说过，创业者经营原则就是："让合作伙伴超出预期，让用户超出预期。"融资也是这个道理，合作伙伴也是投资人，应该让投资人超预期。对投资人而言，估值和风险是密切相关的，估值越高意味着风险越大，所以投资人希望估值低一些并不是希望多赚一些，而是希望降低一些投资风险，所以，对于早期项目，投资人会非常在意估值，而晚期项目因为风险已经很低所以投资人对于估值反倒不会斤斤计较。另外，创业者一定要明白一个道理："融资并不是卖公司"，如果是卖公司，当然估值高是第一目标。反过来说投资人投资不是为了来买公司，而是预期未来公司有较好的成长而产生的长期收益，以及资本市场的溢价收益。虚高估值不仅会吓跑优秀的投资人，还会影响企业健康发展的节奏。

建议：估值合理不合理不是创业者决定的，而是优质的投资人认定的。创业者首先明确估值的目的，不是为了把企业卖个好价钱，而是要用最好的价格吸引最优质的资本。要想在与其他的新创公司的竞争中胜出，最为关键的还是要给你的投资人带来巨大的收益，所以尽可能让你的投资人能看到有 5～10 倍的收益，这不是画饼，而是垂手可得的利益就摆在面前。在利益面前，选择权就自然转移到创业者手中。创业者要做的就是让投资人争相来投资，其中道理不言自明。

6.3　融　资　策　略

6.3.1　股权架构与融资策略

1. 股权的概念

股权是指投资获得或分配获得的企业股票，拥有按出资比例或分配比例所享有的权益，以及承担一定义务的权利。股东的各种权益参考如图 6-3 所示。

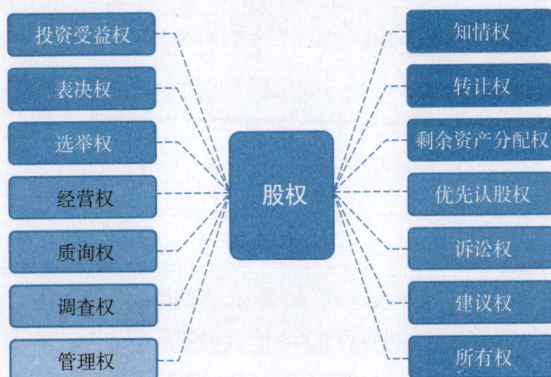

图 6-3　股东的权益

（1）股权收益：是投资收益权和剩余资产分配权，即资产收益权。企业获益，按股东出资比例或约定来分配公司的财务盈余的权利，企业亏损即使公司破产或清算时，股东对公司清算时的剩余财产有分配的权利，这也是把不确定的收益转化为确定性收益的过程。股权收益也是投资人最关心的。

（2）股权控制：表决权和决策权，管理权与所有权等都相关权利都是关于公司的生死命运和未来的发展，这对创业者意味着股权控制比股权收益更加重要。

2. 股权架构

股权架构是指股份公司总股本中，不同性质的股份所占的比例及其相互关系，以及相应的权益及承担一定责任的权利。股权架构是公司治理结构的基础，不同的股权架构决定了不同的企业组织架构，从而决定了不同的企业治理架构，最终决定企业的组织形态。

为什么设计股权架构？股权架构设计的目的主要有以下四个：明晰股东的权责利，确保控制权的稳定，保证公司的顺利融资，企业IPO（首次公开募股）必要条件。对于初创企业而言，公司的发展有两个方面非常重要，一个是公司本身的正常发展经营，另一个是资本的青睐，两个方面的工作相辅相成。良性的股权架构和良好的经营状况，有助于获得资本的青睐；而资本的注入也使得公司发展更上一层楼，这是一个良性循环。

3. 股权架构与融资的关系

1）股权架构要合理、明晰、互补

一般初创企业要精练，创始人、联合创始人、投资人，3~4个最佳。如何做到股东数量精练？一般会采用这样的方式：创始人和联合创始人作为显名股东，后续的投资人、员工激励股权、合伙人等都放在持股平台上，极大地简化股权架构。股东之间的优势要有互补性，各有专长才能形成契合。避免太过相似，容易出现分歧，初创企业尽一切可能减少分歧因素。

2）不合理的股权架构，对融资也是非常不利的

（1）股权平分架构，两人各50%，或三人各33%，没有大股东负责和决策，容易陷入管理混乱僵局；股权独大架构，创始人为了把控制权牢牢地握在手中，一个人占90%，甚至百分百的股权。

（2）股权倒挂架构，由于初创企业缺钱，其重要性事关生死，此时投资方具有话语权，可能会持有较大股权比例，而创业团队占较小的股权比例。但当企业穿过生死期，有了自负盈亏的能力，或进入快速发展阶段，对资金的需求就弱化了，如果依然按照初期投资方占比过大的比例进行利益分配，势必会让创业团队心生不满，军心动摇，若不及时对股权架构进行合理调整，就留下了重大发展隐患。

3）股权比例要确保创业者控制权

在创业初期，创始人靠股权比例做最终决策人，绝对控制权67%，相当于100%的权力，可以修改公司章程/分立、合并、变更主营项目、重大决策；51%是绝对控制公司最低控制线，属于相对控制权；35%属于安全控制权，拥有一票否决权。对公司的控制权也可以靠双方约定，进行同股不同权的方案设计，一致行动人协议和通过有限合伙持股或者让小股东签署表决权委托的协议，绝对要避免企业控制权旁落。

4）期权池要利于团队激励

在股权设计中要考虑设计期权池，在利益的分配过程中，要建立面向未来、按照贡献的分配原则，即以类似激励重点员工的方式来激励合伙人。

为凝聚合伙人团队，一般期权池在 10%～20% 之间，创始人之外的合伙人或高管（CTO、CFO 等）一般是 3%～5%，总监级别 2%～3% 的期权；A 轮融资之后稀释股权，核心高管变成 2%～4%，总监级别 1%～2%；B 轮融资后，核心高管变成 1%～3%，总监级别 0.5%～1%；C 轮以后依此类推，或者各级主管按照 20%～30% 的比例稀释，这只是一个大约的估计，实际操作上还有很多因素。假如合伙人对公司未来的发展充满信心和热情，愿意低工资高期权，这样的合伙人更好。公司发展接近 IPO 时，期权就不再以百分比来谈，而是以几股来谈，采取同股不同利的方式进行股权分配，贡献越大分配的利益越多。在利益的分配过程中，约定清楚双方的工资标准、是否设定奖金制度、项目的分红周期以及是否留取发展资金等相关制度。

不合理的股权架构不仅是企业发展的隐患，甚至是未来的一颗定时炸弹，对于有股权隐患的企业，投资人是肯定不会投的。资本市场就是股权交易，股权就一定要符合资本市场的要求，股权结构要明晰、合理，不仅有利于公司健康发展，也利于资本的投融资行为。

6.3.2　融资规划与策略

融资规划是很严谨的事情，需要周密的规划和严谨的策略，把握企业发展的节点和融资的节奏，使之按板合拍，节奏一致。融资不是参加几次路演，更不是到处投递商业计划书，而应是一个完整的融资战略，是企业未来全面发展的蓝图。根据公司的中长期规划，制定近阶段的目标实施计划。根据运营目标要求，计划出完成这个阶段的运营指标需要做哪些工作，需要投入多少的人力、物力和财力，并测算出现金何时消耗殆尽。根据这个时间节点，做好融资时间规划，安排好关键时点的融资活动，如图 6-4 所示。

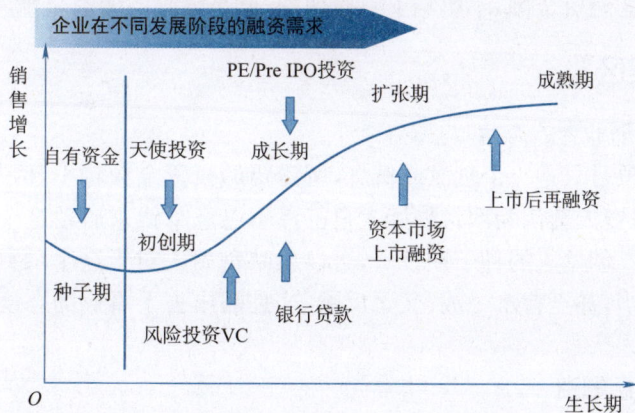

图 6-4　企业在不同发质阶段的融资需求

　　融资规划不等同于商业计划书,融资规划在商业计划书中展示的内容很简洁,只是说明融资要求和资金大致用途,以及出让股权等内容。"融资的目的是什么?""融多少钱?""融钱的用途是什么?"这些问题是融资规划的关键,与企业发展目标紧密相关。

1. 融资目的

　　为什么融资? 种子轮融资:目的是验证创意或概念;天使轮融资:验证项目可行性和市场反应,或概念产品的量产;A 轮融资:小规模或区域性验证商业模式;B 轮融资:扩建团队,放大规模验证商业模式,复制是扩张的关键;C 轮融资:补充各领域更加专业的人士,再细分职能弥补企业短板,完善和加速项目发展。

2. 融资时机

　　发展所处的阶段不同,融资时机也大相径庭。种子阶段:尽可能自己投资验证创意,能不融资就不融资,毕竟仅凭创意就去拿到融资几率较低,除非创意或概念非常好,被投资人追捧。但是早期的股权比黄金石油还贵,自己能扛一下就尽量不在种子期融资;天使阶段:尽早去融资,此时不能过于计较股权价值,而是要考虑通过天使阶段的融资来验证商业模式的概念是否具有可行性。能被投资就是有人认可,能被多个天使投资看中,就意味被市场认可度较高。A 轮以后的融资:要与公司发展规划做出相匹配的融资计划,提前做好下一轮的融资准备。

3. 融资金额

　　每一轮融资需要有明确的、合理的融资金额,不是融资越多越好。而是完全根据企业发展的步骤和需求来融资,认真算账,维持这一年或一年半的运营,实现下一阶段性目标需要多少钱? 如果 300 万元够花了,就没必要融 400 万元。因为创业者和投资人的关系是平等合作的股权关系,不是债权债务关系,股权投资是不用还的,投资人和你一起计算融资的各项费用支出,是合情合理的。融资少了达不成目的,融资多了不合理,往好了想是计算不精确,往不好的想则有可能……总之,投资人自然对你的要求也就高了。支持完成阶段目标的资金金额就是最合理的融资金额,不影响下一轮融资,就是最好的融资金额。

6.3.3　融资的误区

1. 种子轮显现创业者的态度

　　由于种子期的项目只是一个创意或概念,所需要的投资金额较小,但是没有得到任何验证,风险率极高。投资人会认为项目创始人自己都不愿意拿钱来启动这个项目,那么这个项目又有多少可信度? 创始人的种子期投资,可以反映创始人对于这个项目的信心、决心。能押上自己的所有家当,甚至背水一战、义无反顾,这是豁出去干事业的态度,对投资人来说也是一种莫大的信心。

2. 弹尽粮绝紧急融资

　　资本的本质是逐利,追涨杀跌是本性。创业者陷入资金紧缺的境地,融资谈判就会非常困难。只要投资方念"拖字诀",创业者被拖到绝境只能屈服。因为当融资关系到生存问题时,时间成本是极高的,拖不起,所以创业者融资必须要提前做好融资规划。

3. 故弄玄虚

融资过程中,一些创业者喜欢炫耀,弄一堆新名词、盲目追风口。张口就是大数据、AI 人工智能、云计算、区块链,但是商业计划书内容跟这些概念基本就不沾边。

4. 有钱就能成功

很多创业者把自己的项目说得神乎其神,什么专利产品,改变人类命运,造福子孙万代,等等。给我"1 000 万,我就能做到 1 个亿,给我 1 个亿就三年之内保准上市。"等等。对于这种气吞山河、悲壮无比的创业者,评价就是"盲目创业,低维度思考,夸大臆想"。简单说就是创业狂想症。

5. 口才过人的创业者

很多创业者在融资时没有一份完整的商业计划书,在和投资人沟通的过程中发挥口才,滔滔不绝,口若悬河,提供了各种信息,自认为用口才征服了投资人。其实大都是逻辑凌乱,不成体系,就是一场自嗨式的表演。甚至有些演讲培训机构把项目路演作为演讲培训,大肆宣传演讲的重要性。这实属一个误区,演讲在路演过程中,清晰的语言表达的确很重要,但是没有一个完整的商业计划书为前提,纯粹靠演讲来融资是舍本逐末。因为投融资双方本身就存在很大的信息不对称,投资人决策需要依据商业计划书里面详尽的内容进行研判。没有成文的资料,仅凭创业者的口述表达,投资人无异于盲人摸象,很难做到有效判断。

6. 沟通需要坦诚相见

有些创业者在与投资人沟通中欲言又止,在关键问题上闪烁其辞,以商业机密不便透露为由含糊其辞。这种不坦诚的沟通方式,会引起投资人的怀疑,怀疑资料的真实性或项目有重大瑕疵。其实投资人很清楚创业之初,企业有很多不完善,甚至有一些非常规手段,生存期的不易投资人都明白。创业者只要坦诚相见,明明白白地讲出来,说出解决办法,投资人多半都能理解。但是对隐瞒或欺骗等不诚信行为,投资人绝对不会原谅。

警钟 6-3： **融资不是越多越好**

项目介绍

××顾家服务,一个维修家庭水电气设备的综合服务项目,以解决家庭各种设备维修不规范、维修贵、维修质量无保障的痛点,作为家庭消费导入口,逐步从维修到维护,从维护到各种电器设备升级智能家居,同时引入家政等综合服务。此项目已经在北方地区一个三线城市开始试运行,据介绍效果还不错,已经办理 500 多个会员卡。现在准备在北京设置总部,开始全国运营,商业计划书猛一看还挺规整,可认真一看基本全是概念,很多关键信息都没有,甚至融资金额都没有。我和创业者直言不讳地谈起本次融资的金额与用途时,起初他还矜持地说 500 万元。我问具体用在哪些地方,他一下子列举了很多用途,我疑惑的问干这么多事,500 万元够用吗? 他给我说了一句"如果可以,钱越多越好!"我就继续问钱多了该怎么办?

此时他就比较放开了，大谈特谈在北京建立运营中心的重要作用，以及经营场地和装修风格要上档次，给加盟商有信任感，等等。听完了他的这番描述，我也做出了"不予投资"的决定。

项目点评

相信每个创业者都有"融资越多越好"这个想法，因为这样可以让公司获得更多资源，增强自身竞争力，这无可厚非。但是在这个项目中，明显看到三个风险点：①这个项目非常不成熟，尚属于概念验证阶段，商业模式还未得到验证，仅凭在一个人口不足300万的城市所积累的经验为依据，就贸然进军全国市场。也就是说种子期还没结束呢，就急于进入市场扩张期。②该项目融资的真正用途，是租场地装修运营中心。当产品未定型、商业模式未得到充分验证的情况下，以传统运营的思路将资金变成了各种办公费用，这是投资人最不愿看到的局面，创业者没有把钱放在可以产生未来回报的地方，而是花在了房租、装修、办公家具等费用上。这是典型的"好钢没有用在刀刃上，而是装饰在刀把上了。"③没有融资规划，发展目标、时间节点、资金使用周期均含糊其辞不确定，这说明融资没有计划，也没有根据。如果创业者能深刻反省，修正错误，此次融资失败将是有价值的。

建议：

首先先明确一个概念：融资是为创业服务的，而不是创业为了融资。融资规划的核心就是创业发展规划，这个发展规划一定要因地制宜，切合实际。创业初期融资一定要精打细算，每1元钱都要当10元钱去计划，把每1元钱都价值最大化，而不是大手大脚，花着投资人的钱不心疼，是投资人的忌讳，创业者要在初创期有艰苦奋斗、务实创业的态度，才会被投资人信赖。

路径6-2：　融资成功的意义要大于融资本身

项目介绍

有一个做装饰公司的企业家，年营收超过5 000万元，由于市场竞争越来越激烈，人工成本越来越高，又看到互联网对传统企业的冲击，忧心忡忡。于是想把公司升级为一个互联网家装项目，并高薪聘请人才组建团队。当时一个投资人听说这个项目后，决定投资100万元作为天使投资，可是被这个企业家拒绝了，并说"开什么玩笑，100万就投资我这互联网家装？我缺那点钱吗？"……这个项目最终投资了近1 000万，但还是以失败告终。后来我在一次聚会中聊及此事，他对那次转型失败很是不解。笔者就告诉他，当他拒绝天使投资的100万的时候，这个项目已经不被看好了。他闻听此言很是震惊："我花了1 000万，难道差他区区100万？""那根本不是钱的问题，而是眼界和思路的问题……"经过分析之后，他恍然大悟，表面上拒绝的是钱，而实际上市拒绝了一次转型的机会。于是就有了后来再次创业的过程，他像一个新创业者那样，又是学习写商业计划书，又是找投资人讨教学习，很快这个项目就得到了天使投资，虽然只有区区50万元，看似用处不大，但是他感觉非常成功。我也明白这次他一定会成功，因为他缺的不是钱，而是新思想和新方法。所以说，融资成功的意义要远远大于融资本身。

🐾 **项目点评**

传统企业转型的过程中，很多都失败了，原因就是身份定位和事业定位。老板 vs 创业者，做生意 vs 创业，这是两种称呼，虽然性质大致相同，但这完全是两个不同族群。老板和做生意是过去式，即传统思想传统经营。创业者和创业是现在进行时，是勇于打破一切思维禁锢，开创全新天地的新人类。这两种思想观念距离有一个世纪，一个是过去的 20 世纪，一个是今天的 21 世纪。传统老板企业越有钱，在转型过程中就会损失越大，因为思想观念不是靠有钱就能转变的。用传统思想去转型，无疑是穿新鞋走老路而已，失败也是意料之中的。

建议：

不管你是什么年龄，什么背景，有无资源、资金，都要以一个创业者的归零心态开始起步，以一无所有的状态白手起家，拿着商业计划书到处找投资人，因为此时最重要的不是融资，而是融智，通过大量拜访投资人，吸收新商业智慧。当投资人愿意投资时，重要的不是钱，而是认同与赋能。

6.4　商业计划书与路演

6.4.1　商业计划书的核心思路

商业计划书（Business Plan，BP）是融资的钥匙，投资的依据，是创业者为了达到融资目标而编写的一本企业发展说明书。BP 的编写标志着公司正式启动融资工作，创业者做 BP 的过程，也是帮助自己梳理创业思路、构建商业模式、设计盈利模式的过程。同时也是要设计出一个整体风格简洁、图文美观、传递信息明确的表现形式。商业计划书的读者是投资人、风险基金机构。这些职业投资人看过的各种 BP，看一份的计划书时间很短，如何设计出精美的 BP，吸引投资人的注意力，以最具有吸引力的内容对项目产生兴趣，使之在众多的计划书中脱颖而出，非常重要。

梳理商业计划书就是整理自己的创业思路。将脑海里抽象的概念表述得形象具体、通俗易懂、逻辑清晰，有分析有数据，具有欣赏性，更有说服力。所以在做商业计划书之前，梳理逻辑关系的思路是重点。

1. 价值逻辑

价值的核心是企业发展的原点，做什么？为什么。不做什么？为什么。当彻底想清楚价值如何创造，想明白价值如何传递，想通透如何累积价值，就基本理顺了核心价值逻辑。

1）创造

（1）需求维度。深度了解用户，了解到他们的需求是什么，用户需求如果具有普遍性，就切入到了市场的痛点,即创造价值的基本点。产品准确切入用户需求的痛点,创造用户的价值,这就是价值创造。

(2)产品维度。由于种种原因,还有很多无法满足广大用户消费升级的需求,比如说更高品质的产品、服务等,尤其是在物质文明越来越发达的今天,精神文化消费亟待全面升级。高新技术产品所带来更好的体验,也是创造价值的一个方向。

(3)市场维度:产品和需求大量存在,由于信息不对称造成匹配效率低下,这叫价值错配。如果提供一个产品与需求精准对接,且产生高频交易的市场,并且创造一个非常好的客户体验场景,不仅解决了痛点,也带来了一个新型的市场,或者一个更加匹配需求与供给的高效市场。

2)传递

需求、产品以及市场之间需要通过一根线相互传递价值,互联传递的过程中需要明确这三者之间的相互关系、传递过程的效率和成本、是成败的重要因素。这就是商业逻辑,价值创造的主体完整,价值传递路线清晰,互联关系明了,相互传递的方向和顺序明确无误,商业模式逻辑就清晰可见。

3)累积

理清逻辑后,再根据自身实际情况,写出团队、运营数据等相关真实数据。不是运营数据,而是个体"单元数据",最小化可运行单元的测算数据,这个数据必须是简单可依赖的。在不同阶段,最小化可运行单元都是不同的。例如,一家鲜花水果店为一个最小化可运行单元,这家店今年要赚到 35 万元,经营以核心价值产品去扩展,从而衍生出许多数据。单店数据累积所形成的数据价值,是创造核心价值一个体现,可以根据大数据运算,提高客户与产品或服务的对接成功率,创造交易机会。还可以应用区块链技术,将这些数据虚拟货币化,累积价值使公司更有价值。

2. 商业逻辑

所有的商业模式,都是基于最现实的考虑——盈利。好的商业模式,就是"干柴烈火"的逻辑,即市场上要有海量的"干柴(刚需)",而团队拥有可以燎原的"烈火(产品)"。研究商业逻辑的意义在于,判断它是不是个好生意,这样的生意能够持续多久,如何阻止其他进入者。这三个问题分别对应商业模式、核心竞争力和商业壁垒。

1)模式

创业者最需要了解的就是市场,就是用户。市场的变化是没有规律可循的,所有的市场规律都是事后总结的。所以创业者不能闭门造车,而是应像船长一样,需要不断通过各种方法了解风向(政策),水的流向(行业发展趋势)和水的温度(用户的反应)。然后反向思考,哪一片水域(痛点)是我们的市场? 为什么(识别痛点还是痒点)? 用什么(产品)可以点燃(营销手段)这片水域?

继续思考,点燃水域(引爆市场)需要前提条件,要深知水的流向(市场发展趋势即用户消费习惯的变化)。同时还要测试风的方向(政策是否支持)和水的流向是否一致,风向和水流一致,就具备了水温升高的环境,水够深(市场空间),风力足(政策力度),也就形成了良好的大市场。

找到大市场,产品是关键。满足目标客户群体的刚性需求,是产品最基本的定义。用户对于产品功能性的需求是前提(我需要),其次是产品外观、颜色、款式、尺码、偏好等外在的追求(我喜欢),"我需要"和"我喜欢"都是影响客户购买的重要因素,但不是决定性因素,决定因素是"价格"。对于价格不要误解为越便宜越好,而是物超所值,超高性价比,简单说就是无论产品性能还是外观,用户综合评估价值超过产品的定价,超过心理预期线一毫米而已。

产品足够好,利润空间才足够大,即可以取得竞争优势。然而足够的利润空间,不仅是靠一款产品来实现,而是产品所带来的长尾效应决定的。长尾效应会带来很多空间,而每一个空间都是盈利的场景。任何有限的空间内,都不会出现长尾经济。例如苹果模式、迪士尼模式、小米模式,都是具有超长的长尾效应。好产品自带流量,流量会降低成本,延长收益线,形成良性循环,最够长、足够大甚至形成生态圈,完成商业闭环形态。

2)竞争

这里谈的竞争,不是与对手的竞争,因为能看得见的对手都不可怕,可怕的是看不见的对手。所以挖掘出自己独有的核心竞争力,才是竞争的王道。产品的核心竞争力是产品独一无二的 DNA,可以说是从根本上异于或者优于同类产品的绝杀武器,而不是一个讨喜的功能、一个酷炫的交互、一个优雅的图标能替代的。无论你在做什么样的产品,一定要想好产品核心竞争力,才有可能从现在竞争激烈的互联网市场中脱颖而出。格力最有名的那句广告语:"格力,掌握核心科技",这表明格力认为自己的核心竞争力就是空调的生产核心科技。

京东核心竞争力是其自建自营的物流体系。在广告中也不停强调,他家的送货员个个都是拼命三郎,送货"快准稳"。虽然京东后来拓展业务,大量第三方商家入驻,很多人还是会选择"京东自营",这点从商品评论数看得出来。就算大部分自营商品比第三方贵,大家也认了,无非是出于对京东品牌和物流速度的信任。所以,不管电商网站再趋同,在价格没有明显差异化的前提下,京东坚持并将物流体系这个核心竞争力做到极致,这就是京东独有的核心竞争力。

今日头条那句宣传语:"你关心的才是头条"就是今日头条的核心竞争力。特点是精准推送,个性化阅读。当用户使用微博、QQ 等社交账号登录今日头条时,它能 5 秒钟内通过算法解读使用者的兴趣 DNA,用户每次动作后,10 秒更新用户模型,越用越懂用户,从而进行精准的阅读内容推荐。用户就是这样被秒懂的。为什么越来越放不下手机? 实在是内容越来越吸引我。表面看今日头条的核心竞争力是精准推送,个性化阅读,而核心价值的背后是头条的大数据收集分析和计算推送技术,才使得内容相对用户来说是高价值的。

通过两个案例,就明白了拥有自己的核心竞争力,就如同有了自己的定海神针一般,任你市场千变万化,而我只要抓住根本不动摇,并且持续优化升级,竞争力就可以引导市场,而非随波逐流。除了挖掘出自己的核心竞争力,还需要分析竞争对手的情况,分析和比较各自的优势,做出优于对方的策略,只有这样才能真正做到"知己知彼,百战不殆"。

3)壁垒

创造竞争壁垒的关键就在于让你的竞争对手不敢、无法、难以跟进你的策略。

（1）品牌壁垒（第一壁垒），不管哪行哪业，先发夺人都是最有效的手段，先投入的公司可能会获得非常大的先发优势，成为大多数创业者的选择，那么后期即使有强大的竞争对手进来模仿，你也往往能站稳位置。所以先发优势非常重要，往往只要一个产品在导入期占领市场，被人们认为"这是大家的选择"，就更加容易在后期一直占据第一，第一名往往是第二名价值的 10 倍以上，是第三名价值的百倍以上。做到第一自然就是品牌，当用户认可了产品，建立了口碑，形成了品牌，品牌会占据用户的普遍基本认知。例如只要提起吃火锅一定会想到"海底捞"；提到剃须刀，第一浮现在脑海的一定是"吉列"。因为品牌已经在用户认知中悄悄占领了这个消费品类的制高点，新进入该领域的企业缺乏品牌认可度，难以在短时间内取得客户的信任。

（2）规模壁垒，当规模上大到一定量级后，综合优势就会显现，较大的生产规模有利于降低成本，形成规模成本优势。另外，竞争者一般难以在短期内迅速扩大产能及订单数量，较难突破规模壁垒。富士康就是规模壁垒的典型代表，从游戏机、笔记本式计算机、液晶电视、光驱、数码照相机、投影机、散热系统及组件、LED 光照明、新型界面材料、镁铝合金产品、印刷电路板等产品的研发与生产，是全球最大的消费性电子产品研发制造商，是苹果全球最大的代工企业，同时为诺基亚、小米、三星、索尼等世界知名企业代工。高端制造就是核心竞争力，已经成为世界高科技电子产品代加工龙头地位，其规模壁垒令竞争者只能望其项背。

（3）技术壁垒。新模式、新套路也许带来的只是一时的胜利。如果想长期具有竞争优势，需要面向所有竞争对手形成技术壁垒，才有差异化优势，让竞争对手望尘莫及。技术壁垒有五个发展阶段：第一阶段，不可能被抄袭。产品存在某种绝对性的保障，致使其技术或模式是不可能被抄袭的。第二阶段，抄袭难度很大。没有绝对保障，但在技术上或模式上的复制门槛导致无法复制。第三阶段，有一定抄袭难度。在技术上或模式上可以复制，但需要耗费大量成本。第四阶段，抄袭门槛较低。模式和技术都比较清晰，只要组建好团队可以随时抄袭。第五阶段，抄袭无门槛。该产品已经标准化，任何一个人都可以轻易地复制。这五个阶段也是市场不断扩大、利润不断下降的过程，稀薄的利润已经让后来者无利可图，这就是技术壁垒发展为规模壁垒的过程。

华为的技术布局，从提供通信技术设备、智能手机技术、5G 技术、数据管理技术，等等，厚积薄发，层出不穷，不仅在国内占据领先位置，在世界也是行业巨头。无论哪个行业，面对直接市场竞争，如果没有专利技术作为后盾支撑，只能以价格战来肉搏，或提高服务质量去血拼，用传统的高成本方式竞争，短期看损害的是利润，长期看则是消亡。金立手机的破产则宣告了以"营销为核心竞争力"的时代已经过去了。可见专利技术的竞争才是企业真正的竞争优势，技术进步越快，市场竞争成本就越低。技术优势的特点是，是从后台驱动，不去迎合市场，而是引领市场。不仅提升竞争价值，还确保了商业闭环的完整性和安全性。由于最近美国的贸易保护政策惊醒了世界，尤其是中兴公司芯片事件，让所有人都明白了，即使做到世界五百强，但没有核心技术的企业，离轰然倒塌只是一瞬间的事。从来另一个角度说明，我们也即将进入技术创业最好的年代。

6.4.2　投资人看商业计划书

投资人拿到 BP 时大致是先浏览一遍，其作用就是筛选，主要看这一份 BP 是否有可视化的逻辑框架，商业逻辑清晰背后更重要的是创始人的思维，如图 6-5 所示。投资人关注的重点也有逻辑可循，以投资人的视角思考和发问，如表 6-1 所示。

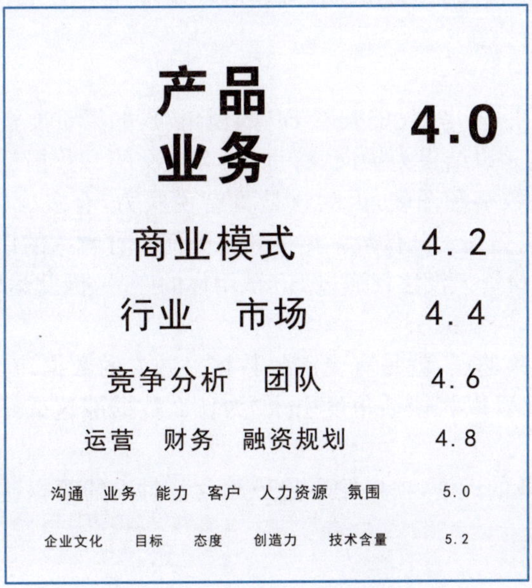

```
产品
业务                    4.0

商业模式                4.2

行业　市场              4.4

竞争分析　团队          4.6

运营　财务　融资规划     4.8

沟通  业务  能力  客户  人力资源  氛围     5.0

企业文化   目标   态度   创造力   技术含量   5.2
```

图 6-5　投资人视力表

表 6-1　投资人看 BP 的问题

关注度	BP 的内容	投资人提问题
1	产品/业务	做什么？产品/业务定位是什么？解决了哪些痛点？
2	商业模式/盈利模式	怎么做？如何产生盈利？
3	行业情况/竞争分析	做的和别人有什么不一样？
4	创始人/团队	为什么能做好？
5	竞争壁垒	拥有哪些优势？
6	运营/财务数据	企业具有里程碑的数据
7	融资规划/估值	估值依据和融资规划相关一些问题
8	退出机制/其他内容	怎么变现？及投资人的随机问题

投资人各有各的喜好，这并不是一个统一的标准，但是创业者就必须站在投资人的立场

来写，得符合投资人的思维方式，每部分内容必须是投资人喜欢看并且是能看得明白，也就是说提供给投资人的信息必须是有用的。

大多数投资人都喜欢简洁务实、不缺乏设计感的 BP；用简单的话讲清楚商业模式、投资亮点、对这个行业的了解以及看法，优秀的 BP 内容言简意赅，控制篇幅的阅读时间；重要的模块不可缺少；重点放前面，突出亮点；行业分析要突出对行业的理解和认知，不能简单叠数据，不要拒绝提竞品，更不要贬低竞品；展现的数据应该是精心提炼的，注意所有数据的合理性；根据创业者的风格，做出其特性。

一个优秀的 BP 就是找投资人的敲门砖，要尽可能做到主次分明，精炼简洁，个性鲜明，让投资人眼前一亮，耳目一新。

1. 主次分明

重要的模块不能缺失（参考"投资人看 BP 的视角"），如果重要板块缺失，投资人会认为有问题；优秀的 BP 一定是以结果为导向，有重点、有主次的。数据是各重要板块中的亮点，投资人最喜欢看的就是数字和图表，因为这最具有说服力，有多少注册用户？多少活跃用户？网站有多少 PV？官微粉丝几位数？传播效果如何？有收入的话，收入怎样，利润怎样，平均客单价是否合理？投资人没法仅通过 BP 试用你的产品，因此运营数据成为产品以外最直观的体验。

投资人初期判断和兴趣点，就是有飞涨的数据。诱人的数据，有利于创业者增加底气，提高投资人兴奋度，并且可以将谈话角度引入"为什么数据涨这么好？"的趋势，进一步提高谈话气氛。

如果 BP 描述对行业的理解、项目发展趋势和竞争对手的篇幅比重过高，那就变成主次不分而被减分的。

2. 精炼简洁

一份精炼简洁的 BP 是智慧与文化的结晶，一份花里胡哨的 BP 就是一个庸俗的大杂烩。一个项目 5 分钟说不清楚，一般来说算不上是好项目。如何做到精炼简洁，就需要注意以下几点：

（1）文字精炼，不要使用长而复杂的句子或说明进行表述，切忌写成可行性研究报告。

（2）通俗易懂，使用简单、直白的语言，避免行话、术语或网络用语，投资人不见得看得懂。

（3）形象表述，使用商业图表表达各种重要的数据，使用条形图显示最低限度的年销售额、毛利率、净利润、现金流和净资产。尽最大可能将枯燥的数字形象化，简洁明了，容易理解。

（4）短小精干，最多 20 页的内容就可以涵盖所要传达的一切。如果有必要再说明的，可以作为附录，例如管理层简历和经营预测表等。

（5）色彩简约，BP 的整体色彩配搭会影响投资人的心情和理解，如果创业者不是为了炫耀艺术天分，请在整份 BP 中不要使用超过 3 种颜色的（不包含配图）字和图形。

3. 个性鲜明

BP 是找投资人的敲门砖，一份优秀的 BP 会使投资人身心愉悦，对项目充满激情和期待,大大增加深入交流的转化概率;同样 BP 也是创业者性格的一面镜子,能够反映出创业者的性格特征,一份个性鲜明的 BP 也能彰显创业者英雄本色。

投资人每年要收到成千上万的商业计划书,并不是每一份商业计划书投资人都会看到,有个性的 BP 就是要激发投资人翻开看的兴趣和看下去的欲望。若一个 BP 套用别人用过的模板,浏览之后有千篇一律之感,即使商业模式再精妙,也可能因为其庸俗的表现形式掩盖了内在的光芒。

当然,这并不是意味着非得苛求创业者去标新立异,而是说 BP 的风格需要匹配项目与创业团队的气质,有自己的特点。打动投资人,从来不是一份商业计划书就可以做到的事,它只能帮你打开大门,进门以后会有更多的挑战。写好一份商业计划书,不仅是对投资人的尊重,更是对自我创业初衷的肯定。

6.4.3　路演及注意事项

1. 路演

项目融资路演,是创业者(项目方)以融资为目的,就整体项目运作与投资人进行的有效沟通的演示和互动过程。路演形式分为线下路演和线上路演,内容一致,形式各异。线上路演通过网络手段公开路演,受众面广,成功率低。线下路演精准度,私密度高,成功的概率相对线上要高。创业者要选择合适的路演平台。不要不做区分和筛选而盲目参加不同类型的路演活动,应当结合项目发展的不同阶段有针对性地选择。如果在一些平台上见到了对项目感兴趣的投资机构或投资人,切记不要再到其他的类似平台上多露面,因为创始人如果频繁参加项目路演,会被投资人打上不专注的标签。

1)线下路演

(1)一对一模式。从投递商业计划书,到被投资机构代表约谈,至投资人受邀参观企业,深度沟通,再到投资机构邀约创始人去投资办公室接受质询,全程特点是一对一、私密性高、节奏快,有利于优质项目提高融资速度。

(2)私董会模式。三五家联投的基金或偏好一致的垂直细分行业的机构,会将精挑细选的项目组织起来,类似于召开私董会一般,结合不同的基金投向侧重点,由合伙人、投资总监发问。他们提出的问题往往非常尖锐,从业务进展、市场开拓方式、成本结构、资本结构到配偶是否支持创业等不一而足。这种路演的效果也非常明显,被投的机率非常大。

(3)项目路演会。由政府部门、知名机构或孵化器平台在线下组织的项目路演会或专场路演会,有机构背景或投资机构承办的项目路演会质量相对较高一些,硬伤太过明显的项目一般不会拿出来,相当于主办方已经把项目提前过了一遍。同时,在路演准备、路演形式方面大多也会给创业者做一些辅导,所以创业者在演示项目的过程中会表现得比较专业,创投双方对频非常容易,能减少很多沟通成本。

(4)创业大赛,或电视台的创业栏目模式。参家此类活动的企业往往出于三种目的:一是求名次,争奖金或奖励;二是求名声,获得免费的品牌传播;三是求资金,期望遇到对路的投资方。这种活动往往有海选和优选环节，所以最终登台的项目质量普遍较高。项目经过辅导和优化，到登台亮相时基本已有机构锁定，创投双方都能有很大收获。

2）线上路演

随着视频技术、移动互联网的应用和发展，如今线上路演也成为一种热门路演方式，路演途径包括 QQ 群、电话会议、远程视频、微信群等。从体验和互动角度看，以微信群路演效果更佳。在路演之前，商业计划书会在群里提前发布，开始语音互动时根本不会给创业者修饰项目的时间，这种直接的干货对撞类似于头脑风暴，有利于大家即时判断是否应当跟进这个项目。这时创业者要学会判断哪些是对你真正感兴趣的投资人，以便转移到线下继续商谈。

2. 路演流程和重点提示

路演其实相当于是面试，投资人就是面试官，会针对项目和创业者提问和互动，所以创业者要做好充分的准备。

BP 的准备：对 BP 的不断完善和补充、更新资料，熟悉里面的细节，设想问题和备选答案。

心态的准备："好的心态就是成功的一半。"不需要患得患失，过于紧张，也不能轻率了事，过于敷衍。打动面试官，获得 offer，就是本场面试的目的。胜败乃兵家常事，天时地利人和，缺一就有可能拿不到融资；在这种情况下需要保持绝对的好心态。

耐心的准备：路演是一场持久战，中间伴随着各种车轮战和游击战。据统计，创业者成功签署一张 TS，平均需要见 21 个投资人，甚至更多。想要取得路演战役的最后胜利，每个创业者都要保持良好的体力精力，腾出充分且连续的时间，认真谈，快速谈，把投资当作一个项目全力以赴。

（1）在开场之前，需要提前展示 PPT，因此首页可以项目名＋公司 Logo，直击主题，给投资人清晰的展示。（重点提示：题目即是主题，要有吸引力。）

（2）首先介绍你遇到的问题或是创业的初衷，通过故事将投资人带到你的项目中，此时应加强和投资人的眼神交流，避免长时间盯着 PPT。通常生动的演讲、风趣的言谈会给人留下更深的印象。（重点提示：生动开场，不拖沓，尤其不要大讲情怀和过度自我介绍。）

（3）用两句话介绍公司概况，目的是让投资人知道公司的背景，为后续的演讲内容做准备。（重点提示：简单明了，直奔主题。）

（4）介绍你的产品和它是如何解决问题的，相比其他的竞争对手你有什么优势和亮点，包含用户画像，竞争对手等。（重点提示：详细拆解，重点介绍，不要反复解释。）

（5）告诉投资人你的产品要如何盈利，也就是商业模式和盈利模式。（重点提示：关键核心问题，引用真实数据，对未来预测要谨慎或保守。）

（6）介绍项目的管理团队，包括他们的学历和经验，如果没有特别出色的学历，就突出团队成员的大公司经验或是相关领域的创业经验。尤其是相关领域的创业经验可以帮助项目避免创业中的一些坑。（重点提示：隆重介绍和特别说明起互补作用。）

（7）股权结构、融资计划及资金用途，每部分只需要一两句话的介绍。（重点提示：有根有据,胸有成竹,不要含糊其辞。)

(8)项目的运营规划和发展蓝图。(重点提示:规划有信心,故事要感性,结尾要精彩。)

3. 路演注意事项

(1)要把握好路演的时间和演讲节奏,避免自开场白占用时间太多。有好多创业者热衷于自我介绍和表白创业初衷等,到最后关键内容没有时间讲。

(2)抓大放小,主次分明。以重点板块介绍为主,其他次要内容一带而过,演讲过程中也要分明主次,一些不重要的问题留在与投资人的互动问答阶段再介绍。

(3)不要与投资人争执辩论,即便有被误解的地方,也要有克制自己的情绪,笑而不争并表示会后再讨论。这样不仅留下好印象,还争取到私下一对一的路演机会。

(4)数据要真实可信,不能夸大,更不能动辄放卫星般地夸大市场。对行业的理解,对未来竞争的态势的理解也要客观;最有价值的是可触达市场,所以要认真分析和表达对此市场的考量和信心,不然动辄万亿的市场其实会让投资人认为不理性。

(5)融资和估值要有根据,但也要留有余地。给出一个区间值是比较稳妥的做法,并在谈到具体数额的时候,可以解释一下区间的因素。

(6)不要贬低竞争对手,且不要自以为只有自己知道对手的情况,将竞争对手分析得过于无能负面,客观评价竞争对手才是成熟的表现。

(7)平心静气面对投资人提问,不要认为投资人提问题就是质疑或刁难。

(8)避免枯燥。路演中没有渲染的叙述,会让人感觉枯燥乏味,甚至听不出重点。渲染不是为了夸张,而是要强化重点。跟听众交流的时候,不要只是平铺直叙,而是要告诉他们你做了什么以及你感受到了什么,用真情实感去打动他们,然后让他们自然而然地产生共鸣。

(9)路演全程在读 PPT,不熟悉,没有激情,这样的路演效果很难打动投资人。

(10)可以带着团队一起来路演,一来显得重视,二来防止演示或讲话跑偏;答非所问或者答错时,其他人可以提醒和补充,偶尔一些投资人关心的专业问题也有专业人回答。

路演评估表如表 6-2 所示。

表 6-2 路演评估表

模块	指 标	要 素	分值	得分
项目情况	创业背景描述	包括行业现状、发展趋势	5	
	创业项目描述	具体包括想做什么、想解决什么问题、怎么做、已取得的成绩、未来规划等方面	20	
	市场分析	包括目标客户、竞争对手、自身竞争优势、前景预估等	20	
	团队介绍	主要看团队架构是否完善、能否满足现阶段项目开发运营需要,下一步的团队构建思路	10	
	需求描述	结合项目情况对所缺资源的描述是否准确	10	
	风险规避	对项目发展中可能遇到的风险(包括技术、项目运营、财务等)是否有清晰的认识和一定的规避方案	10	

续表

模块	指　标	要　　素	分值	得分
现场情况	思路清晰,能清楚介绍整个项目情况		5	
	准确理解评委问题,回答问题西路清晰,逻辑严密,语言简洁流畅		10	
	团队精神风貌好,仪表整洁大方,表现得体		5	
	PPT结构清晰,有逻辑性,内容完整,重点突出,形式美观大方		5	
总分	满分100分,总分超过70分为项目通过		100	

警钟6-4：　路演不是表演

项目介绍

在某次路演私董会上,看到一个"×××数字衍生品交易平台项目",创业者在台上路演的过程中,激情高昂,犹如演讲家一般。又如外交家一样中文和英文混杂着讲,来回走动,手舞足蹈。明明在国内路演融资,BP中却用了大量的英文资料和英文专业词语,让人看得云里雾里。在后来投资人问答环节,也是一副外星人的神态,根本沟通不到一起,结果也就是没结果。

项目点评

在这里项目本身不是点评的重点,反而是这个路演的创始人在路演过程中的表现,实在让人不敢恭维,高傲的态度,以及把路演现场当作了个人秀场,有炫耀、忽悠之嫌。他以一种超前的眼光和高傲俯瞰的视角来看投资人,觉得这些人落伍,听不懂他们的超前语言。在和投资人互动的时候,又没有耐心,他这种心态就注定不会成功。投资人对一些新兴项目是有一个学习认知的过程的,但是这些投资人看人的眼光则是很独具慧眼的,因为投资人来这里是来投资有理想、有能力的创业者,而不是心浮气傲的表演家的。

建议:每一次路演就是一场考试,要摆正心态去参加路演,自信,不自负;谦卑,不自卑;恃才,不骄傲;面对的都是老师和专家,以讨教的心态与之交流,以探索的心态与之交换意见。因为早期项目,投资人更看重的是人。

路径6-3：　优秀的BP是最好的融资工具

项目介绍

COOL,服务于酷爱运动的人群,提供高端、优质、优惠的运动装备产品的移动互联网销售平台。这个项目在最初看BP的时候也没有什么特别之处,但是这个团队很厉害,善于学习,并善于利用资源,结交了很多创投圈的朋友。百万菁英的导师也辅导了这个项目,并成为企业的财务顾问,对其商业计划书进行过梳理,对BP进行修改和完善,比较符合中国创业投资机构对创业项目BP的要求,BP整体比较有特点,也比较规范,对吸引投资产生了很高的效果的范例。这个 BP 曾在创业大赛分别获得过一等奖和二等奖,受到多家创业投资机构的关注,在很短的时间内融资成功。可见一份优秀的 BP 真的是融资的敲门砖,是创业者最好的融资工具。

项目点评

这个项目的 BP 朴实无华,中规中矩,没有炫目的特效,没有夸张的色彩,也没有黑色背景一排字的耍酷。但是整体色彩明亮淡雅;文字清新简洁;数字图表清晰易懂;融资规划和盈利预期一目了然,有可信度。从表面看是优秀的 BP 为创业者赢得了融资成功,实际上是这个团队的学习力和行动力、不张扬的作风、务实的创业态度赢得了投资人的心。甚至有投资人愿意义务为他们提供顾问服务,指导他们少走弯路,健康成长。

建议:融资成功的前提是赢得投资人的心,赢得所有投资人的心。

第7章 法务财税：常识、风险、风控

📝 **题记** 对于创业者来说：知道自己不知道什么，不可怕；不知道自己不知道什么，最可怕！若把创业之路比喻为"架在创业初心的现实此岸与创业成功的快乐彼岸之间的一座跨海大桥"，那么公司法务与财税风险控制就像大桥两边的"护栏"，是避免创业者"跑偏"掉下大海的防护设施。

本章讲叙顺利通过创业之桥的"不可不知的"法务与财税方面的常识和风控意识，规避可能导致创业公司"跑偏"的各种风险，护佑创业者始终奔跑在快乐创业的大桥上，直至达到创业成功的快乐彼岸。

创业，就是要开创一番事业，其基本载体就是一家公司。

绝大部分创业者都要依据《公司法》到工商行政管理部门登记注册一家公司，并在工商备案的《公司章程》中明确公司的注册资本、股东人数和身份及占股比例，以及股东会、董事会（或执行董事）、经理人的权责范围等内容；公司还需要招聘雇佣员工，并依据《中华人民共和国劳动法》与员工签订《劳动合同》；公司要租用办公场地（写字楼或众创空间、孵化器），需要签订《房屋租赁合同》或《工位租赁合同》；公司对外开展采购、销售、服务等业务活动时，也要根据《中华人民共和国合同法》签订相应的《业务合同》……

公司完成工商登记后，还要到税务部门办理税务登记，到银行开立公司基本账户等。公司开始运营时要建立会计制度和配备财会人员（或委托代记账公司）及财会账册等……

也就是说，无论创业公司从事的是哪个行业，哪种业务，都离不开法务和财税两个方面。

创业，就是在技术创新、产品设计、市场定位、商业模式、品牌战略等要素方面不断试错、调整、迭代的过程，对其中任何一个要素的判断失误都可能导致创业项目失败。创业者在创业之初，对这些要素的判断和规划，都是基于对现实的有限认知和对未来的主观推断，只能通过创业实践的探索过程去验证创业团队当初的判断和规划是否可行。因此，创业能否成功存在极大的不确定性，故这种因对各个要素判断失误导致的失败，并不遗憾。现实告诉我们，创业成功本就是个小概率事件。

公司的法务和财税，都是有现成的法律法规、规章制度可循的；都是可以通过事先的规范化制度建设和程序化过程控制，保障创业公司从建立之初就有效防控法务和财税方面的风险的。若一家公司（包括传统公司和创业公司）在自身技术、产品、业务等方面发展很好的情况下，只因为在公司法务和财税管理与风险控制方面的缺失而导致公司失败，这是最令人唏嘘不已的！

　　大量的公司失败案例告诉我们，一家公司因法务或财税风险而失败，其主要原因都集中在这家创业公司的创始人和合伙人团队身上：一方面创业者多数是某个行业领域中的专业人士，其知识结构中往往缺乏法律和财税方面的基本常识；另一方面，创业早期创业者往往专注于自己项目的技术、产品、模式等方面的创新研发，但却缺少公司运营管理的实践经验，缺乏公司法务与财税风险防控意识；还有些创业者，虽然了解一些公司法务和财税方面的常识，也知道这两方面存在的风险，但在创业之初，在资金紧张的情况下往往有意忽略公司法务和财税风险控制方面的必要成本预算，想着等公司做大做强了以后再来规范、控制。

　　公司法务和财税，与创业项目的技术、产品、模式等完全不同，它们往往不给创业者试错的机会，特别是法务方面，一旦以口头预定代替书面协议或签署一些不完备的法律文件，埋下风险的祸根，未来就很难再有纠错、补救的机会！无论创业者在公司法务和财税风险方面是不知者、无意者，还是怠慢者，他们都在创业路上给自己埋下一颗颗不定时的地雷，未来随时可能被自己无意触发，甚至被别有用心之人有意引爆。到那时，创业公司业务发展越成功，风险爆发带来的损失越惨重！

　　其实，创业者要想防控公司的法务和财税风险并不难，只需了解一些公司法务和财税常识（无须专门学习全套法律知识和会计技能）；树立法务和财税风险防控意识；知道创业过程中，在哪些关键环节存在哪些法务风险和财税风险。具体风控措施，可聘请专业的法律顾问和财税顾问帮助公司建立专业化、规范化的风险防控机制。

7.1　公司股权的法务常识及其风险

　　创始人需要先了解一些关于股权、公司治理结构、股权架构等方面的基本常识。

　　首先，我们要知道什么是股权。股权是有限责任公司或者股份有限公司的股东对公司享有的人身和财产权益的一种综合性权利。即股权是股东基于其股东资格而享有的，从公司获得经济利益，并参与公司经营管理的权利。股东以其在公司中的投资比例获得相应的股权比例。股权比例的大小既是股东获得分红比例多少的根据，又直接影响股东对公司的话语权和控制权，还是股东对公司承担有限责任的依据。

　　其次，我们要了解公司的治理结构。所有公司的治理结构（组织架构）的核心一般是由股东会、董事会、总经理三级构成，各有各自的职权范围。

　　股东会是公司的权力机构，决定公司的经营方针、投资计划，选举董事、监事，审批董事会的各项报告、方案，决定公司增减资、合并分立、修改章程等重大事项，股东会会议由股东按照出资比例行使表决权。

　　董事会负责执行股东会决议、制定各项报告方案、设置内部管理机构和制定管理制度、任免总经理，董事会决议的表决，实行一人一票。

　　总经理负责主持公司的日常经营管理工作，组织实施董事会决议和年度经营计划及投资方案,拟定公司机构设置方案和管理制度,制定具体管理规章,提请聘任或解聘高管人员等。

但创业公司在初期一般不设董事会,而只设执行董事,创始人往往既是大股东,又是执行董事,且兼任总经理,故三级治理结构就精简合并为一级,总经理办公会议、董事会议都变成了股东会议。公司的大事小情都由股东会议做决定,而股东会议是以各股东所持有的股权(表决权)多少来决定各项议题。由此可见,股东会的重要地位,以及股东持股比例的重要意义。

第三,我们要了解什么是股权架构。股权架构就是公司的股东结构,也就是哪些人或机构能够成为公司的股东,各股东在公司总股本中所占股权比例各是多少,所有股东共同组成公司的股东会。

7.1.1 "4×4 股权架构设计"之四类股东

当今的创业公司与以往的创业公司最大的不同之处就在于,以往创业的大部分是一人单打独斗。而当今的创业公司则多数是由创始人和合伙人(或称联合创始人)组成的团队创业。

很多创业公司为了吸引、留住人才,会对核心员工实施股权激励,从而引入"员工股东";创业公司中的多数在早期商业模式建立后就开始四处参加各种路演活动,吸引投资人,期望获得金融资本的支持。当一家创业公司获得了天使投资人和风险投资机构的青睐后,以股权融资的方式引入"投资人股东"。因此,任何一家公司最终的股东结构,都将从单一的创始人股东,或仅有创始人与合伙人两类股东,逐步演变为增加了员工股东和投资人股东的完整的四类股东结构,这就是"4×4 股权架构设计"中的第一个"4",如图 7-1 所示。

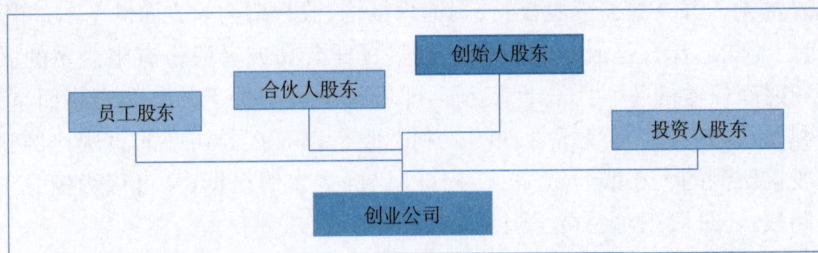

图 7-1 4×4 股权架构设计

当然,也有一些创业公司,因其融资方式多样和商业模式复杂而需要设计多层次的复杂股权架构。一方面,因创业公司本身的股东类型和人数较多而需要在创业公司上面分层;另一方面,因其业务种类多或覆盖范围大,而在创业公司的下面分层,如图 7-2 所示。

不管是单层的股权架构,还是多层的股权架构,其核心股东同样是创始人、合伙人、员工和投资人四类股东。设计股权架构时要考虑到这四类股东既有做大做强公司的共同目标,也因各自的角色身份不同有各自不同的诉求,如图 7-3 所示。

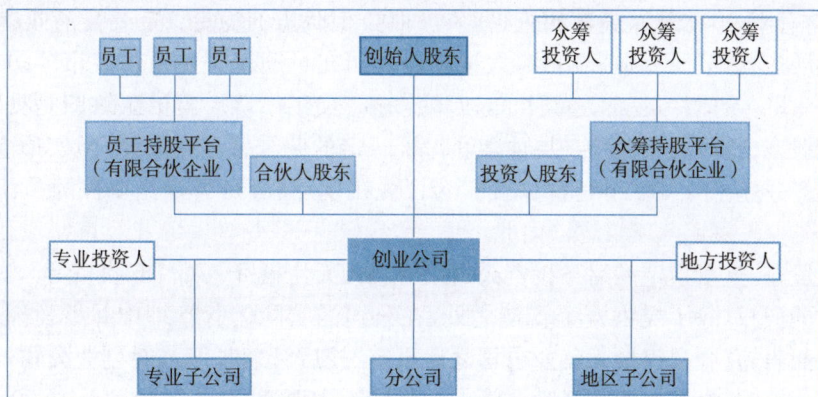

图 7-2 多层次股权架构设计

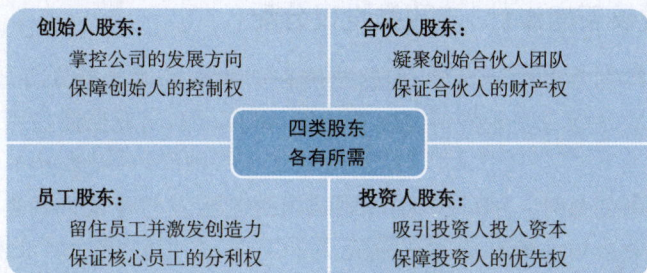

图 7-3 四类股东

创始人股东： 掌控公司的发展方向 保障创始人的控制权	**合伙人股东：** 凝聚创始合伙人团队 保证合伙人的财产权
员工股东： 留住员工并激发创造力 保证核心员工的分利权	**投资人股东：** 吸引投资人投入资本 保障投资人的优先权

四类股东
各有所需

创始人股东，作为创业公司最早的创意者、策划者、发起人，同时还可能是核心技术掌握者、商业模式设计者，也必将是创业公司未来发展方向、发展战略和运营管理的核心决策者。创始人在创业公司中的地位和作用就至关重要。因此，在设计股权架构时要考虑创始人对创业公司发展方向的掌控能力——绝对控制权。从投资人角度来说，投项目实际投的是人，所以投资人看重创业团队成员的构成，但更看重的是创始人。若投资人看好一个创业项目，看好其创始人，但若创始人不能有效掌控创业公司的发展方向和重大决策，这对投资人来说就是个巨大的不可控投资风险因素，估计一般投资人都不敢轻易做出投资的决策。因此，在设计股权架构时，要保障创始人股东的控制权。

合伙人股东，作为创业团队的核心成员，必然与创始人及团队有着共同的目标、理想乃至"三观"，认同创业公司的战略发展方向，同时其在运营、技术、产品、市场等方面中的某一领域具有一技之长，与团队其他成员形成协同互补的关系。在创业公司的发展过程中，在其擅长的领域及其对创业公司发展战略和策略的影响上，合伙人需要充分利用其专长发挥积极作用。因此，在设计股权架构时，要保障合伙人股东的话语权。

员工股东，任何一个创业公司都不是单靠创始人和合伙人就能做大做强的，得力的员工团队也是至关重要的。但创业公司早期的主要任务是产品研发和市场推广，投入大、产出少,加之资金有限,因此难以高薪招人、留人。而员工队伍的稳定又在一定程度上决定了创业公司的发展进程,甚至成败。由此,大量创业公司在早期就开始模仿上市公司,对核心员工进行股权激励,希望将员工变成股东,以稳定核心员工团队。但员工终归是员工,他们获得股权成为股东之后,虽然在精神层面上获得了一定的荣誉感和归属感,但实质上他们更看重的还是经济利益——分红和股权增值。因此,在设计股权架构时,要保障员工股东的分利权。

投资人股东,这里指定是财务投资人(种子投资、天使投资、VC/PE 投资等),其以资金投资创业公司的股权,除了提供资金支持之外,在公司的实际运营管理中并不发挥多大作用。对于投资人而言,真金白银投入创业公司之后虽有"投后管理",但其对创业公司经营风险的防控能力非常有限,投资失败的风险非常大。投资人主要通过《投资协议》中的众多"优先条款"来降低自身的投资风险。因此,在设计股权架构时,要保证投资人的优先权。

7.1.2 "4×4 股权架构设计"之四维股权分配

公司的股权架构需要事先设计好,但这个股权架构中的四类股东并不是在公司建立之初就全部到位的。它是随着创业公司的发展壮大,在公司不同发展阶段引入相应的新股东,而逐步搭建完成的。

在创业公司刚刚创办时,一般只有创业团队内的创始人与合伙人两类股东,他们之间的股权分配就成为创业公司注册前必须先期完成的工作,是为创业公司未来的股权架构逐步完善,以及创业公司的未来发展奠定基石。

多年前的公司注册资本是实缴制,股东之间分配股权时基本是按照每个股东的出资金额而定,出钱多的占大股,出钱少的占小股,分配股权比较简单。而现在的《公司法》已经允许认缴注册资本,并可由股东自由约定认缴期限。这样就使创业团队成员都可以不必再受现实出资能力的制约而可以任意设定自己的认缴金额(反正不用现在就掏钱),但也就导致按出认缴资额的多少分配股权难以实现;且现在的创业公司中绝大多数不需要较大的资金启动创业项目,主要依赖的是创业团队成员的创新能力、技术专长和社会资源等"无形资产",大家都想以这些"无形资产"为出资,也就是创业者们口中常说的所谓的"技术入股",但这些所谓的"无形资产"是无法评估定价的,也没有权属证明,无法转到公司名下,故这种所谓的"技术入股"在法律上是无法实现的(注:真正的技术入股是指以拥有国家认可的知识产权证书的发明专利、软件著作权等无形资产,通过专业的资产评估确定其价值后,作为出资投入到公司中,并在公司注册后将这些无形资产的所有权变更至公司名下。)。由此可见,创业公司股东的认缴出资额和"无形资产"投入都不能成为创始团队成员之间分配股权的依据,如何在创业团队成员之间合理分配股权,搭建基础的股权结构就成了一个普遍的难题。

为了解决这个创始人与合伙人之间的股权分配难题,在"4×4 股权架构设计"中的第二个"4"就是"四维股权分配法",如图 7-4 所示。

任何一家公司无论规模大小,其全部股权都是 100%。把全部股权分为"创始人""股东身份""任职岗位""出资金额"四个维度,每个维度配以不同权重,然后将创业团队的创始人和合伙人都分别代入到这个模型中去计算每个人在每个维度上所分配到的股权比例,最后加总每个人在四个维度上分配的股权比例,得出每个人分配的股权比例总数。

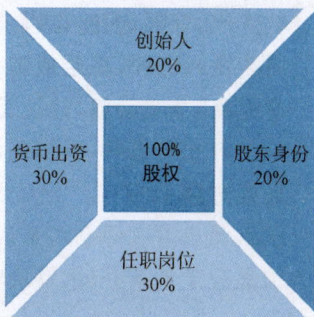

图 7-4　四维股权分配法

"创始人"维度,根据创始人在发起创业项目中的作用分配其权重为 15%～30%。若该创业项目是创始人独立研究、策划、发起的,则可将其权重加大到 30%；若是由创始人与合伙人共同研究、策划、发起的,是集思广益后由创始人归纳总结成型的,则可将其权重下调至 15%。确定该维度的权重后,该维度所分配到的全部股权比例(如 20%)仅由创始人独占。

"股东身份"维度,一般根据创业团队人数多少分配其权重为 15%～30%。若创业团队的全体成员是同时进入创业项目的,则全体成员(包括创始人和合伙人)平均分配该维度的股权比例；若有成员是在该项目筹备了一段时间之后才加入的,则后加入者分配低于平均值的股权比例,相对先加入的就分配高于平均值的股权按比例。

"任职岗位"维度,一般与"股东身份"维度的权重相同在 15～30% 之间。首先该维度的股权只在创业公司专职工作的股东之间分配,兼职股东不参与该维度的股权分配；其次,专职股东之间可按在创业公司的职位高低及其职位的重要性,以平均值为基础做相应的上下调整,职位高、岗位重要的人分配高于平均值的股权比例,相反者分配低于平均值的股权比例。

"出资金额"维度,是指为筹备、启动该创业项目而由创业团队成员实际投入的资金数额,不是指工商局登记的注册资本金(可认缴)。根据实际投入资金的规模大小确定权重在 20%～40% 之间。创业团队中谁实际出了资金,谁就根据其所出资金占出资总额的比例,分配这个维度上的股权。

创业团队的每个成员根据自己的情况,分别在四个维度上核算自己可分配股权,最后将四个维度上分到的股权加总就是自己在创业公司中分配到的股权比例。

路径 7-1：　用"四维股权分配法"优化创业团队股权结构

典型案例

UF 创研社项目是个深度有趣的艺术时尚知识社交教育平台。希望提升艺术时尚素养,分享并交互艺术时尚态度和技能,变得更时尚的人群为目标用户；打造生活美学院、时尚趋势学院、时尚商学院、艺术设计学院、时尚技术学院五大线上学院。

创始团队：

赵小姐：创始人 CEO,时尚管理双学士双硕士,日本、法国留学生,知名外企高级培训师,有创业经历,时尚产业研究员,北京服装学院客座讲师。

　　钱先生：联合创始人 VP，服装定制行业深入实践者，连续时尚产业创业者。

　　孙先生：产品项目经理 PM，IBM、HP 技术支持、项目管理背景，PMP 项目管理规划师。

　　李先生：专家顾问，优他国际 CEO，MBA、时尚产业 26 年从业专家、上海交大客座终身教授，出版 26 本行业相关书籍。

股权方案：

　　根据创业团队每个成员的具体情况，按照四维股权分配法，对该项目创业团队成员的股权比例进行了重新分配，解决了困扰他们的这一难题，如表 7-1 所示。

表 7-1　创业团队四维股权分配方案

股东姓名	创始人	股东身份		任职岗位		实际出资		合计
赵小姐	20％	项目发起	7％	专职，CEO	9％	10 万	15％	51.00％
钱先生		共同发起	7％	专职，VP	8％	10 万	15％	30.00％
孙先生		后期加入	5.5％	专职，PM	8％			13.50％
李先生		后期加入	5.5％	兼职，顾问				5.50％
合计	20％		25％		25％		30％	100％

7.1.3　创始人的控制权

　　创业公司区别于传统公司的主要特点就是创新，无论是技术创新、产品创新，还是商业模式创新，都是在探索一条前人未走过的路，是一个不断设计、试错、修正的过程，创业团队就会不断面临各种选择；同时，公司的团队建设、运营管理、市场合作等方面也要做相应的调整；若公司项目得到投资人的青睐，还需考虑投资人的合理要求等。总之，创业公司要想生存下去，就必须有一个既能集思广益，又能快速决断的决策机制。

　　如前所述，一方面，公司创始人往往是一家创业公司的领导核心，应该掌握公司的控制权，体现为对公司重大事项的最终决策权；另一方面，创业公司早期的治理结构是以股东会为主体的，创始团队成员都是股东，多数还都是公司高管，故公司的大部分重要议题都是经过股东会议决定的，而股东会又是按照股权比例进行表决的。因此，创始人要想掌控公司的决策权，就需要拥有绝对控股权——独占 67％ 以上的股权（根据《公司法》，2/3 以上票决权可以决定公司的增减资、合并分立、修改章程等重大事项）。

　　创始人获得绝对控制权大致可分两种情况：

　　(1) 根据上述的四维股权分配法得到 67％ 以上的股权，直接就掌握了 2/3 以上的表决权。

　　(2) 按照四维股权分配法，创始人分到的股权少于 67％，则可以设计"二元股权结构"（仅适用于有限责任人公司，不适用于股份有限公司），将股权（综合性权利）中的表决权分离出来，在各股东按四维股权分配法分配的股权比例享有财产权的基础上，另外约定创始人股东拥有 67％ 以上的表决权，其他股东同比减少表决权。这样既可以保障合伙人的财产权，又可以保证创始人早期通过股东会对公司的控制权（将来公司不断发展，不断引入新股东，原股东的股权必然不断稀释，那时创始团队可通过控制董事会控制公司）。

路径 7-2： **"二元结构"保障创始人的控制权和合伙人的财产权**

典型案例

TXZH 餐饮是个面向中高收入商务人士的特色火锅项目。

创始团队：

周先生：创始人，总经理，原任某国际著名连锁餐饮品牌的大中华区总经理，30 年连锁快餐企业运营管理经验；

吴先生：联合创始人，副总经理，原任某国际著名连锁快餐品牌的中国区总经理，25 年连锁快餐企业运营管理经验；

郑女士：联合创始人，行政总监，原任某中国著名连锁餐饮品牌总公司行政副总，23 年餐饮企业行政、人力资源管理经验；

王先生：联合创始人，市场总监，原任某中国著名连锁快餐品牌总公司市场总监，15 年连锁快餐企业市场开发管理经验。

二元股权方案（见表 7-2）：

根据该团队每个成员的实际出资比例分配股权后，按照各方协商的结果，将表决权与股权分离，分配给创始人赵先生 67% 的表决权，以保证赵先生的控制权及各股东的财产权。

表 7-2　二元股权分配方案

股东名称	出资总额（万元）	股权比例	表决权比例	缴纳方式	出资方式
周先生	150	50.0%	67%	实缴	货币
吴先生	70	23.3%	15.4%	实缴	货币
郑女士	70	23.3%	15.4%	实缴	货币
王先生	10	3.4%	2.2%	实缴	货币
合计	300	100%	100%		

世上没有适合所有公司的、最好的股权结构，各个公司的创业团队情况不同，具体的股权分配方案自然不同，须量身定制。但有一种最坏的股权结构——"一元平均股权结构"，顾名思义就是创业团队所有成员分配的股权都一样多，没有大股东，人人平等。这在表面上看起来，大家是同甘共苦，风险共担，利益均分，所有事情大家商量着办，貌似非常合理。但在实际创业过程中，一家公司会遇到许多具体问题，事无巨细都要股东开会讨论，平均股权可能导致没有一个人能够快速"拍板"，造成决策效率较低；创业本身就是个创新探索的过程，是个不断试错的过程，即使是志同道合的创业团队，也难免在一些问题上产生严重的意见分歧，特别是在重大问题上形成两派对立的局面时，没有一位负责人能做出决断，可能导致团队分裂。

警钟 7-1：　平均股权结构引发团队分裂风险

项目介绍

该项目创业团队共有三人,创业之初约定的股权比例是 4∶3∶3,借用其创始人的话说"自己是老大,却不好意思多要股份"。

该项目在起步阶段,发展很顺利,短短几个月内业绩高速成长,成为创业圈的焦点。但当公司估值达到 4 000 万的时候,创始团队内部对公司发展中的重大事项发生了严重分歧。但在这种平均股权结构下,"老大"也没有能力对意见纷争做出决断;且这时公司已得到天使投资人的青睐,但投资人对该公司的这种平均股权结构不能认可,担心投资后这种群龙无首的局面继续延续,可能造成巨大的投资风险。为此,"老大"提出调整股权结构。这个提议不但未能获得其他股东的认同,反倒进一步激化了股东之间的矛盾,甚至蔓延到股东间对彼此工作责任心、道德人品方面的相互指责和攻击。最终导致团队分裂,其中一名合伙人退出团队;但原团队成员因与退出的合伙人的股权调整安排难以达成共识,而只能与投资人另组建新公司继续经营原业务。

项目点评

该项目是近年来国内创业圈里难得一见的好项目,创业早期就取得了较大的市场成功和投资人的认可,但只因"老大"在公司创立时的"心慈手软",成立平均股权结构,使其本应加速发展的时候发生"股东内讧"、团队分裂;又因原股权协议中缺少创业团队股东退出机制的清晰条款约定,使合伙人退出了公司,但其股权退出问题始终未能妥善解决,致使看好该项目的投资人无法直接进入原公司,留下来的创始团队成员与投资人被迫通过组建新公司的方式完成融资,使该项目得以继续发展。

风险提示:

(1)平均股权结构,在创业初期容易在团队成员中达成共识,但却为公司未来的发展埋下的巨大隐患:没有负责人能最终决策,而导致各股东之间争执不下,积累矛盾,直至团队分裂。

(2)涉及股权的法律文件,其核心内容就是股东间的股权分配(或交易),这是个零和博弈,一旦商定各股东的股权比例,并正式签署协议,未来就很难修改。因为修改协议就意味着有的股东要增加股权比例,同时就必然有其他股东要减少股权比例,其经济利益和话语权也就同比下降,恐怕多数人都难以接受。

(3)股权结构调整无法实现的情况下,创业团队往往会分裂、散伙,极可能导致项目失败或严重受损;

(4)原项目公司因股权纠纷无法继续发展和引入投资人的时候,留下的股东往往会另起炉灶,通过组建新公司继续经营原项目和引进投资人。但这种不得已而为之的方式也是存在重大的法律风险的,可能招致被退出股东对留下的股东提出"滥用股东权利损害公司或其他股东权利"诉讼,和/或对新公司提出对原公司侵权(品牌、商标、专利技术等)诉讼等。

7.1.4　建立股权激励与约束机制

如今的创业圈里，到处都在谈论股权激励，几乎所有的创业公司都在考虑或已经准备实施股权激励。但是大多数人并不知道，股权激励原本是上市公司的"专利"，且有一整套完备的法规制度来规范上市公司的股权激励。后来被创业公司"借用"过来，想用股权吸引和留住核心员工。多数创业公司"借用"的仅是股权激励的概念或者说是这个名词，其实并不了解什么是真正的股权激励。

首先，其完整的表述应该是"股权激励与约束机制"，并非仅仅是"激励"。但多数创业公司仅仅以为给了员工股权就算完成股权激励了，完全没有意识到在给员工股权的同时需要对被激励员工建立必要的约束，这样才能达到不仅是吸引人才，还能促使人才发挥其应有的作用，并留住人才。所谓的"约束"就是要在给员工股权的同时约定员工应该达到的业绩成效、服务期限等条件，就像给被激励对象戴上了一副"金手铐"，从而实现用股权换贡献的目标。

其次，创业团队股东要明白，创业公司的股权与成熟的上市公司（或转上市公司）的股权完全没有可比性。创业公司的资产规模小、现实价值低、发展不确定性强，其股权在几年内几乎都没有分红机会和流通变现机会，因此其股权的现实实际价值非常有限，其意义更多在于创业团队股东给被激励员工描绘了一幅公司未来发展壮大后通过上市或被并购，可以通过股权转让获得超额收益的美好愿景，起到"望梅止渴"的作用。

第三，创业团队股东也不要妄自菲薄，因感觉自己公司的股权现在不值钱，就随意送给员工（包括新加入的合伙人）。因为创业公司的股权未来的升值空间很大。更重要的是公司股权不仅仅是可带来收益的财产，而且是可以影响创业公司未来发展的一种权利。特别是在现实的工商行政管理措施与《公司法》中的有关规定并不能完全协调一致的情况下，有些获得股权的小股东（在公司所占股权比例可能很小）在与大股东发生矛盾时采取消极不作为（不配合公司做工商变更登记手续）的态度时，可能导致公司的重大变动事项（如融资引入投资机构新股东）时，无法完成工商变更登记，阻碍公司通过股权融资快速发展壮大。

总之，股权激励并不像道听途说或自己想象的那么简单，股权激励若实施不当，不但不能起到激励员工的积极作用，还可能对公司发展形成消极阻力。

创业公司若想借助股权激励吸引人才、留住人才、激励人才发挥最大作用，就必须建立完善的股权激励与约束机制，其基本原则和模式包括：

（1）建立较为完善的人力资源管理制度，特别是指定较为现实可行的绩效考评指标体系，能够对员工进行较为量化明确的绩效评价，从而为股权激励与约束提供依据。

（2）股权激励的模式可根据被激励对象的具体情况（招募的急迫程度和岗位的重要程度等）参考下列方式：

①直接授予限制性股权：也就是先收于股权并做相应的工商登记，但同时对所授予股权中的表决权、分红权、转让权等设定限制条件，约定一定的时限和绩效目标，进行分期成熟，

只有达到成熟条件的股权才能解除限制。

②类似"期权"的形式：先约定授予股权的绩效和服务年限等条件，当员工达到约定条件时再做股权授予及相应的工商变更登记。

（3）必须建立股权退出机制，也就是在被激励对象不能（客观能力不足或主观态度不端）或不愿再在公司任职时，需要"强制"其将获得的股权"归还"创业团队股东。

（4）量身定制本公司的股权激励方案，并通过各种法律文件将其规范化和合法化。

7.1.5 股权融资时须看懂投资人的"投资天书"

当今的创业大潮风起云涌，伴随着市场竞争的激烈程度不断加剧，没有哪家创业公司再按照过去的方式，由创业团队自己投资，通过将经营收益再投入扩大再生产，进行自我积累的滚动式发展模式了。几乎所有的创业公司都是初步完成技术研发、产品雏形、商业模式试水后就开始通过向投资机构投递商业计划书、参加路演活动等方式，不断地寻找投资机构进行多轮股权融资，期望借助资本的力量，进行低成本扩张，以求快速扩大经营规模和提升市场占有率。

股权融资就是投资人通过对公司进行增资扩股获得公司的部分股权，公司原股东的股权比例相应稀释。当创业公司被投资机构看中，则创业公司获得了股权融资的机会。这时投资机构会先提供投资条款清单与创业公司签订《投资意向书》，在完成尽职调查和投资条款谈判后，与创业公司及原股东签订《投资协议》（或《增资扩股协议》），之后按照《投资协议》的约定完成划拨投资款项，完成工商变更登记等手续。

但《投资条款清单》和《投资协议》对于专注于某个行业领域的某个项目的大多数创业者来说，无异于"天书"，多数创业者因为缺乏投融资常识和专业法律知识，很难理解其中晦涩、拗口的法律条款。

因多数风险投资机构投资于早期创业公司时，所获得的股权比例不高，投资后对被投资公司的掌控能力非常有限；加之创业公司的发展先天具有较大的不确定性，成功概率不高，故而投资机构承担着很大的投资风险。为了尽可能控制投资风险，特别是控制被投资公司运营管理团队（原股东、创业团队）的道德风险（忽悠投资人的钱），在《投资协议》中设定了"领售权""随售权""股份回购优先权""清算优先权""反稀释权（棘轮）"条款，甚至还有"对赌条款"等。

作为创业者，被投资公司的原股东，在正式签署《投资协议》前，应仔细研读该协议中的所有条款，聘请专业的律师和投资银行人士，为自己解析各条款的实际含义，原股东承担的风险，确定自己所能接受的条款，以及需要与投资人"讨价还价"进行修改的条款等，以尽可能在公平合理的基础上最大限度保护自己的利益，避免稀里糊涂地为投资人分担了本应由投资人承担的风险（风险投资机构以较低的对价获得创业公司的较多股权，理应承担一定的投资风险，否则就不应称之为"风险投资机构"）。

7.2　公司治理的法务常识及其风险

创业公司的创业团队除了要了解涉及股权的各类法务常识及其潜在的风险外，还要掌握公司治理中的基本法务常识及其可能暗藏的法律风险。

现在的创业者中年轻人居多，参加工作的年限较短，且其中很多创业者还是技术出身或只在企业里担任过某个部门的职务，缺乏公司治理和企业整体运营管理的专业知识和实践机会。一旦创业，就摇身一变成了公司的股东兼 CEO 等高管，但在企业管理知识和实践经验等方面的不足极有可能成为创业能力中的短板，这也是创业公司成功概率低的重要原因。

7.2.1　认缴制下的注册资本不可盲目放大

为了鼓励和支持"大众创业，万众创新"，近年来《公司法》做了多次修改，使创业者创办自己的创业公司变得越来越简便。其中关于有限（责任）公司注册资本金的有关规定就从全部实缴改为限期（3 年）认缴，再改为现行的自主约定期限认缴。也就是说，现在注册登记一家公司，创办人（股东）确定注册资本后，可以自主协商确定每个股东的出资认缴期限。其立法目的是为了适应近年来的创业者大多数是以自己的创新创意、技术专长（尚未形成可评估定价的登记知识产权）等为基础创办公司，一方面这类创业公司无需太多启动资金就可以开始运营；另一方面创业者自身资金较少。认缴制可以帮助创业者在资金少甚至没有资金的情况下先注册登记公司，创业股东通过公司经营获得收入后再逐步缴足其认缴的注册资本，这就大大降低了创业者注册登记公司的门槛。

现实中，许多创业者对注册资本认缴制存在一些误解或曲解：

（1）以为注册资本认缴既然可以自定期限就是相当于无期限，也就相当于可以永远不缴注册资本。

（2）以为既然可以不缴注册资本，就可以把注册资本随意做大，这样可以虚张声势，显示公司有"实力"，有利于"忽悠"用户、投资人、商业合作方，甚至自己的员工。

（3）以为在公司成立之初就把注册资本做大，可以为将来公司引入新的合伙人、投资人，以及未来公司对员工进行股权激励预留较多的股权。

警钟 7-2： **注册资本太大，把有限责任变成无限责任**

项目介绍

该公司以一套较为复杂的消费积分奖励、再消费、返还系统，刺激消费需求，以消费需求吸引供应商低价供货，以品牌连锁、会员导入和供应商垫资铺货等优厚条件吸引大量便民型超市加盟。短短一年多时间内就在多个省份发展了三百多万会员、四千多家连锁便民超市、五千多家供应商。

股权结构及注册资本：

　　为了管理各地区的业务,该公司已在 5 个省建立了 5 家地区公司,另有两家地区公司在筹备。北京公司股权结构为:创始人占 80% 股权,两名合伙人分别占 12% 和 8%,注册资本 500 万元;

　　地区公司的股权结构:北京公司创始人占 74% 股权,地区合伙人占 26% 股权。

　　关键问题是:每家地区公司的注册资本都是 1.17 亿元,创始人(大股东)实缴了 1 000 万元,剩余 1.07 亿元为认缴,认缴期限为 20 年。

　　风险触发:

　　2016 年 10 月,因其积分系统设计上的漏洞,以及业务链各环节的管理出现疏漏,造成公司业务发生较严重混乱,以及资金链的断裂,致使大批供应商的货款结算被延迟拖欠。特别是其在山东省的地区公司,出现拖欠上百家供应商的应付货款近 2 亿元,截至 2017 年 5 月份,已有 7 家供应商向当地人民法院提起民事诉讼,要求山东地区公司偿还应付拖欠货款共计 8 250 万元。

　　该公司的创始人曾向律师咨询:

　　山东地区公司是具有独立法人资格的有限责任公司,如今公司资产不足百万元,法院判决生效后是否只能强制执行公司剩余全部资产?公司股东是否还要承担赔偿责任?是否会强制执行股东的个人财产用于偿还公司债务?

　　律师提供的法律意见:

　　(1)若山东地区公司的股东已经完全履行了认缴出资义务,注册资本 1.17 亿元已全部实缴到位,因经营不善严重亏损,导致公司资产严重损失,仅剩不足百万元的资产,已经资不抵债,那么法院判决原告胜诉后也只能执行公司不足百万元的剩余资产以偿还原告的债务,即使公司资产不足以全部清偿 8 520 万元债务,股东也不再承担偿还责任。

　　(2)若山东地区公司的股东因《公司章程》中约定的认缴全部出资的时限(20 年内)未到,而只履行了 1 000 万元认缴出资的义务,还有部分注册资本没有实缴到位,那么法院很有可能判令股东以个人财产补齐认缴出资中尚未实缴的差额部分,甚至股东的个人财产可能会被法院强制执行,用以清偿债权人的债务。

　　(3)若山东地区公司的股东通过"走账"等方式将注册资本中的另外 1.07 亿元也全部缴实,但实际上又很快将这 1.07 亿元抽走,则股东除了可能以个人财产偿还公司债务外,还可能面临检察机关对股东涉嫌"抽逃注册资本罪"的刑事指控。

项目点评

　　(1)注册资本的认缴期限自由约定,不等于可以永远不缴注册资本。有限(责任)公司的法律含义是,股东以其认缴的出资额为限对公司债务清偿承担有限责任。因此,实缴出资是股东的法定义务,认缴制只是将股东履行实缴义务的时限放宽,但并未免除股东的实缴出资义务。若一家公司经营不善,严重亏损,无力偿还对外负债时,若股东已将认缴出资全部实缴,则公司仅以全部剩余资产用于清偿债务,股东无需承担公司清偿不足的部分。但若该公司股东是认缴,尚未全部或部分履行实缴出资义务,则在上述情况下,未全部实缴出资的股东则有义务缴足剩余出资用于清偿公司债务。另外,创业公司在进行股权融资时,有些专业投资机构会要求创始股东把认缴出资缴实。若创业公司未来准备上市，进行股改时也需要将认缴的注册资本缴实。

（2）注册资本的大小还是根据公司所属行业惯例、专业资质要求及发展阶段而定，不要盲目追求高额注册资本。因上述以为认缴就是可以不缴注册资本，而一味追求高额注册资本，对创业者来说可能就在给自己挖坑儿。一旦创业公司出现上述债务过大，公司资产已不足以清偿债务时，若注册资本较小，则创业公司的股东即使需要提前缴实认缴出资用于清偿债务，每个股东个人所承担的出资金额也是有限的，对股东个人及家庭的负担也不会太重；但若注册资本太大，则各股东认缴且尚未缴实的金额较大，就有可能给股东个人及家庭造成沉重负担，甚至"倾家荡产"！若注册资本很大的公司股东"聪明地"通过找人"垫资走账"等方式，表面上将注册资本缴实，其实又将"过桥资金"抽走，看上去似乎规避了上述因债务而被迫缴实认缴出资的义务的风险，而实际上股东又为自己埋下了"抽逃注册资本"的法律风险，且这可能涉嫌构成刑事犯罪！而不再仅仅是履行出资义务偿还债务的民事责任问题了！

（3）公司创始人股东未来出让股权多少与注册资本大小无关。任何一家公司，无论注册资本是 10 万元还是 1 亿元，其股权总数都是 100%。创业公司未来引入新合伙人、股权激励员工、股权融资等，需要释放股权，都是通过股权转让或增资扩股，创始人股东直接减少或稀释持股比例，并不受注册资本大小的影响。

7.2.2　不要在《劳动法》面前自以为是

创业公司（也包括一些传统中小企业）总是希望尽可能降低运营成本，若为降低成本而违反有关法律法规的规定，则得不偿失。创业公司最常见的"自以为聪明"的违法行为就是在处理与员工的劳动合同和社会保险问题上。

为了降低公司用工成本，部分创业公司以公司处于初创期，发展前景不明为由，与员工协商或单方面决定不与员工签订《劳动合同》，以为这样就可以简化用工手续，将来可以随意降低员工工资待遇，想辞退员工时也可以随意辞退，更不必按照《劳动合同》赔偿或补偿等；还有些创业公司与员工协商或单方面决定不给员工缴纳社会保险，而是每月除工资以外另给员工发少量"社保补助"，让员工以个人名义在人事关系存档的人才中心缴存社保，这样公司和个人承担的社保费用都降低了。

根据我国《劳动法》《劳动合同法》《社会保险法》等法律法规的规定，企业等用人单位与劳动者签订《劳动合同》，为劳动者缴纳社会保险都属于法定强制性义务。因此上述创业公司的行为已经违法。若公司员工申请劳动仲裁、向有关劳动监察部门举报，则公司将面临加倍支付工资、补缴社会保险，以及额外缴纳滞纳金、罚款等更大损失。

警钟 7-3：　**公司掉进老辣员工的社保陷阱**

项目介绍

该公司以一种创新的连锁餐饮商业模式，在短短的一年多时间里在十几个大中城市建立了子公司，开办了数十个连锁餐饮项目，每个子公司平均员工数量近百人。

风险由来：

2016 年 3 月，该公司在南京筹办子公司，山东总公司与创始人各持有该子公司 90% 和 10% 股权，创始人担任南京子公司的法定代表人。总公司在当地招聘了一位经理李某，并指派李某负责南京子公司的筹备组建及其后的运营管理。4 月份李某完成南京子公司组建开始运营时，主动向总公司本部提出：子公司不与员工签《劳动合同》，这样便于子公司随时更新人员（简单劳动岗位，很容易招聘到薪资要求低的人员），减少老员工加薪的负担；并由李某动员其招聘的员工，与子公司签订《自愿放弃公司缴纳社保协议》，子公司以租房补贴、交通补贴等名义，每月给每个员工工资之外另发 200 元，由员工自己去缴社保。总公司认为这样确实能降低子公司的运营成本，便书面批复同意了李某的建议。

风险触发：

2016 年 12 月，总公司本部在对南京子公司的例行检查中发现李某有利用担任子公司经理职务之便，虚报费用、拿回扣等不良行为，总公司决定辞退李某。李某接到通知后，马上组织南京子公司的七十多名员工罢工，并威胁总公司，若不撤销辞退他的决定，则将组织子公司全体员工申请劳动仲裁并向劳动监察部门举报。

🐾 项目点评

公司与员工签订《劳动合同》及缴纳社保为法定强制性义务，《自愿放弃公司缴纳社保协议》无效。子公司将面临：因未签《劳动合同》而额外向员工支付一倍工资；因未缴社保而要承担补缴社保和由此给员工造成的损失赔偿；因员工要求解除劳动关系而由公司向员工支付经济补偿；以及因两项违法行为而受到罚款等法律风险。

7.2.3　创业公司的其他常见法律误区

创业公司因起步阶段公司规模小、运营资金有限，往往请不起或不舍得花钱聘请专业的法律顾问，难以在创业伊始就建立规范的公司治理规范。除上述涉及股权的和公司治理中的法律风险外，还有一些常见的法律误区：

（1）《合同》简单化。创业公司无论从事的是哪个行业哪个领域，其经营活动中都免不了与其他社会经济组织发生联系和业务往来，其间必然要签订一些《业务合同》《合作协议》之类的法律文件。但因能在创业公司初创期就与其开展合作的单位，与创业公司之间都多多少少有些友情关系，加之合作的项目一般比较简单，故双方往往都把基于彼此信任的《合作协议》当成一种形式，并未就合作的内容、方式，交货（或提供服务）的方式、付款时间和条件、违约责任和违约赔偿，以及争议解决方式和诉讼管辖地等进行详细、明确的约定。一旦双方就某些协议内容发生理解差异，或履行过程中发生争议，则很难说清孰是孰非。有的不了了之，有的对簿公堂，致使合作事项被迫终止，合作关系破裂。

（2）忽视知识产权保护。当今的创业公司，多数都是基于独特的技术、产品、服务、商业模式的创新创意，这也是创业公司参与激烈的市场竞争，确立自己独特的市场地位的根本。

这就要求创业公司在创建之初就要树立知识产权保护意识并及时采取知识产权保护措施。对自己的品牌、商标要尽早注册登记，不要在通过千辛万苦的市场推广，获得了一定的知名度和口碑之后才去注册，这时却发现品牌商标已被人抢注，或他人品牌商标类似而无法注册，造成巨大的推广成本损失和市场商机错失。另外，知识产权不仅局限于品牌商标，技术专利、实用新型专利、原创文化产品、文艺作品、美术设计作品、自主开发的应用计算机软件、独创生产工艺、专业培训教材（课件）、技术诀窍、产品配方等都可以申请相应的知识产权登记。这些知识产权在注册登记获得权利证书后，不仅能够防止他人的模仿侵权；更重要的是可以进行无形资产评估，使之成为可以计价交易的资产。一方面可以其评估作价替代货币出资投资于企业作为实缴出资；另一方面其作为创业公司的研发成果，成为融资时提升公司估值的重要依据。

（3）忽略商业模式创新的合法性。随着众筹融资的兴起和迅速传播，大量创业公司，也搞起众筹来，但因创业者缺乏法律意识和常识，有意或无意地将股权众筹搞成了非法集资；随着互联网技术的普及，电商、微商如雨后春笋，遍地开花，为了快速发展用户，不少创业企业采用地区合伙人加盟、会员制等形式，其中也有不少创业公司有意或无意地演变成非法传销。这些忽略经营模式合法性的做法往往致使公司面临严重的行政处罚，且给公司的法定代表人、实际控制人、相关高级管理人员等带来被追究刑事责任的风险。

7.3　掌握基本财税常识

创新与创业是完全不同的两个概念。创新者，可以只专注于自己的创新点进行研发、设计、策划、制作等，无须考虑其他；创业者，开创的是一项事业，其载体往往是一家在工商行政管理部门注册登记的公司，做公司就必须进行税务登记、开立银行账户、建立财务制度、配置财会人员、建立会计账册等，公司运营的一切收支都要计账、报税等。创业公司创始人和合伙人既是公司的股东又是公司的高管（俗称老板）。当老板要运营管理一家公司，就必须在本专业领域之外还需具备一定的财税常识。就像本章前两节所述老板要学习了解一些基本法务常识，但无需学习专业法律知识一样，老板还要学习一些基本财税常识，但无需学习专业会计知识。

7.3.1　老板须了解总资产、负债、净资产的基本财务概念

总资产＝负债＋净资产

总资产＝流动资产（银行存款和现金等）＋固定资产（厂房和机器设备等）

负债包括银行贷款、应付账款、预收账款等

总资产反映了公司的资产规模，资产规模越大，看上去好像企业的实力越强。但其中一部分可能是靠借贷资金购买的资产，而这些负债早晚是要还的，因此只有从总资产中扣除负债之后的净资产（也称作"所有者权益"，指公司总资产扣除负债后归全体股东共同享有的剩余权益），反映的才是公司的真实实力。净资产才是投资人对创业公司进行估值的基础公司估值＝公司净资产×同行业平均市净率。

负债并不一定是坏事,其中一种负债是通过银行贷款获得融资,用于公司运营资金周转,其融资成本(贷款利息)固定,且往往比股权融资的成本(股权分红)低。能够获得银行贷款说明公司的资信水平、偿债能力(现金流)、经营效益(利润率)、资金周转率等较高。

当然还有另一种负债,是由应付账款或预收货款等形成的,一般企业经营过程中长期采购的商品、原材料等,供应商会给公司一个延迟付款的账期(一般为几个月),或者公司先预收客户货款,之后几个月内交付货物。公司可以利用应付账款账期或预收货款的时间差提高自有资金的周转率(资金使用效率),创造更多收益;只要公司能按期偿还应付账款或交付货物,这种负债也是有益无害的。

但要注意控制资产负债率(总负债÷总资产),一般而言,资产负债率在 50% 以下是较为安全的;资产负债率超过 50%,就要注意调整控制负债水平,避免较大额度的应还账款集中在同一时段内还款,这会给公司流动资金造成巨大压力,要防控资金链断裂的风险;当资产负债率达到或超过 100% 时,公司就面临资不抵债的破产风险。

主营业务收入:公司生产和销售与主营业务有关的产品或服务所取得的收入。

主营业务成本:生产和销售与主营业务有关的产品或服务所必须投入的直接成本。

经营费用:除经营成本以外的所有费用,如销售费用、管理费用、财务费用。

估值与财务的关系:

(1)早期项目,估值与财务关系不大,主要看创始团队、核心技术(知识产权)、商业模式、市场定位、发展空间等。

(2)中后期项目,估值参考同行业竞品,可按 PE、PB 等指标。

(3) IPO 项目,估值基本参考同行业整体 PE 指标。

7.3.2　看不懂"三个报表"的老板不是合格老板

一家公司的总资产、负债和净资产反映在公司的《资产负债表》里,另外加上《损益表》和《现金流量表》,就构成反映公司整体经营状况的一套基本财务报表。公司每个月都要汇总出这三个报表,并要向税务部门申报;公司的老板也主要是通过这三张财务报表掌握公司的整体运营情况;投资人在投资前的财税尽职调查,也首先关注这三张财务报表;以及所有股东的"知情权"也主要体现在定期获得这三张财务报表。

创业公司的老板(创始人)可以不懂会计知识,可以不会记账,可以不会做报表,可以不会报税,但必须能够看懂自己公司的财务报表。因为财务报表较为真实全面地反映了老板经营公司的成效,若老板看不懂自己公司的财务报表,就无法了解自己经营公司的利弊得失,根据有关财务数据及时调整公司的经营策略和业务资源配置也就无从谈起。

老板看不懂财务报表往往不是学不会,而是不重视其企业财务管理,故常现漏洞:

(1)融资渠道严重不畅,资金严重不足。

(2)内部控制制度缺失,财务控制薄弱。

(3)会计基础工作薄弱,财会人员素质偏低。

(4)内部财务管理信息化建设落后,难以应用科学而又有效的财务分析工具。

警钟 7-4： **资产负债表暴露企业经营风险**

资产负债表：反映企业在某一特定日期(如月末、季末、年末)全部资产、负债和所有者权益情况的会计报表，是企业经营活动的静态体现。通俗地说，资产负债表显示的是企业的家底。

项目介绍

该公司 2014 年 11 月创立，是面向中高端人群的专业医疗美容机构，在两年多的时间里，快速建立了四家连锁门店，发展了近千名会员客户，但到了 2017 年 2 月，公司资金链断裂，资不抵债破产倒闭。

风险由来：

该公司几位股东共计投资 1 000 万元，通过发售会员卡累计筹集资金 3 000 多万元，合计 4 000 多万元资金的大部分分别投入到四家门店的装修、医疗美容设备和耗材上。

由该公司的资产负债表可见(见表 7-3)，截至 2016 年底：

表 7-3　资产负债表

编制单位：GMKQ 公司　　　　　　　　2016 年 12 月 31 日　　　　　　　　　　　单位：万元

资　　产	年初数	期末数	负债与所有者权益	年初数	期末数
流动资产：			流动负债：		
货币资金	334	32	预收账款	3 186	2 412
短期投资	0	0	应付账款	202	365
应收账款	0	0	应付职工薪酬	18	215
预付款项	36	22	应交税费	30	50
存货	316	242	流动负债合计	3 436	3 042
流动资产合计	686	296	非流动负债：		
			长期借款	0	0
非流动资产：			非流动负债合计	0	0
长期股权投资	0	0	负债合计	3 436	3 042
固定资产	1 863	1 676	所有者权益：		
无形资产	0	0	实收资本	1 000	1 000
长期待摊费用	1 575	1 417	资本公积	0	0
非流动资产合计	3 438	3 093	盈余公积	0	0
			未分配利润	−312	−653
			所有者权益合计	688	347
资产合计	4 124	3 389	负债与所有者权益总计	4 124	3 389

右侧的"预收账款"金额巨大，主要是因发售储值型的会员卡而形成。老板们以为的"销售收入"，在客户消费完卡上金额之前，是不能转为真正的"收入"，而是企业的负债，并且已经达到"所有者权益"（净资产）的近 7 倍，严重资不抵债。

右侧的"货币资金"的期末数仅剩 32 万元，而"存货"（医疗美容耗材）242 万元、"固定资产"（美容医疗设备及家具设施等）1 676 万元、"长期摊销费用"（门店的豪华装修费用）1 417 万元，老板们盲目扩大固定资产投入和豪华装修导致流动资金不足。

风险触发：

该公司曾于 2015 年为一位股东的另一家企业提供贷款担保。2016 年 7 月，被担保企业无力偿还贷款，该公司因承担连带责任而计划外赔付了 200 多万元，致使该公司原本就很紧张的流动资金几近枯竭，资金链断裂，拖欠员工工资等，导致大批员工离职，各门店难以继续为会员客户提供服务，会员们纷纷要求该公司退卡退款，但公司已严重资不抵债，最终破产倒闭。

项目点评

（1）资金大量投入固定资产建设，导致生产周转流动资金不足，甚至资金链断裂。

（2）认清什么是债务，避免误把负债当收入，资不抵债的结果就是破产倒闭。

（3）慎重为他人或公司提供财务担保，可能因被担保方违约而承担连带责任。

（4）保持合理库存，既要有足够库存用于经营周转，又要防止库存过度占压资金。

路径 7-3：　损益表反映用企业盈利能力

损益表：反映公司在一定时期内（如月度、季度或年度）利润实现（或发生亏损）的财务报表。它是一张动态报表。损益表可以为老板提供做出合理的经济决策所需要的有关资料，可用来分析利润增减变化的原因，对公司的经营成本做出投资价值评价等。销售收入减去销售成本得出销售利润；再减去各种费用后得出营业利润（或亏损）；再加减营业外收入和支出，即为利润（亏损）总额。利润总额减去应交所得税后得出税后利润（净利润），净利润才是公司经营业绩好坏的根本指标；如有余额，即为未分配利润。

当前的众多创业公司为了不断吸引投资人，盲目扩大市场投入，一味地烧钱，单纯追求市场份额、流量、用户量等外在经营指标，却忽略了公司经营的首要目标是赚钱，要让投资人、股东、员工看到公司的盈利能力。无论是技术创新还是商业模式创新，不是为了创新而创新，还要找到真正的、可持续的赢利点和盈利模式。通过创新而为用户、客户、产业链创造新价值的同时实现公司的价值。创业初期不必极力追求市场规模和用户数量，而应精耕细作，打磨出可靠的，具备加速成长潜质的盈利模式，有了利润，就有了公司估值的基础，做到"兜中有粮"。

投资人在选择投资目标时最看重的还是目标公司的现实和潜在的盈利能力，特别是风险投资机构，他们谋求的是投资后能快速提升目标公司的估值水平，以便吸引后续的投资机构跟进，并有机会以更高的溢价退出。无论投资人使用 PE 法（市盈率）估值，还是使用 PB 法（市净率）估值，都需要以公司的盈利能力为基础。

项目介绍

YTK 全民音乐生态圈是一个基于音乐艺术教育、纵向拓展个性化音乐增值产品的一站式平台,成立于 2015 年 6 月。在全市范围内为艺术培训机构和教师进行精准对接,搭建现金池,重塑行业规则,通过强黏性的双渠道链接消费者,营销增值产品。

创业团队:

冯先生:创始人;职责:方向盘;教育背景:解放军艺术学院作曲系;从业经历:多家传统艺术培训、录音棚经营者;创业特点:因为使命而创业。

陈先生:联合创始人,运营负责人;职责:发动机;教育背景:北京现代音乐学院;从业经历:经营音乐工作室,负责过多家 O2O 机构的市场评估工作;创业特点:社交能力强,擅长战术部署。

褚先生:联合创始人,财务负责人;职责:刹车;教育背景:长春大学工商企业管理系;从业经历:北京阀门总厂吉林分公司会计主管;创业特点:扎实稳当,擅长数据统计和账务管理。

YKT 公司自 2015 年 6 月开业至 2016 年 8 月的财务数据显示如表 7-4 所示。

表 7-4 损益表

编制单位:YKT 公司　　　　2015 年 6 月至 2016 年 8 月　　　　　　　　　单位:万元

项　　目	本期金额
一、主营业务收入	128.10
减:主营业务成本	
主营业务税金及附加	7.69
二、主营业务利润	120.41
加:其他业务利润	
减:管理费用	20.1
营业费用	46.21
财务费用	
三、营业利润(亏损以"-"填列)	54.21
加:投资收益	
补贴收入	
营业外收入	
减:营业外支出	
加:以前年度损益调整	
四、利润总额(亏损总额以"-"号填列)	54.21
减:所得税费用	13.55
五、净利润(净亏损以"-"号填列)	40.66

项目点评

该公司虽然规模较小,但在成立的第一年就实现了盈利,而且利润率较高,已经验证了其具备较好的盈利能力。据悉其第二年在经营规模扩充有限的情况下,逐步增加营收项目,客户数量和营业收入都实现了倍增,初步估算其 2017 年底的净利润预计可超过 300 万元。在此基础上,若以 PE 法(市盈率法)对该公司进行估值,若是 10 倍市盈率,则其估值可达3 000 万元。该公司在与投资人的接触、谈判中,可以自身明确的盈利模式和现实的盈利能力为依据,争取自己获得较高的估值水平;且因自身较高的盈利水平和较充足的现金流,可以保证公司资金周转无忧,生存不成问题,故在与投资人谈判中,并不因急于获得融资而一味地在投资协议条款上退让。

提示:

创业公司有利润在手,就是领先于其他创业公司的比较优势,就是各投资机构眼中的宝贝,在与投资人谈判的时候,就可以做到"兜中有粮,心中不慌",用实实在在的盈利能力说话,与投资人尽情讨价还价。

(1)主营业务收入快速降低,需要及时调整市场销售策略。

(2)主营业务利润快速降低,需要控制主营业务成本。

(3)营业利润快速下降,需要控制管理费用。

(4)总利润快速下降,需要控制营业外支出。

7.3.3　现金流量表折射企业的生存能力

现金流量表:反映一定时期内(如月度、季度或年度)企业经营、投资和筹资活动对企业现金流入流出的影响,对于评价企业的实现利润、财税状况及财务管理,要比传统的损益表提供更好的基础。

通俗地讲,现金流量表反应的就是企业挣进来了多少钱和花出去了多少钱。一般企业通常追求的是在收支平衡基础上尽可能多流入。

对于大多数创业公司,特别是创业前期,主要工作是产品(服务)及商业模式的研发、试错、迭代、验证,即使在做市场推广和用户开发,主要追求的是用户量、访问量、关注度、注册量、日活率等经营指标,而这些指标并不一定能够体现出现金流入等财务指标。

创业公司老板特别需要关注公司的月度现金流量表,将资产负债表(见表 7-3)中"货币资金"与现金流量表(见表 7-5)的"现金及现金等价物净增加额"相比较,随时需要清楚在公司每月的现金都是净流出的情况下,公司兜里的资金还够维持公司正常运转几个月。一般来说,当货币资金还够 9 个月时,就该启动下一轮融资;货币资金还够 6个月时,就该加紧融资工作;当货币资金仅够 3 个月时,公司能否继续生存下去就很难断定。

表 7-5　现金流量表

编制单位：Z公司　　　　　　　2016 年 12 月 31 日　　　　　　　　　　　　　　单位：万元

项　目	金　额
一、经营活动产生的现金流量	
销售商品、提供劳务收到的现金	702.03
收到的税费返还	
收到的其他与经营活动有关的现金	0.06
现金流入小计	702.09
购买商品、接受劳务支出的现金	905.45
支付给职工以及为职工支付的现金	9.50
支付的各种税款	4.45
支付的其他与经营活动有关的现金	54.81
现金流出小计	974.21
经营活动产生的现金流量净额	−272.12
二、投资活动产生的现金流量	
收回投资所收到的现金	
取得投资收益所收到的现金	
处置固定资产、无形资产和其他长期资产而收到的现金净值	0.48
收到的其他与投资活动有关的现金	
现金流入小计	0.48
构建固定资产、无形资产和其他长期资产所支付的现金	
投资所支付的现金	
支付的其他与投资活动有关的现金	
现金流出小计	
投资活动产生的现金流净额	0.48
三、筹资活动产生的现金流量	
吸收投资所收到的现金	
借款所收到的现金	200.00
收到的其他与筹资活动有关的现金	
现金流入小计	200.00
偿还债务所支付的现金	200.00
分配利润或偿付利息所支付的现金	6.24
支付的其他与筹资活动有关的现金	
现金流出小计	206.24
筹资活动产生的现金流净额	−6.24
四、汇率变动对现金的影响额	
五、现金及现金等价物净增加额	−277.88

风险提示：

(1)公司造血能力弱，营业收入少，现金流入少于现金流出，入不敷出，坐吃山空。

(2)应收账款增加，账期变长，客户坏账率提高，导致自有资金被别人占用。

(3)销售费用、管理费用增长比例大于收入增长比例，须严格控制。

(4)财务费用增长过快，需要控制资产负债率。

7.4   防范财税风险

7.4.1   不要上了"合理避税"的当

多数创业公司在初期都是投入研发和市场开拓，能够盈利的不多。少数创业公司因项目较为成熟，商业模式设计合理，很快就开始盈利，但为了少缴税，却又故意摊大成本，隐藏收入，已达到"避税"（实为逃税）的目的。

如上一节所述，创业公司若想要吸引投资人实现融资，以快速扩张业务，不是光凭嘴说，仅用商业计划书就能打动投资人的，投资人会对目标公司进行全方位尽职调查，其中就包括对目标公司的财务数据真实性调查。什么是能够证明创业公司实现盈利的最直接最有效的证据呢？那就是公司缴纳企业所得税的完税凭证（企业所得税后的利润才是净利润）。

所以，已具备良好经营业绩，实现了盈利的创业公司，不要为了为了少缴税而隐藏利润，而是大大方方的纳税，让投资人对公司的盈利能力无从质疑，从而引入大量资本，这就是所谓的"有舍才有得"——舍了税款得了投资。如此一来投资人会源源不断的跟投、追投，省的那点税款与大笔投资相比就是九牛一毛啦，这就是"放的金鳌（税款）钓大鱼（投资款）"。

> **警钟 7-5：**   **"避税"可能付出惨痛的"代价"**

很多创业公司的创始人和合伙人听了一些"行业资深人士"或"财税专业人士"的"忠告"后，也开始因循"行业惯例"，并想方设法"合理避税"。

项目介绍

该公司依靠雄厚的技术研发实力，将国家级权威科研机构的研究成果，成功转化成新型天然植物精华护肤精油系列产品，并大规模投资建设了现代化、规模化的生产线，在西南各省开设了上百个直营销售门店。2017 年保守估算销售额可以达到 2 000 万以上。

项目点评

看上去高大上的一家高科技公司，其直营销售门店在零售产品收款时竟是利用个人的微信和支付宝账户收款，且以各种理由拒绝开具销售发票。

风险提示：

该公司的这种利用个人账户收销售款的做法，在线下和线上零售行业中并不罕见，这种做法对企业来说可能有两方面的"便利"：一方面收入不进公司账、不开票，可降低公司账面的营业收入,从而少缴增值税和企业所得税;另一方面,将这些账外收入直接用于支付股东分红和职工工资、奖金、提成,可以少缴个人所得税。

但是这种"避税"方式太过简单低级,对于公司及其股东、董事,以及法定代表人、财务负责人等高管来说,则为自己身上挂上了一颗巨大的炸弹!稍有财税常识的人都能看明白,无论是公司的竞争对手,还是与公司或高管有矛盾的离职员工,甚至对产品质量或服务不满意的顾客等,都有可能随时向税务稽查部门举报,引爆偷逃税这颗炸弹。如今支付宝、微信支付等第三方支付系统都已接入中国网联的金融监管系统,完全能够查到每个账户的交易记录。公司、法定代表人、财务负责人首当其冲,将面临税务部门的稽查和行政处罚,甚或是刑事追责。可谓风险和代价都非常巨大。

常见的"避税"(其实质就是偷逃税)方式包括:

(1)用私人账户进行现金收支(不进公司账),隐瞒营业收入和员工实际工资收入,涉及营业税(或增值税)、企业所得税、个人所得税等。

(2)购买发票(真或假)做账,虚增经营成本和费用,涉及企业所得税等。

(3)虚假聘用离退休人员,虚增经营成本或分担员工工资,涉及企业所得税和个人所得税等。

上述这些所谓的"合理避税技巧",其目的就是为了公司做账时能减少收入、增大成本,降低计税基数,从而少缴税!但这些"技巧"是属于合理避税还是涉嫌违法偷逃税,不是公司自我认定和自以为是的,国家相关财税法规有着明文规定,财税管理部门自有稽查职责和方法。

因此,忠告创业公司创始人和合伙人,千万别用自以为是的"避税"小手段去测试财税法规的严肃性和严厉性,为公司和自己的腰上拴上"不定时炸弹",埋下"原罪"的祸根。

7.4.2　防范财税法律风险,避免创业翻船

创业的过程本就是在技术、产品、市场、商业模式等方面不断探索、创新、试错的过程,与这些存在太多不确定性的方面相比,公司法务和财税方面的不确定性因有现成的法规、制度等规范而相对较少。但因创业者的知识结构缺失和风险意识淡泊,不少创业公司在事先可控制风险的公司法务和财税方面,因未事先控制而引发风险,导致创业公司夭折,实在非常令人遗憾和痛惜!

对于创业者来说,须在创业伊始,就高度重视(思想意识)和及时控制(决策能力)创业公司在法务和财税方面的风险,最好的方式就是聘请律师和会计师等专业人士做顾问,帮助创业公司在创办初期(甚至创办之前)就通过签订完善的法律文件和建立健全企业制度来控制法务和财税风险。

第8章　创业心理：动机、成长、心态

题记　两小儿游戏，各有石子若干，商定互换各自认为最好的石子。甲看看手中的石子，舍不得将最好的拿出来，于是偷偷挑了次好的那颗。而乙不做他想，爽快地把最好的那颗给了甲。结果呢？甲总是怀疑乙没有把最好的石子给自己，一直郁郁不乐；而乙认为拿到了甲最好的石子，开心无比。我们为什么不快乐？创业同此游戏。

在一个成功创业者的所有重要特质里，创业心理正在获得前所未有的关注与重视。人们渐渐发现，创业者的心态与格局，创业者对世界的认知模式和核心价值观，是真正决定创业成败的最关键因素。本章中，我们会从创业心理角度，帮助创业者在了解世界本来面目的前提下，设定、优化创业动机；让创业者看清我们认识世界的方式，并通过内在修炼来调整心态，实现自我成长，打开格局；用老板心态去构建和领导创业团队，齐心协力直达目标。希望创业者在创业过程中，学会从深层原因来理解事物运作背后的规律；在茫然无助萌生退意时，可以在这样的智慧引领下重新振作，找到前行的方向和动力；在开发产品或市场时，能够摆脱以往陈旧的观念误导，洞悉人性，感知到用户最真实的需求，从而提供更精准的产品与服务；通过自我成长实现成功创业，在更高的维度和格局上收放自如，游刃有余，实现真正意义上的快乐创业。

8.1　创业动机

创业动机是决定创业成败最初的源动力。什么样的创业动机可以最终保证创业的成功呢？

绝大数人最初的创业动机，很有可能是让自己功成名就——在财富丰足、事业辉煌的理想背后，潜伏的是自我虚荣心的满足，或短期利益的获取，等等，是一个小我利益推动下的精致利己行为。

这里所谓的小我，是和大我相对的认知世界的方式。我们与生俱来，总是在毫不觉察地执着于"我"或"我的"来思维和评判。这个我，指的是皮肤包裹的肉体部分，皮肤以内的是我，以外的不是我。如果我和你握手，"我"的范围止于我的皮肤和指尖，"你"的范围始于你的皮肤和指尖。对这个皮肤以内部分的有益言行，"我"就会愉悦；有害的，"我"就会愤怒。

我们认为自己和世界是割裂的。

可是真相是什么呢？我们所执着的这个"我"，其实并不存在！当在显微镜下不断放大这个"我"，就会发现"我"的里面是空的，它们在最后变成了飘忽不定的能量，融入到了整个大宇宙的能量场里，并不存在一个界限分明的真实的我！同样地，每一真实的生命最终都在最微观的层面和我们融为了一体。

截取一棵树上的任何一段树枝来插枝培育，可以成长成另一棵属性完全一样的树。原本的这棵树上的任何枝干、任何一部分的每一小部分里，都隐藏有整棵树的完整本质。人的无数个细胞的每一个细胞都包含了整体，一样可以重塑一个自己。其实人也像一粒细胞包藏着整个人的真理一样，人处在宇宙中，也包藏整个宇宙的真理，只是自己不知道。其实我们的身体和思想里，承载着宇宙全部的历史、目的以及意图。我们的意识里包含着整个宇宙的演化史，我们的思考和行为也包含着整个地球生命的进化史。

他人即我，这是一个最终极的真相，但在我们还不能彻底接受这一事实前，我们需要不断扩大对"我"的理解和认知，慢慢把自己放大。就像妈妈怀胎时理所当然地认为婴儿也是自己一样，我们要练习逐步把更多的人纳入自己的范围内，把他们当成自己。你的同事，你的顾客，如果你把他们当作自己，就会真正地从他们的立场出发来思索和善待；你所在的部门与公司，也是同理。如果你认为其他部门也是你的，你就会在合作中更多顾及他人和他部门的感受，而不是把损人利己当作理所当然。当你从心念上做出改变，被你当作自己的其他人、其他部门、其他公司甚至是所有的外部世界，一定会以同样积极有益于你的方式来回应于你。如此一来，你的世界和格局就豁然开朗了，原来局限在小我狭窄利益里无法突破的你，就会渐渐成就一个更大的我，如图 8-1 所示。

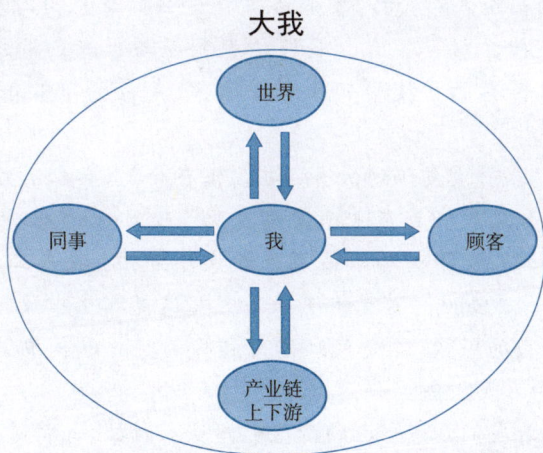

图 8-1　小我与大我的转化

正如《道德经》所言："天长地久。天地所以能长且久者，以其不自生，故能长生。是以圣人后其身而身先；外其身而身存。非以其无私邪？故能成其私。"

8.1.1　创业动机的调整

商业中只为小我利益考虑的狭隘价值观和动机，早已制造了很多负面的影响和后果，诸如损耗自然资源，殃及子孙后代，没有忧患意识等，从而导致整个人类承受巨大的压力。这些是我们有目共睹的。还有不易觉察的更深层面的负面影响是，太过于关注小我利益，会加重自私自利和腐败思想带来的伤害，会滋生出人与人之间的猜疑，拉低社会道德标准，使企业员工对未来失去信心，从而降低整个社会的幸福感。我国的创业公司平均寿命不到三年，也是这种小我动机的牺牲品。还有一大部分早期创业者，正在付出代价，为他们过去的自私做法买单，更多人则开始反省，开始关注公益事业，承担企业社会责任。

所以为更多人服务的动机，就会鼓励大无畏的奉献精神和深切的同理心，这将会化解社会的不公平，提升整个社会的道德标准，从而带来更多的福祉，使我们更加幸福，更加免受压力的侵扰。

路径 8-1：　为整个人类服务的大动机成就今天的辉煌

★ 项目介绍

最近，苹果公司 CEO 蒂姆·库克在美国麻省理工学院（MIT）的 2017 年毕业典礼致辞，他的演讲主要表述科技能如何更好地为人类服务，以及学生如何发挥所拥有的让世界变得更美好的能力。以下为部分节选：

"在那一刻之前，我还从来没有遇见一位拥有如此热情的领导者，或者一个有如此清晰又振奋人心的目标的公司，指向为人类服务。就这么简单。为人类服务。在 15 年的求索后，就是那一刻，有什么触动了我。我终于找到了与世界的联结，跟一个相信当时还未出现但却能改写明日世界的科技的领导者联结，跟我自己内心寻求更深远目标的渴望联结。

"当然，在彼时彼刻，我并没意识到所有这些。但在今天，后知后觉让我意识到当时的突破点的意义在于哪里。如果我一直在一个没有自身清晰目标的地方工作的话，我是永远不会找到自己的人生目标的。史蒂夫和苹果让我解放自身所有投入工作，拥抱他们的使命并将之变为我自己的使命。我如何才能为人类服务呢？这是人生中最重大的问题。当你朝一个比自己更大的目标努力的时候，你会找到意义和目的。所以我希望你们能把这个问题从这里带走：你们将如何为人类服务？

"简而言之，这意味着我们要将自己的价值观倾注入科技，并将进步的可能带给所有人。"就如马丁路德金博士所言：'所有生命都是互相连接的。我们都彼此关联，属于一个更广大的使命。'如果你将这个思想作为你行为的指导，选择在科技与服务大众交织的路上度过你的人生，如果你奋力创造出最好，贡献出最好，并为所有人做出最好的事，而不仅仅是为一些人服务，那么我们所有人就有了希望的足够理由。"

项目点评

(1)苹果 CEO 的讲话,明白无误地证实了苹果公司之所以取得今天的辉煌成就,与创业者们当初创业动机的大格局密切相关,值得每个创业者学习和借鉴。

(2)除了苹果公司,我国早期的创业家们,如淘宝的马云、腾讯的马化腾、百度的李彦宏和华为的任正非等已取得巨大商业成功并成为世界级领袖的人物,他们创业的动机,也并不仅仅为了赚钱,而是把开创企业作为实现他们更重要使命的一种方式——将我国重新塑造为世界级的新思想、新技术、新模式的发源地。

8.1.2　永久商业模式设计

前几年国内商业领域都在热衷商业模式的重构,重构原则是让原有利益链上的各个环节,尽量集中或减少,让自己的利益最大化。几年过去了,做这种尝试的企业大部分以失败告终。究其根本原因,就是没有理解世界合一的本质,基于实质上是"损人利己"的出发点来设计,把利益链条上,原本属于其他领域或其他实体的利润,统统考虑划归自己,最终的结果却是既损人又没利己。

我们常常看到这样的商业模式重构建议,诸如价值再开发的"空手套白狼式",重构产业链的"放长线钓大鱼式",还有玩跨界的"风马牛不相及式"以及凑平台的"搭台唱大戏式",但是所有这些模式能否最终成功,却是取决于它是否为整个社会带来价值。所以重新架构你的商业模式时,请参考以下三个原则:

(1)尽可能地利益所有产业链上的合作伙伴,而不是剥削或榨取他们。

(2)当你创办一家公司时,要同时发展一项慈善事业。慈善将推动你的事业,成为企业盈利的引擎。

(3)把为一个更广大的人群服务作为公司的创业动机所在,终极目标是为全人类服务。在这种大我模式引导下的商业模式设计思路,会让你的事业格局瞬间打通。你的胸怀有多大,你的事业就有多大。

路径 8-2:　慈善事业是企业持续盈利的引擎

项目介绍

"百万菁英双创平台"(以下简称"百万菁英")是创新创业教育服务提供商和孵化基地运营商。在创办初期,"百万菁英"以"培育和扶持青年菁英成功创就业"为使命,一直坚持初衷,用一颗纯粹的心,持续不断地对青年人、大学生进行创业帮扶和公益辅导,不仅帮助到大量青年人、大学生的成长,同时也获得了越来越多的社会资源和爱心人士、机构等的信赖和支持,获得了高校、孵化器、企业家一致认可,塑造了"百万菁英"在社会上的品牌知名度和美誉度,自然延伸发展了"百万菁英"商业服务。发起创办人任碧芳女士说,在发展过程中,不管多艰难,她一直坚定地将纯粹的公益进行到底,最终走出了一条独特的路。

该平台现已凝聚百名国内外优秀创业导师群体,成立了阵容强大的"百万菁英双创教育导师团",在陶行知教育基金会指导下,通过策划举办公益主题活动"百万菁英创业分享会"和"大学生双创峰会",倾力打造"创业诊断＋创业专题分享＋导师多对一精准辅导＋项目实战研讨＋资源资本对接"模式,专门为青年人和大学生提供创业项目展示、辅导和交流的诚信平台,帮助青年人、大学生降低创业风险、提高创业成功率。分别在北京知名高校和国家级众创空间、孵化器成功举办了多期创业分享会,辅导过上百个项目,累计吸引了上万名大学生、青年创业菁英参加。

"百万菁英"已和众多知名高校共建"双创孵化基地",为高校提供创业教育课程、创业辅导服务,策划承办创业大赛、创业项目孵化,推动高校创新创业和就业,并为社会上多家优秀企业进入高校搭建桥梁。同时,"百万菁英"也与多个国家级众创空间、孵化器共建辅导与加速服务,为初创型和成长型企业提供深度商业模式辅导、项目投融资、上市并购等专业化服务。

项目点评

(1)项目负责人以纯粹的动机,坚持以公益的形式为大学生创业提供全方位助力与辅导。

(2)这个动机感召了越来越多的导师、孵化器以及很多的社会资源来无偿提供支持。

(3)这个慈善事业,为百万菁英带来了意外的惊喜和收益,让企业持续发展与壮大。

路径 8-3：　处处以慈善心待人,将引发不可估量的利益回报

项目介绍

美国安鼎钻石国际公司曾经连续十五年销售额每年翻一番,成为纽约历史中增长最快的公司之一。2009 年,被一向严谨的股神沃伦·巴菲特收购。

该公司发展史上有三次大的飞跃,原因如下：

(1)美国妇女开始独自购买钻石——多年来,安鼎的女性员工在管理和行政岗位上,一直拥有和男性平等的机会和同等的待遇。

(2)印度成了钻石的主要切割中心——安鼎向来都愿意雇用新近移民美国的印度人及其家属,为他们提供工作机会。

(3)中国政府放松国际贸易投资限制,使中国成为简单工艺加工地,腾出曼哈顿工厂生产高端产品——安鼎为新近移民美国的华人提供珠宝制作技术的援助培训,直到他们的英文达到水准。

项目点评

(1)安鼎公司一贯尊重女性员工,与男员工在福利和升职上一视同仁,所以最终从女性消费群体获得了巨大的回报。

(2)安鼎公司一直在为印度裔的员工及家属提供工作机会,所以最终受益于印度市场,将印度作为钻石切割中心,节省了大量成本。

（3）安鼎公司一直在为华人新移民提供珠宝制作技术培训和语言培训,这使得安鼎在我国被允许开辟低端工艺加工基地,从中获益。

（4）这些深层的力量,是安鼎成功的原因,它们从脚下升腾而起,改变了全球的商业气候,驱动了公司惊人的利润。

还有更多的国际知名公司,都把社会责任当作己任,将公益慈善纳入企业运营环节中。如保罗纽曼公司,已故的保罗将企业非常盈利的食品线上的每一分利润都捐助给慈善事业;好时公司的市场营销策略之一是在星期天周报上投放治疗礼券,每张礼券的提成返还给儿童医院。这样的案例举不胜举,比比皆是。现在中国的互联网行业之所以如此繁荣,与行业发展早期为用户提供大量的免费服务有密不可分的关系。

熟悉企业背后隐秘力量的德国心理学家,世界心理学界著名的家庭系统排列及企业系统排列的代表人物海灵格先生,也提到这样一个基本法则:"找到全体的一致是重要的。那个看似在阻挠的局外人,实是迫使所有人去寻求更具内涵性的新解决方案。所以大家依多数决定来运作,或顺着能够涵盖、照顾到所有人的移动来运作,一定会有不同的结果。"

8.2 自 我 成 长

创业动机与商业模式调整不是一蹴而就的事,需要不断思考和优化。现在回到自己的内在,一起来看看我们的心念是如何创造所面临的世界吧。

过去 300 年来,科学家们对宇宙和生命的本质、演变以及运行规律的研究和发现不断更迭,逐渐颠覆了我们对世界的认知(或叫误解)。17 世纪的牛顿,他的观念曾主导人类的智慧数百年,所以我们一直认为客观世界是绝对存在的,时间、空间也都是确定不变的;但 20 世纪的量子力学的发现与发展,则开创了一个科学新时代。在牛顿思想体系中,我们只是具有主观意识的观察者,对客观世界的创造和运行毫无影响,只是被动地见证和接受这一切。而量子观念则认为,因为我们的参与,才决定了我们眼中世界的样子,那个著名的薛定谔的猫的实验证明,因为是我们的观察的介入,才显现了猫的生死状态。所以我们要对一切外在负责任。我们是一切的根源。

用一个轻松的例子来说明,比如拿起一支我们认为的笔,在人类看来是笔,但对于一只小狗来说,却可能是一根骨头,因为它会把它叼起来,而不是试图用它去写字。人和狗都没有错,但那根"棍子"之所以成为笔,是因为我们是它的观察者,才导致它成了一支笔。所以,我们要对它成为一支笔负全责。

一定有人发现了,有些思路、工具和方法,别人用起来得心应手,为什么偏偏到自己这里就失效了呢？同样的一个人,和别人相处会很和谐,但是为什么和自己相处却矛盾重重呢？显然失败的结论是在你的观察下而看到的结果,所以你要为此负全责。还有那么多的创业辅导课程总是告诫我们,要寻找什么样的合伙人、投资人,比如对方要无私、要公正等,但是却并没有教我们怎么做,才能成功找到那些理想的合作者。其实一切取决于我们的内心。

那么"我"又是如何影响这个世界的呢？

量子科学实验证明，每种物质都是不同振动频率的波，振动是一切存在的基础。日常生活中我们是通过五官感知世界，由于感觉能力的局限性，并不能完全真实地反应这个世界。我们所感觉到的，不完全是对的。

当我们在显微镜下不断放大这个你认为的"我"，会发现，你的肉体是由 50 万亿个舞动的细胞组成，继续放大这些细胞，你会看到 20 万亿个原子，从分子到原子，再从原子到微粒子，它们在最后变成了飘忽不定的能量，融入到整个大宇宙的能量场中，每一真实的生命最终都在最微观的层面和我们融为一体！是不是很奇妙？

我们一直在意的物质身体居然是空的，但是我们人类意识的每一个念头和情绪，却会以电磁波的形式向外扩散，并作用于我们所居住的这个世界。物质世界由两种能量场构成，能量的电与磁的场，即电磁场。如果我们能改变一个原子的磁场或电场，那我们就能改变原子，从而改变由原子组成的这个世界和自己的身体。而人类的心，可以同时对此两者做出改变。人类的心是身体电场和磁场的最强动力源。大脑也有，但比心的电场磁场要弱很多。心与脑结合，会以念头、情感和情绪的方式表达出来，以人的念头或情绪的频率向外辐射电磁波。所有的物质都是能量以不同频率的振动而形成的，频率高低决定了物质的状态。所以每一个意念所扩散出的强烈的电磁波，就会影响我们周围物质的振动频率，形成环绕我们的整个世界，如图 8-2 所示。

这也是为什么人和人"气场"会有所不同的原因。气场就是你的心念向外界所发出的电磁场。基于同频共振的原因，好的气场会感召和吸引来更多好的，恶的气场吸引恶的。同样有实验证明，高频振动可以影响和改变低频振动，使它渐渐保持同步。所以这些曾经发出的各种

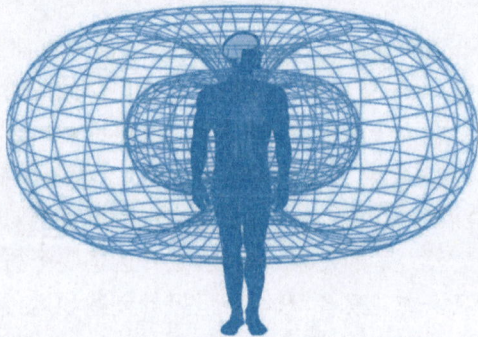

图 8-2　心念的频率与世界的关系

电磁场，正是导致你看到眼前现实世界的深层原因。如果你具备利用心念的振动频率来创造奇迹的能力，心想事成就不再是梦了。

被大多数人认为的情绪，事实上并不是真正的情绪，我们正在经验的只是自己情绪的物质显现。比如愤怒会扰乱"小我"的显现循环，导致心跳加速，血压升高，引发其他多种与愤怒有关的身体反应。如同收音机中播放的音乐是无形信号的物理显现，我们的情绪体验也是某种无形信号的物理显现。我们的情绪的振动频率会对这些信号产生影响。

8.2.1　控制情绪小技巧

我们为什么不快乐？心理学对情绪产生的机制解释如图 8-3 所示。

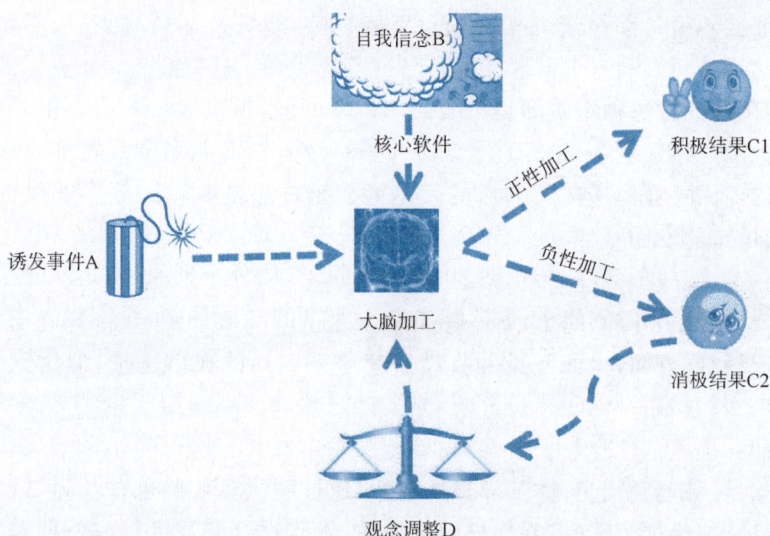

自我信念B

核心软件

诱发事件A

大脑加工

正性加工

负性加工

积极结果C1

消极结果C2

观念调整D

图 8-3 情绪 ABC 理论图

情绪 ABC 理论是由美国心理学家埃利斯创建的。该理论认为激发事件 A（Activating event）只是引发情绪和行为后果 C（Consequence）的间接原因，而引起 C 的直接原因则是个体对激发事件 A 的认知和评价而产生的信念 B（Belief）。即人的消极情绪和行为障碍结果（C），不是由于某一激发事件（A）直接引发的，而是由于经受这一事件的个体对它不正确的认知和评价所产生的错误信念（B）（或非理性信念）所直接引起。从图中可以看出，对一个外部事件的衡量标准，也就是内在那杆秤的砝码，是决定衡量结果的关键因素；而那个砝码则是由人的信念系统决定。由于每个人内在的信念系统不尽相同，所以同样的诱发事件对不同的人来说，可能引发完全不同的情绪。而要从根本上改变负面情绪的被诱发，也就是要改变那个砝码，即他所认知的信念。这也从心理学角度解释了我们每个人对外在世界的认知和理解，来自我们自身。

不同的情绪就会引发不同的行为，从而被情绪所控。那么人为什么这么容易就做了情绪的奴隶呢？为什么最后能够保持理性的人如此之少呢？目前脑科学家们的猜想是这样的：控制情绪的更内层脑细胞，被激活的顺序会早于主导理性逻辑思考的大脑皮层。所以当愤怒、恐惧、忧愁、焦虑、嫉妒等负面情绪涌现时，大脑皮层气血供氧不足，思考质量严重受阻，大脑一片空白，就被情绪更早到达的内层脑细胞带到"冲动反应"的层面去……一旦了解了这一点，我们的大脑就能及时提醒，主动控制情绪，进而让大脑皮层发挥作用；而大脑皮层也会随着这样的锻炼，更易被激活，进入由理性做主的"理性回应"状态，情绪更容易被控制，从而逐渐养成从容应对的习惯。人类之所以成为高级动物，与低级动物最大的区别就在于此。

既然情绪决定着我们向外发射的波的频率，也是导致我们看到什么样的外部世界的深层原因之一,那么不被负面情绪绑架,给心松绑是第一要务。坏情绪来时,不妨试试下列小技巧。

快速处理情绪的方法:

1)深呼吸

多次、大口地深呼吸。这样做的目的就是为大脑皮层及时输送更多的氧气,让它启动;理性就会主宰情绪的发作

2)重定向

把情绪能量发泄到其他地方。不是迁怒于他人——在下一节将详述迁怒的心理动因——而是转至物质方向,比如常见的打沙袋就是重定向的典型例子,但这只是权宜之计,并非上佳策略。

3)默默观察

情绪发作时,一定会引起身体某部分的不适,比如感觉到心脏部位堵塞,或胃疼,让意念专注于那个不适,描述这个感受,并静静地看着它,直到这个感受变淡、散开,最后彻底消失。当你再来寻找你刚才的激烈情绪时,发现它像一阵风已经消散不见了。

4)不做什么

这是考验定力的时候。我们更常见的反馈机制是,当情绪产生时,会引发行为,如怨恨、咒骂或报复,但比这个更高明更难的却是什么都不做。这几乎是我们控制情绪的最佳策略了。情商高低,会在此刻显露端倪。

处理情绪后,要进一步通过理解情绪的发生过程来反省自己的思维模式,以免陷入情绪的恶性循环中。

1)觉察自己情绪背后的心理诉求

每次有强烈情绪的时候,也是最佳的自省时机,帮我们进入自己的内心,与心灵对话;看看自己究竟是什么情绪被触动,了解和标明它。

2)探索自己的自我防御机制

看看自己产生负面情绪的心理动因,到底是触动了自己的哪一种感受？是因为不被爱？不被尊重？还是没有用,没有价值？所有的负面情绪,本质上都是因为"无能"处理眼前的局面,没有足够的掌控力影响事物的发展,产生强烈的不安全感。

3)进一步分析

这到底是谁的问题？谁的需要？谁的责任？通过明晰具体的冲突所在,获得处理能力的恢复与提升。

4)尝试收回权力

先修正自己,调整思维模式,改变防御机制,将被人控制的权利收回,而不要寄望于他人的改变。

5)尽量让自己活在爱中

他人即我,了解到对方只是一面镜子,他让你产生情绪的言行,只是来提醒你,自己曾经

在何时何地,以类似的方式伤害过他人,给他人造成类似的感受。所以要感恩和接纳他以这样的方式出现,帮助自己来修正,不再陷入这样的恶性循环中。这也是保持快乐心态的小秘密。

8.2.2 一念之转——负性思维定势与积极思维定势

人类能体验到的两种基本情绪就是爱和恐惧。其他情绪都是这两种情绪直接或间接派生出来的。恐惧的频率是缓慢的低频振动,而爱的频率是快速的高频振动。情绪模式与人类基因之间直接存在物理联系。恐惧几乎是产生所有负面情绪的主要根源,是万恶之源。由于自我与整体的分离意识主导,就会对自身的生命安全、健康状况、资源是否充足和关系能否稳定等产生这样那样的恐惧,在恐惧的推动下进而产生愤怒、嫉妒、焦虑等负性情绪。如果同样的外界条件不断重复,反应机制就会固化,形成惯性思维,也就是所谓的思维定势。这些负性思维定势蛰伏在我们意识深处,我们强大的左脑把它们作为默认的价值观和评判标准,去解读外界的所有情形,毫不觉察地影响着我们的认知,影响着我们对外在的反馈模式。最常见的思维定势都有哪些? 在商业实践和实际生活过程中哪些负面的现实与负面的思维定势有关? 你有没有面临类似的情形? 我们该如何快速调整?

1. 负性和思维定势

1)都是月亮惹的祸——迁怒

情境描述:

有一次,两个朋友 A 和 B 去乘电梯,已经有人在电梯里了,A 一进电梯就被电梯门夹住了,B 以为是电梯里的那个人按了关门键,就毫不客气地指责了对方一番。等 A 和 B 两人从目的地返回再乘坐此电梯时,才发现这个电梯门并没有人体感应功能,时间一到就合上。B 才知道冤枉了别人,很后悔,想道歉却已经无法找到他。

分析点评:

迁怒几乎时时处处都在发生,因为人们都不肯面对自己的错,潜意识里有意无意地把自我美化,通过"印象整饰"来提升自己在他人眼中的形象(在社会心理学中,我们将有意控制他人对自己形成各种印象的过程称作印象整饰)。所以一旦出现问题,就会自觉不自觉地向外推卸责任,找原因,抱怨指责社会、环境或他人,被"受害者心态"主宰,总之错的都是别人,不是我。而如果取得什么突破性进展,就会有意无意地把所有的功劳归因于自己。

这样做的结果:

(1)最不幸的是你会看到你的团队里没有人肯为你负责,总在互相推诿。

(2)或者你的生活中有个不负责任的先生或太太。

(3)常常也会有莫名被冤枉和牵连的意外发生。

对外界的指责和抱怨,本质上是对自我不接纳的向外投射。我们知道,世界是合一的、全息的,每一处发生的现象都是一个完整世界的全息投射。在家庭中表现的不当心态和言行,有可能让类似的坏结果重现在公司,反之亦然。所以如果你的团队里有这样的情况发生,就要反省自己有没有迁怒他人的思维定势。

建议策略:

对治疗迁怒这个习惯的最佳心态就是:负责任,做主人,不做受害者。作为量子世界的观察者,你要为你所看到的世界负全部的责任。你可以不必马上相信这些话,但是可以先去试试看,实践后的体验会改变你的认知,一旦你用对一切负责任的态度来应对所有状况,用不了多久,你会发现身边对你负责任的人在渐渐涌现出来。

2)他和我想的大不同——评判

情境描述:

这个场景一定不陌生:公司来了新的员工,午饭时大家聚在一起,叽叽喳喳谈论着此人。当我们遇到一个人,我们最喜欢的事,不是去爱他,而是去评判他。我们的内心总是喋喋不休地冒出各种负面评价来,从外表形象到个性风格,到可能发生的事实的细节想象,在我们的脑海里,已经给这个人编写了各种故事,且多以负面情节为主。然而你根据后来了解到的事实突然会发现,这个故事版本竟然是完全错误的,比如刚才提到的电梯小故事。

分析点评:

并非说我们一定要把别人想象得多邪恶才会产生不良后果,但那些微小的评判,就像是持续不停的背景杂音把我们拉到了低频率状态。尤其是当你日复一日,不断地做出一些关于他人的小小评判时,就像种了大量的小坏种子,这些小种子聚集的力量,都丢进了你潜意识这一袋子里,最终就会酝酿出一场癌症——比如你的投资人不再相信你。

可能的后果:

如果你发现自己处于以下几种情况:

(1)总被怀疑不被信任。

(2)到处被误解。

(3)常常不能如愿以偿。

那就要回到内心,检视一下自己有没有随时随地起心动念在评判别人的习惯。

其实我们的评判,都是根据一点或片面的信息,用左脑来加工编一个完整故事,完成一个解读,这个解读显然是左脑的杜撰,也是我们自己内心观念的投射。特蕾莎修女曾说过:"如果你总是评价别人,你就没有时间去爱他们"。

建议策略:

如果你已经觉察自己的问题所在,就要立刻行动起来了:

(1)放下评判,去关爱你遇到的每个人,尽量帮助他实现哪怕是一个小小的需求——比如为正在口渴的家人倒杯热水,或为咳嗽不止的员工送上喉糖。

(2)在脑中尽量为那你准备评判的人,编一个奇迹般的积极正面的故事,他就是那场故事的主角。当你把每个人都看作天使,发生着奇迹时,用不了多久,你的生活事业也将奇迹纷呈。

(3)如果愿意,可以深入思考一下,为什么自己会产生这样的评判,它究竟来自于哪里。

而且,如果我们放下评判,就会活得更加诗意:"在对和错的观念之外还有一个所在。我会在那里与你相遇。"

3)为啥是他不是我——嫉妒

情境描述:

某双创服务公司 C 总推荐朋友和自己一起参与某高校双创贡献奖,结果出来了,出乎意料的是朋友被选上而自己落选。C 总心里很不是滋味。

分析点评:

当身边的人发生了大好事,比如升职加薪,比如拿下了博士学位,比如买了大房子新车子,你的第一个念头是什么? 是的,谢谢你的诚实,其实你会不开心。这就是人类排列在前几位的负面情绪之一——嫉妒。我们会为身边人的成功而难过,因为我们潜意识里就会觉得,自己变得更差了;在三维世界有限的资源里,如果别人获得更多,那么自己就会失去;归根结底,我们还是觉得我们和他们、我和他是分离的,完全独立的个体,所以他的成功对我来说不仅不是成功,甚至是失败。

可能的后果:

其实我们有这样的情绪也无可厚非,但是我们可能不愿意看到以下情形:

(1)自己比以往更容易陷入情绪低落,意志消沉的状态,甚至开始怀疑自己。

(2)如果多留心,还会发现你常常行走在坑坑洼洼或堵得水泄不通的路上。

你一定会说:这两者有什么关系啊? 情绪和马路,完全风马牛不相嘛! 但是听完我的解释,你就不再质疑了:因为你不希望别人成功和顺利,所以你自己会更多地遇到功亏一篑的事,沮丧情绪也会更加频繁地到访,你的路也不会那么"顺利",如你希望别人的一样。这也正是本章一开始提及的深层原因的具体体现。

(3)公司物资、生产设备、电脑和交通工具等的不稳定运作。

(4)你无法享受自己辛辛苦苦赚来的金钱和财物。

(5)你的事业做得多大你都感到不满足。

如果这些情形经常发生,请检讨自己有没有经常陷入嫉妒的情绪中。

建议策略:

所以,真心地,开心地对待他人的成功,哪怕是竞争对手,宿敌,伤害过你的人,统统都一样,为他们的成功感到发自内心的喜悦吧。永远不要再对他人通过努力而取得的成就做任何比较,珍视自己已拥有的一切。别忘了,世界本来就是一体的。我们遇到的这些所谓的"敌人",其实就是某种意义上的我们自己。为所有的人,所有的生命的成功感到开心吧。你很快会感受到它的魔力。

值得欣慰的是,C 总觉察了自己的负面念头,积极调整,真心为朋友高兴,很快在另外一个选项上获得了提名。

4)我的眼里没有他——傲慢

情境描述：

一个人混得不怎么样的老熟人 D 来找你帮忙，你心里有诸多的计较和不情愿，瞧不起他现在所处的状态，感觉此人对你毫无用处。

分析点评：

傲慢就是认为自己优于别人的一种心理体验。含有自高自大、目空一切的意味，对人不敬重，用于形容人的态度、表情、举止。并不是真正优秀的人才会傲慢，产生傲慢心理的深层原因非常复杂，有一种可能甚至是因为极度自卑而引发。傲慢的山顶，是承载不住功德之水的。

导致的后果：

(1)如果你发现自己在所在公司的地位不稳固，好像要失去自己的权威。

(2)在每天的商业交易中，客户、员工或合作伙伴都有欺骗和误导你的倾向。

那么是时候反省自己的傲慢心态了。只有尊重每个角色，平等相待，这些麻烦才能逐渐缓解。

建议策略：

随时随地观察自己的念头，尤其是对那些基层工作人员和社会地位卑微的角色，千万要警惕是否有丝毫的不屑或不敬。聆听身边人的建议，从他们身上加以学习，尽自己所能赞赏身边值得赏识的人。时刻谨记，他人即我。你遇到的每个人都是自己。你对待他们的每个态度，都可能从你不愿意看到的地方，回到你身上。

只有谦逊才会带给我们真正的自尊。谦逊超越了纯粹的自我，将自己视为人性的一部分、宇宙的一部分，是整体之一，拓宽了我们的视野，带来感恩、深层的自我意识和服务世界的愿望。

在这里要着重提醒一下，要特别警惕那些对父母的傲慢。认为父母不够伟大，需要自己去引领和指导甚至是指教，那种所谓的"高姿态的恩惠"，会让你看不清你的事业的伟大之处。

5)下次可能轮到你——幸灾乐祸

情境描述：

走在高速上，遇到了车祸，不少人去围观，甚至起哄说着风凉话；媒体又报道某位前一阵风光的明星人物出了丑事，我们心照不宣地嘲笑八卦着；微信微博里不少人秀着自己的文采来讽刺挖苦他们。

分析点评：

我们对那些公众人物或不相干的陌生人不太容易有同情心，反而会毫不觉察地以一种幸灾乐祸的态度去评价、看待或八卦。如果见到他人将事情搞砸，哪怕是小小的意外，比如碰巧洒了杯水，或者竞争公司发生了什么悲剧，我们内心会暗爽或沾沾自喜。这种心念和嫉妒在人群中以几乎不相上下的频率发生着，为我们带来这样那样的恶果。

可能的后果：

如果遇到以下情形：

(1)在生意场上，当你与别的公司进行深度交易时，对方总是改变主意并在背后捅你一刀。

(2)当你陷入困境最需要他人帮助时，很难有人伸出援手。

(3)你常常情绪失控，莫名其妙的一件小事就会让你大动肝火。

(4)总是被人恶语相向。

那么恭喜你，你中了幸灾乐祸的招了。

建议策略：

从当下开始，对所有人寄予同情心，对他们的不幸尽可能地施以援手，如果我们希望自己身处逆境时能够获得支持的话。

6)赚便宜是吃大亏——匮乏

情境描述：

前一阵某快车公司抱怨到，互联网用户留不住，价格有优惠或奖励幅度大时都来了，活动一结束就都跑了……

有生以来，我们就从父母和家庭那里学会了节约，学会了以尽量少的代价换得尽量多的回报；为了各种廉价或免费商品的争夺而趋之若鹜，比如各种火爆的网上购物节，就是迎合人们的这种希望赚便宜的心理；为自己每次以小博大的成功而窃喜不已；创业后又将此思路同样延伸到企业运作过程中，总想用最小成本和代价来解决经费不足的现状；殊不知，你并没有因为这些小策略最终有大收获，反而会看到越来越紧张局促的局面。

分析点评：

这就是被一种称为"匮乏"的心理定势所操纵驱使。匮乏的根源，是源自于对物质资源有限的恐惧和担心。如果从三维空间来看，物质资源确实是有限的，但是当我们站到更高的维度，和宇宙融为一体，就会被宇宙资源的丰盛无限所震撼，才会意识到自己的匮乏感是对真相的误解。

可能的后果：

匮乏感强的人，会常常面临如下局面：

(1)活在公司财务状况不稳定持续波动的状态，因为匮乏的恐惧让我们不愿也不敢和员工分享财富；

(2)在大好商机面前无法筹措到所需资金。

从更深层的角度来探索，我们要注意与他人或其他部门的财物和空间，未经对方许可不要擅自动用。这些心念和行为也是导致匮乏感严重的内在深层原因。

建议策略：

转化思维定势，用"无尽藏"的宇宙观来理解财富，时时保持丰盛富足的心态，主动帮助财富匮乏的人，理解财富的真正源泉是来自于对他人的慷慨大度，是解决这个问题的根本所在。这也是为什么在本章商业模式设计时加入慈善事业环节的根本动因。

与以上负性的思维定势相反，还有一些积极的思维定势会让你获得不可思议的改变。

这并非说教或心灵鸡汤,有些词汇听起来再熟悉不过,但是能否真正做到,却至关重要。以下的积极思维定势对人的影响,来自很多创业者实践中的体会与感悟。你不必马上相信或轻言否定,在没有了解前不要轻易去评判,请先试着实践。

2. 正性的思维定势

1)能量连接器——感恩

情境描述:

某公司的 M 总,项目进展总是不顺利,资金一直周转困难,向企业系统排列师咨询,结果发现是 M 总和父亲的关系出了问题,彼此不理睬,心怀对父亲的不满。在排列师建议下,他主动向父亲道歉,与父亲和解。项目才慢慢有了好转。

分析点评:

最近有统计数据显示,常怀有感恩心念的人,事业的成功率,收入总值,人生幸福程度,都要远远高于那些不知感恩的人。在家庭关系上看,孝顺父母的人也明显比不孝顺的人更成功,收入更高。

恩是什么?从字面来看,恩是"心上有因",也就是时时处处记着他人曾经对自己的好,对自己的帮助,并心怀感念,对他表达感激感谢。这个感谢的话未必要当面说出来,而是要在心里时时意念。感恩的念头,仿佛能量连接器,会把这些积极的正面的能量,从源头那里连接过来,让自己更加幸福快乐。

感恩的程度,也就是对他人感激的程度。请牢记这个公式:

我们人生的幸福指数=我们对他人的感激程度

如果仔细观察身边的人,你会发现越幸福的人越容易强烈地意识到,他们所拥有的幸福得益于他人的帮助,不管他人是否因此获得过金钱的报酬;真正幸福的人越容易去感激每一个成就其欢乐的小小善行。相反地,那些不怎么幸福的人,却更容易记仇,把别人对他有心无心的伤害放到最大,不肯放过,遮蔽了所有对他曾经的善待。

建议策略:

要时时心存感激,真心诚意向身边以正面或负面的形式帮助到你的人表达谢意。实际上,并不存在真正的伤害,这些经历最终都会成为成就你的动力。有意识地把那些貌似伤害的力量转变为恩情去领悟,并感恩他们变相的提醒,你所获得的正能量会加倍呈现。

如果你实施的商业项目起初进展顺利,但发展越来越不顺,就要多做感恩冥想了。找一个安静的时间段,从面前的一个为你带来帮助的小小物品,哪怕是一片面包,发散开来去想,感激为这个面包出现在你面前的所有过程、所有环节付出劳动的人们,真心感谢成百上千的人为这件小事所付出的宝贵时光。千万不要因为他们获得了金钱的报酬就视他们的劳动为理所当然。现在非常流行感恩日记,最受益的是那些曾经遇到挫折的人。试试看,你的项目会越来越顺利。

2)心胸扩大法——接纳、随顺与允许

情境描述:

生活工作中,我们常常会因为坚持自己的观点而和别人争得面红耳赤;眼里总觉得每个员工都有这样那样的毛病,越想越不舒服,越看越不顺眼;看到与自己价值判断相悖的事情就会产生各种不接纳和各种批评指责;如果是亲人或下属没有按照自己的要求去做,就会如鲠在喉,百般不情愿。挑剔指责的内心所散发出的负能量,会让别人唯恐避之不及,怎么可能感召来好的结果呢?

分析点评:

(1)有太多不接纳的心念,习惯性地否定别人,会导致看到自己事事不顺处处遭拒。

(2)不随顺别人的观点和看法,不允许异己分子的存在,你就总会在这样那样的场合遇到跟你唱反调的人,砸场子的事。

(3)你的心里只能容得下你自己,那你的世界里也就剩下你自己一个孤家寡人。

建议策略:

当我们心平气和地看着各种人生的自然生长而不横加指责和干涉,了解了每个人的使命不同而会有不一样的呈现方式,允许鲜花与粪土同在,下里巴人和阳春白雪都是世界美丽的风景时,你的世界才能像大地一样宽广,你的舞台才能像宇宙一样存在无限的可能。你用各种对立的心念所制造的种种障碍也会渐渐消弭于无形中。心有多大,世界就有多大,不仅仅是一句广告词。坚持做自己的同时,一定要记得理解和接纳别人的不同,笑而不语,和而不同,你将会拥有一个无限可能的未来。

3)得遇贵人之道——成全

情境描述:

商业项目运作过程中,总是遇到各种拒绝与刁难,产生很大的挫败感,影响所有的进展。这时候就会凸显贵人的价值,他们是在我们心有余而力不足时出现的来自外部的成全我们的人和力量,帮助我们迅速跨越障碍,继续前行。

分析点评:

到底什么样的心念,可以创造出贵人,在我们最需要的时刻雪中送炭呢?这个秘密简单得令你不敢相信:"己所欲,施于人",也就是随时随地帮助任何人实现心愿。道理看似简单,操作起来未必容易,这里的秘密就在于"任何人"这几个字上。偶尔顺手帮人易,随时处处成人难哪!但是这个成全他人的比例,也与自己得遇贵人的比例密切相关。了解到这一点,我们就不会对他人的困难视而不见袖手旁观了,而是会珍视每一个成全他人的宝贵机会。

建议策略:

还有一个小秘密,就是在商业谈判时,如果遇到卡壳的地方无法继续,可以当下转换思路,去成全对方,看看自己能为对方带来什么,能做点儿什么可以帮助到对方——局势瞬间就能改变,体会到那种奇迹的发生——山重水复疑无路,柳暗花明又一村。

4)彰显无缺的世界——丰盛

情境描述：

F公司的公益项目运作遇到了资金方面的问题，老板向G总开口求助，希望能够获得支援。G总虽然自己暂时也遇到了周转的困难，还是义无反顾地把自己装修办公室的钱腾挪出来支援F公司。时隔不久，一笔数额不菲的合同款项到账了。

分析点评：

我们常常被匮乏的假象所蒙蔽，从而创造出一个匮乏的世界来。一旦明白世界的真相，用更加丰盛的态度面对所有的事，你看到的一切也会发生根本的变化。

建议策略：

但是如何打破匮乏，转为丰盛呢？最好的办法就是愉快地舍，对那些真正需要的人和事，给予最直接和无目的的财物支持。当我们不期待任何回报而布施时，在深受感动而敞开心胸的那一刻，真正的快乐就被唤醒了。

因为丰盛富足，所以不会斤斤计较。生活中算计得很精明的人，基本上不是很富裕的人。在布施时也要关照自己的心念，不要为希望获得什么回报而去"吝啬地"布施。诸如"因为我很穷，所以想通过布施来改善现状"的小气鬼想法，还可能会重新种下匮乏的种子，让你在将来的某一天再次体验匮乏。真正丰盛的心念应该是："我什么都不缺，所以你需要就可以给你"。在商业模式设计环节提到，一个企业的慈善事业，是持续盈利的引擎，也是基于这样丰盛的心念在商业领域的应用。了解了这些更深层次的规律，并去身体力行地应用它，企业的资金状况就会逐渐好转。

海灵格先生的太太苏菲·海灵格谈及创业动机的一席话，也透露了这样的观点："对于我的生存而言，最危险的想法就是为了使自己拥有越来越多的钱财而开设公司或事业。如此一来，我就是在强调'我不足够'的想法。'我好少'的想法驱使我要求越来越多。其他人会感觉到我不是真的想要服务任何人，我觉得其他人必须服侍我。在我们的时代里，这个想法是最危险的，无论对事业、健康、家族、妻子、孩子与众人而言都是如此。每个人都被它拖进去。"

5）从井底上来——宽恕

情境描述：

南非总统曼德拉在近二十八年的监狱生活中，从未放弃希望，把因禁当作修炼，一直在为走出监狱、促进种族和解做准备，坚持锻炼身体、磨练意志、储备知识、训练从政技巧。最终他战胜了忧虑、惶惑和煎熬，在72岁时获得自由后，他仍然保有健康的身体和旺盛的精力。监狱里的磨难没有助长其仇恨，相反他更认识到宽恕的重要。出狱后的曼德拉曾对狱警说，如果我没有放下仇恨，那么我现在还在狱中。

分析点评：

恕者，如心。每个人通过对自己的"心"的观察，知道自己喜欢什么，不喜欢什么，进而据此推断他人会喜欢什么，不喜欢什么。因为自己喜欢什么，而成全别人的喜欢，这就叫"忠"；因为自己不喜欢什么，而知道别人也不喜欢什么，因而不愿意将这些别人不喜欢的事情强加到别人身上，这就是"恕"。宽恕，就是宽容饶恕，原谅释怀。放过别人，其实就是放过自己。

建议策略：

宽恕不是遗忘痛苦，也不是否认痛苦，相反地，宽恕让我们拥有全新的开始，让缠绕着我们的愤恨远离，让心去迎接新的光明。充满爱和理解的宽恕，是对他人的慷慨，但更是对自己的一份馈赠。《金刚经》说，心无所住而生其心，宽恕就是这句话的实际应用。放掉那些低能量信息，你的心才会更加宽广，才会思索更有价值的内容。

6)蜕变魔法棒——自省

情境描述：

创造和引领了两个世界五百强企业的稻盛和夫，在他的六项精进中，明确指出"要每天反省"（"六项精进"：付出不亚于任何人的努力；要谦虚，不要骄傲；要每天反省；活着，就要感谢；积善行、思利他；忘却感性的烦恼。）；曾国藩每天记录日记来反思一天的失误与感悟；还有千古圣人孔子在两千多年前就提出了"吾日三省吾身"和"见贤思齐，见不贤而内自省也"的谆谆教诲。

分析点评：

这里的"省"，是"检查"和"觉察"的意思。自省，就是养成反复检查自身并提升觉察力的过程，儒释道三家都把自省作为改过和成长的修行工具。每日自省，才会不贰过，才会自我觉醒，才会"胜人者有力，自胜者强"。

建议策略：

时时自省，时时保持对念头的觉照，以上提到的所有负性思维定势才有被觉察和转换的可能；日日反省，行有不得，反求诸己，就会把教训转为经验，把经验内化为价值观，从而保持在稳定和自然的积极状态中。

一个善于自省的创业者，就会带动一个以自省为组织价值观的企业和团队，是不可能不成功的。

除了以上这些思维定势，还有诸如诚实正直、承诺守信也是创业者必不可少的重要品质。但在当今这个以利益为唯一标准和出发点的商业社会，在某些人看来，提正直反倒有些陈腐可笑，但是为了更加长久的利益不被眼前短视的认知葬送，我们还是得正视它。商业行为就是真实生命的一部分。

这些看似微不足道的情绪和念头，以及思维模式，正是最终决定我们快乐与否的关键所在。在创业过程中，会面临形形色色的挑战，只有打好强大的内心基础，才能不为外境所困扰，保持在稳定愉悦的心态里，用这样的气场去感召和影响周围的人。

警钟 8-1：　抑郁心念摧毁一切

项目介绍

18年初，闻名全国的创业标杆人物小K因不堪重负自杀，轰动整个商业圈。从资料看，小K一直是乐观开朗的人，演讲主持风格轻松幽默，无论是面对媒体还是观众，他充满自信，有点玩世不恭,却又严肃活泼,尤其是他时不时变幻的头发颜色,也给人青春的气息。

但人们忽略了在他平静外表的背后,隐藏和承受着庞大的焦虑与压抑情绪。这也是创业者脆弱的部分。早在几年前,小 K 就透露出明显的抑郁倾向,睡觉也基本依赖药物,平常有压力,能撑下来都靠自己忍着。他分享过很多次自己创业的经历,细数自己的问题:"我的性格太急躁,不适合创业"……后来的不幸每每想起总让人扼腕。如果能早做一些心灵和情绪上的疏导,悲剧也许可以避免发生。

项目点评

有机构曾对 242 名创业者进行调查分析,发现 49% 存在一种甚至多种终身的精神健康疾病,分别是抑郁症、注意力不足、多动症(ADHD)和焦虑症。忧郁症占 30%,这比美国平均的 7% 水平线,要高出很多。

可以看到,创业并非想象中的美好,也并非媒体轻描淡写的那样简单,不是每个人都具有能从黑暗中寻找到微弱光明的能力。同样,当我们看到光鲜亮丽的名人时,他们一定也背负着被我们所忽略的痛苦。创业的过程,不单单是与投资人、竞争对手的博弈,更是与自己的脆弱、焦虑甚至抑郁做博弈。可很多创业者往往注重自己业务能力的提升,却忽视了自己的抗压能力。

创业者如何用坚韧的性格与困境死磕的同时,又能学会与世界握手言和,恰恰是自我成长中要解决的矛盾。这也是本章节内容的愿望,希望创业者能够从现在开始有意识地觉察负面心念,主动培养积极的思维习惯,打好强大的心理基础,提前储备对世界发出的善念,将来才能收到世界的善待,在错综复杂的创业征程中有备而来。

8.2.3 记下来,不评判:功过格与六时书

一定有人有这样的困惑,道理好懂,可是很难做到啊!这是个非常了不起的问题,也是区别精英和庸才的根本点所在。这些心理习惯养成的好处,如果不去亲自体验,只是听听大道理就放下了,或者只是在口头上夸夸其谈,仿佛买椟还珠,真正的价值并没有获得,确实是件非常可惜的事。一些简单易行的方法,可以轻轻松松让我们达成心愿。在这里介绍两个工具:功过格与六时书。

相信很多人读过《了凡四训》。袁了凡改命,除了得知"行善改变命运"的道理外,还使用秘密武器来保证让自己做到,叫"功过格",如图 8-4 所示。

可以从网上下载功过格,打印出来坚持记录,这是一个非常不错的督促你用善念、行善事、避恶事、改命运的奇妙工具。

功过格是用来记事的,还有个更彻底的工具,是直接用来记念头的,叫六时书。六时书的理论依据是"己所欲,施于人",把自己希望获得的目标,找到合适的对象,给出去,然后再通过六时书记录下来。它是一个念头追踪系统。

如图 8-5 所示,图中的种子是指当你想实现某件事,你为此所给出去的做法甚至是想法,就是这件事的种子。比如,你希望获得财富,那么你给慈善机构捐助的行为,就是你财富的

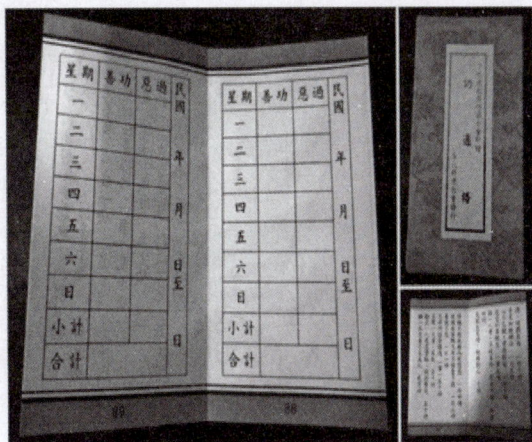

图 8-4　功过格示例

种子；如果你想自己开店，那你帮助他人开店就是你开店成功的种子。这些种子最后会长成你要的果实。换句话说，"己所欲，施于人"的就是你的"种子"。

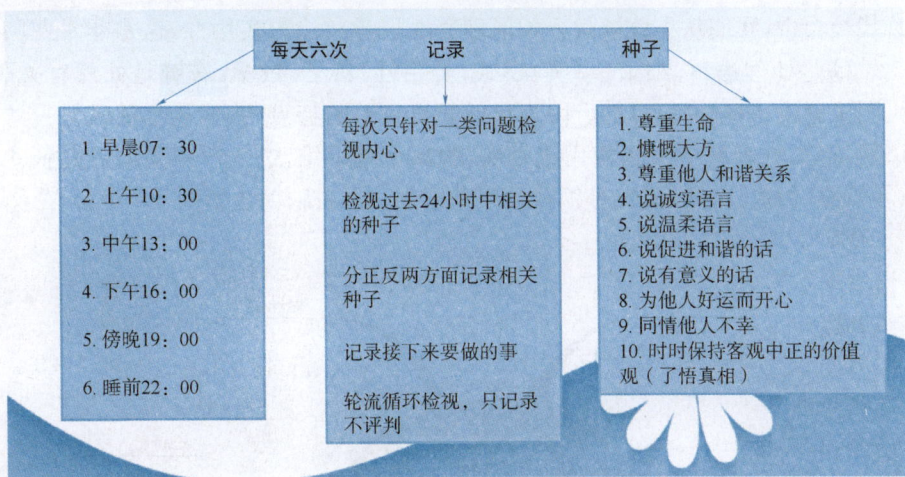

图 8-5　六时书使用说明

记录六时书的思路是：首先选定你要实现的事情或目标，作为检查念头的方向；其次在"＋"后回忆 24 小时内你在这方面为别人服务的想法和事情，一件件记录，不要遗漏；然后再在"－"后回忆带给他人的和你的目标相反的想法和事情，依次回想记录不遗漏；最后在"我要做"那一项里，再给自己设定一个期限和计划，你将在选定的这一方面为别人做什么。不必担心要做的事太简单，善良的动机和念头好比是个小小的种子，会长成大大的果实，也象征着你有强烈的愿望想要实现你的这个目标。

记录六时书一个重要的原则是只记录不评判。不是为你犯下的过错感到内疚——而是要强调你采取不同行动的决心。它可以让你保持冷静,深谋远虑调整自己,让未来更有收获且意义非凡——这一切都是通过你照料自己的心灵花园而实现的,如果你去试验的话,你会体验到事情的神奇:基本上不需要做什么特殊的事,只需要不停地种下对应的种子(这才是关键所在),就可以坐享其成了。同样,对于那些让你深恶痛绝但屡禁不绝的恶习,用此方法也会在不知不觉间让它消失不见。

六时书还要求你在每天的最后做一次总结,写下自己这一天来分别在身体、语言和念头三个方面,做得最好的三件事和最糟的三件事。切记,记录的目的不是要评判自己或感到内疚,而是要留意自己一天的念头。这种留意本身,就可以让你自然而然地发生变化。

此方法也可以用在企业管理内部,不需要绩效考核,只需要员工把自己的语言、行为和念头进行记录,整个企业的氛围就会积极向上,效率惊人,相比于绩效考核可能带来的负面情绪,员工的负面言行会在认真记录的过程中渐渐消失不见。

六时书也可以在网上买到成品,记录熟练后就可以用自己的笔记本来完成。

8.2.4 练习冥想,优化脑波频率,达成心流状态

1. 了解大脑——左脑、右脑与脑波

在现代社会中,我们从小就被教育如何理性地思考和追求实用性,这是非常左脑化的教育方式。左脑是处理逻辑、细节、事实、模式、实用性、科学、数学,右脑是处理有关感受、直觉、符号、图像冒险、哲学的信息的。因为目前教育体系的特点,我们从小被教导只注重于事实、数据、数字等,在教育中大量使用重复法,脱离全脑思维,进入严格受限的左脑式思维方式,所以在情感、创造、直觉、灵性等领域被严重压制。左右脑功能如图 8-6 所示。

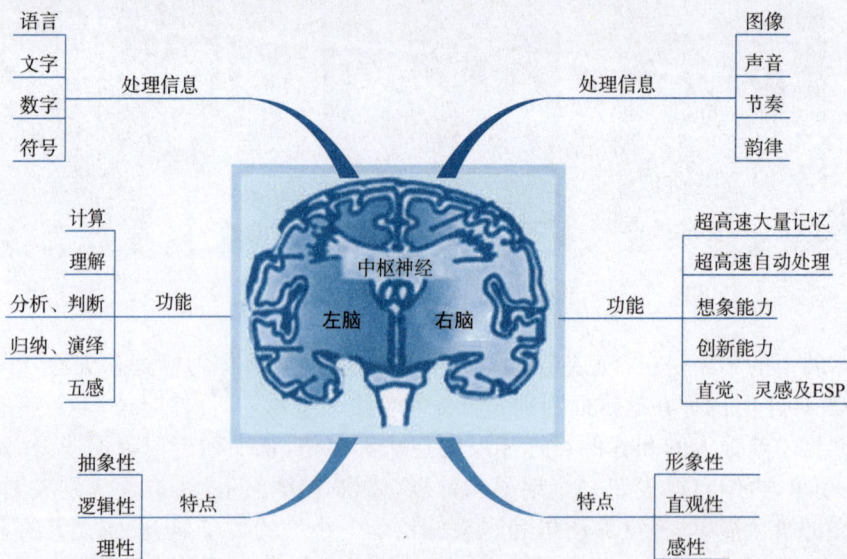

图 8-6 左右脑功能

在脑电图上,大脑可产生四类主要的脑电波。在紧张状态下,当掌控小我的大脑前额叶皮层活跃时,大脑对外界刺激敏感,积极接受外界信息,大脑产生 β 波;当身体放松,掌控小我的前额叶皮层不活跃了,灵感不断,就导出了 α 波;控制小我的大脑前额叶皮层关闭,此时大脑进入心流状态;当你感到睡意朦胧时,大脑神经网络增加了更多的连接点,更多创意不断涌现,脑电波就变成 θ 波;进入深睡时或深度冥想时,变成 δ 波。

2. 大脑意识状态的转换(见表 8-1)

当大脑脑波处于心流状态时,也就是我们常说的"出神"状态时,人能特别专注和愉悦,全身心投入到所参与的项目中,效率很高,点子纷飞,常常体会到那种灵感乍现的顿悟时刻,而且放下小我时意识合一,彼此配合默契,是最佳的集体合作状态,这正是一些顶尖机构所追求的最佳意识状态。比如美国的海豹突击队、谷歌公司等,都在刻意进行能够实现集体心流的训练,帮助成员在关键时刻放下小我,达到最佳配合状态。海豹突击队的头脑体操馆里,有黑暗的吊舱,队员浮在盐水里数小时,以帮助丧失各种感官的感知能力,消除自我意识;谷歌的注意力中心,也有冥想套房,各种脑波状态检测仪,帮助顶尖人才"挣脱自我"。有调查发现,走得最快也最远的总是利用热情找到心流的个人和组织。

表 8-1　大脑意识状态的转换

意识状态转换变化因素	意识清醒	心流(出神状态)
脑波	β 波	α 波、θ 波
激素	去甲肾上腺素(低)、皮质醇	多巴胺、去甲肾上腺(高)、内啡肽、催产素、大麻素、血清素
自我感受	强烈	关闭,自我批评的声音安静下来
处理信息	读取外界信息的感官值班	与大脑中最复杂和神经敏感的部分失去连接,原来最活跃的做出极端反应的杏仁体停止反应
时间感受	有限(分布式知觉,整个大脑和前额叶皮层都在精确计算)	前额叶皮层下线,无法精确计算时间,没有区别过去、现在和未来的能力,"现在"被延长,每秒吸收的数据增加,处理得更快("当我感觉不到时间时,就有了所有我需要的时间")
刻意性	主动,刻意	无刻意性
丰富性	有限	超快速处理海量信息,包括"前世的记忆"
创造力	多用逻辑思维	直觉力大增,创意爆发

3. 冥想及其益处

最安全的意识转换方式——冥想,也受到众多创业者和工程师的广泛关注。在世界 500 强企业,通用磨坊、宝洁、塔基特、亿贝等为员工提供了静心冥想的硬件设施。比尔·福特(福特汽车)、瑞克·葛因斯(特百惠)等 CEO 对冥想大力推崇。在达沃斯世界经济论坛,最近三年,冥想都被纳入讨论主题。世界政府首脑和商业领袖热烈讨论,甚至现场练习。在教育界,西点军校,这个培育世界 500 强 CEO 最多的地方,将冥想设为专门的课程。对冲基金巨头雷伊·达里奥坚持冥想已经 40 多年,他说:"冥想是帮助我成功的最重要因素。"《情商》的作者丹尼尔·戈尔曼博士:"了解自我,其实践的最佳应用是正念冥想。"

　　我们的念头常常处在对过去的懊恼和将来的焦虑中，很难活在当下。而只有当念头处在当下时，才能敏锐地感知他人的需求，真正地为他人做好服务。所以练习冥想非常有必要。

　　冥想还可以提升我们的直觉能力。根据博雅公关《公关周刊》（PRWeek）的调查，62％被访的 CEO 更倾向于直觉做决策，而不是纯粹的数据分析。直觉是一个创业者的内在罗盘。

　　苹果公司的领袖乔布斯，一直在习练冥想，很多产品的创意都是在冥想中获得。我们知道，冥想来源于传统的禅修，而禅就是要以整体性去看待世界宇宙的一切，打破自我的偏见与分别心，从个人的立场转变为全时空的融入。当我们和宇宙融为一体，直觉能力会获得突破性提升，困扰我们的答案的灵感，也会在那时翩然而至。

　　另外，创业者共同的特点——充满激情，也可以通过鼓励和支持他人、帮助他人找到激情和实现愿望而种下种子，并通过冥想的练习而加倍放大，获得自己所需的取之不竭的热情和激情。

　　在此特别强调一个神奇的睡前冥想。入睡前半小时，不要想那些苦大仇深的事，因为你的整个夜晚都会不停地重播这些负面念头，让你不愿意看到的场景反复出现。你要想那些快乐的念头，尤其是和你最想实现的目标密切相关的，你帮助他人获得类似结果的事情、助人的细节以及对方因得到你的帮助而实现目标的喜悦场景，画面感越清晰越好。这样做的结果是，你想实现的目标会以更快的方式来到，因为你把睡眠时所有的念头也利用起来了。

路径 8-4：　冥想带来积极高效

项目介绍

　　世界顶级互联网公司的谷歌公司，为上千名员工开设正念冥想的培训（见图 8-7）；启动了静默的"觉知午餐"活动；谷歌的注意力中心，也有冥想套房（见图 8-8），各种脑波状态检测仪，帮助顶尖人才"挣脱自我"。

图 8-7　谷歌公司专注力训练

图 8-8　谷歌公司冥想室

项目点评

对于顶尖科技公司来说，创新和专注是最重要的特质。只有通过冥想训练，大脑才能不被负面情绪困扰，进入高效的心流状态，从而激发最新的创意。对于压力负荷严重超出常人的创业者来说，冥想练习是必由之路。

道德经云："致虚极，守静笃，万物并作，吾以观复。"就是说，当我们空虚其心坚守清静时，事物的真相就会向我们自然呈现。这就是冥想能带给我们的妙处所在。

8.3 领袖心态

以上内容着重强调了如何修炼自心，但是创业者必须要面对一个团队，在人群中挥洒激情。本节中我们重点谈谈成为一个成功领袖的潜在心理模式。

内心深处，我们所有的人都想走自己的路，成为领袖，获得各种自由。成功的标配人生包含了财富、事业、健康和关系等方面，真正的领袖并不是自己独自闯荡，直达目的，而是要带领一众人马互助互爱，在成就自我的同时，帮助他们实现各自的目标。所以成为一个领袖是创业者必须首先要面对的事。

8.3.1 成为领袖的三个秘密心态

作为一个领袖，首先要能够洞察未来，为大家指明方向——这个方向一定是所有人愿意到达的地方；同时要具备关怀所有人的品质，能够感知到大家的需求和情绪所在，即时协调沟通，保证每个人心念一致往前冲；具备强大的力量，能够带领大家闯过重重障碍最终抵达目标。为保证这几方面的必然成功，还有几个核心秘密，即把握与员工相处时的语言、行为和意识的关键心理。

1. 我的地盘听我的——小心你的语言

我们的语言是受意念支配的，先有什么样的想法才会说出什么样的话。刀子嘴豆腐心是不存在的，说出伤人的话时一定是已经有了伤人的心念，或至少没有去体察对方当下的感受。

和团队相处，需要通过语言的交流来实现，需要大家不仅尊重你的话，还要按你说的去做。从深层原因来看，尽量只说有意义和有益的话，是保证他人听话的好种子。可能你已经发现，同样的内容，从不同的人嘴里说出来时，听众的感受会完全不同。有一种无形的品质会让人们更愿意相信某一个人，而不相信另外一个人，这个无形的品质，就取决于那个深层原因。容易被相信的那一位，一定是个说话谨慎恪守某些原则的人。《正见》一书中有这样一句话：因了他有不说谎的功德，所以具有被人信服的力量。这句让人很费解的话，蕴含了丰富的内涵和规律。生活中我们会有这样的体验，那就是有的人无论说什么，总是容易让你产生信任感；而还有一些人则刚好相反。

这种影响他人直觉的深层力量，就来自于此人日常是否谨言慎行：

(1)一定要小心，不要说无意义的话。

(2)不要转述那些电视或网络媒体里传播的有目的的内容，那会在不知不觉间浪费别人的时间,减轻你语言的分量,让他人对你的话语不认可,不重视,不听从。

(3)也不要轻易说出伤害其他人关系的话。在领导力领域,有个著名的职场戏剧三角形,就是防止我们在职场上陷入受害者、加害者或拯救者角色的小把戏。这个三角形提醒我们,在听一个员工提及关于另一个员工所说的话时,不要轻易表态,而是邀请被涉及的第三方一起加入会谈,即可避免因为过度偏向某方,不小心攻击另一方而造成的潜在的冲突。

(4)面对冲突时要有大事化小的心念,不要太容易就被激怒,多用富有幽默感的语言表达,别总是感到被冒犯而攻击对方。如果我们刻意地对一个刚刚说了轻率言辞的人施以大度,不加介怀,而不是轻易给他贴个故意伤害的标签,是不是就会有很多的冲突与斗争,终止于一个会心的玩笑,一个理解的笑容,或者一个体谅的回应。

(5)还有一个非常重要的显示语言的力量的场合——公众演讲,需要我们倍加重视起来。一个成功的创业者,离不开这一制造影响力的方式。如何才能让你的演讲充满自信?那就是认真地思索你的听众真正需要什么,以及什么可以确实帮到他们;另一个深层原因,则在思维定势里强调过——不轻易评判;还有更重要的一点,与保证你成为成功领袖的深层原因相同,也就是平等对待所有人。

2. 魅力四射不是梦——享受你的工作

迄今为止,我们所听闻过的成功创业者们,他们有一个共同特质,就是非常快乐地投入和享受眼前的工作。这确实是一个秘密,是让你充满领袖魅力的深层原因。深层原因的好处是,只要你做到这一点,无论其他条件是什么,你最终都会获得这个结果。相当于你种下了种子,不管施什么肥,都会收获同样的果实,是一样的道理。

在享受工作这一点上,要切记:

(1)不要让自己一整天陷入忙忙碌碌超负荷状态,总是精疲力竭,头脑昏沉;这样的工作状态何谈享受?如果我们合理安排时间,每天定期加入冥想,让头脑一直保持专注平静愉悦,才有可能高效地工作,投入到既有利于提升我们所处社会的福利水平,又能推广传播更高价值的有益工作中去,才能真正呈现享受工作的样子,才是真正种下了魅力领袖的种子。

(2)我们常常要同时面临很多事情需要处理,按优先级排序很重要;但是与领袖魅力相关的优先级标准是:越为更多人服务的事项,优先级别越高。所以为全人类服务的事项一定是最高优先级别;相对于那些暂时有吸引力的低优先级事项,如上网看看有什么新闻,几乎等于是浪费生命的做法,高优先级别的事项会为你种下成为服务整个世界的领袖的种子。

(3)常常以为自己"办不到",就会耽搁很多自己完全可以胜任的好事;以为做不到就主动退避三舍,这也会造成种下好种子的延误;相信自己,你可以完成任何你决定做的事,只要正确使用本章提到的百分百成功的工具——己所欲,施于人。

（4）你是领袖，并非你只能高高在上，颐指气使，恰恰是要勇于从最基层的事项干起，对项目的方方面面保持高度好奇，熟悉了解每一层的细节，借由从最基层开始了解而最后成为领袖。这也是享受工作的一种表现形式。你的谦卑与智慧，将成就你的领袖魅力。

3. 人人都是扫地僧——平等对待员工

如果你理解这样做的动因，仅仅只是为了发挥每个人的潜在优势，让企业发展得更好，那就太遗憾了，而且以这样的出发点去看待，是很难真正实现你想要的目标的。但是如果当你知道，尊重每个员工，把他们真正当作自己的一部分，是让你必定成功的深层原因的话，你一定会正视此事。

（1）相信每个人都有成功的权利。你自己、前台接线员、市场主管，无论是谁，职位高低，大家都是平等的。作为一个团队领袖，你并不比其他任何人拥有高于其他成员从中受惠的权利。

（2）每个成功的领袖，在每次努力中，必须先克服人性中优先照顾自己的倾向。

（3）只有把所有团队成员看成是自己的一部分，好比是你的手足，你们是一个完整的人，你们才能真正地步调一致，去往任何地方都会主动协调迈进，同时到达目的，保证绝对成功。

（4）把每个员工的所有事情，都当作自己的事情去面对，自然而然地把帮助每个成员的成功当成自己的习惯，一件令你很享受的事，从早到晚乐在其中。不要担心时间和精力是否本末倒置——因为在最深层面，本来就没有本末之分，平等对待每个人，你会发现你的成功势在必得。这就是基于深层原因思考和原来基于表层现象推理的根本区别所在，也是深层原因的酷炫之处。

（5）更进一步，你可以时刻进行自他交换的练习，甚至可以想象自己的名字也改为对方的名字，把自己放在对方的立场去想问题。这个练习开始时似乎有些令人困惑，但请坚持下去。它真的是个神奇的秘密方法，能让你成为那种极尽所能而想象出的最成功领袖。这才是令你百分百成功的出人意料的终极策略。

人们在团队中与他人相处的习惯模式是，当遇到水平近似或相当的同事时，就会不由自主地产生竞争心态。而自他交换的练习，就会真实地体会到有一个同样实力、同样智慧的同事时是什么样的感受。通过假装别人是我自己，再以通常对待他人的方式来对待自己，就会帮人们调整到恰当的心理模式；同理，人们遇到起点较低的人时，会不由自主地生出傲慢心态来，而遇到更优秀的人时，难免会有羡慕嫉妒的心理产生，所以我们练习自他交换，就会意识到，原来的思维模式需要改变，需要调整到"己所不欲，勿施于人"的正面意识状态。

当我们从深层原因来解释必定成功的要素时，欣喜地看到，很多国际著名企业已经呈现了最确定的验证。

在全球 61 个国家拥有两千多家分店的 BodyShop 国际股份有限公司拥有一个员工伦理

中心,在那里聚集了充满关爱精神的人,他们不仅对朝九晚五的工作感兴趣,还希望通过工作找到更有意义的事。它的已故创始人安妮塔·罗迪克女士认为,工作场所不仅是商品的生产车间,更应该是人类精神的孵化器。在 BodyShop,所有员工每个月都有半天的有偿假期,去参与自己选择的社区服务。这项计划不仅大大加强了公司价值观导向的系统,也传承了公司创始人所创建的企业传统文化。

万豪国际酒店集团的员工则被当作"合伙人"来看待,集团会帮助员工解决现实世界中个人可能遇到的几乎所有的问题。万豪著名的"人性接触"策略,不仅是针对酒店顾客,也包括员工合伙人在内。公司认为困扰每个合伙人的需求也是公司要解决的问题。为了对员工需求积极回应,万豪开通了 800 合伙人资源热线,任一遇到麻烦的员工都可以随时呼叫热线,并立刻和一个训练有素的专业的社会工作者联系上,他会倾听,给出建议,直到最终找到解决方案。此项目让集团员工的缺席、延迟和失误大大降低。

全球保险业巨头 USAA 了解如何让员工的精神活跃丰富起来,它也因员工的敬业精神和快乐职场而享誉全球。在这个拥有独立无二保险制度的公司,不仅保障职业和专业技能的发展,更投入资金帮助个人成长和个人技能提升。公司的劳动力发展项目,让每个员工都得到定期的个人成长课程培训,成功帮助员工成就完整人格。

全食超市坚信每一个员工都如同一束星星之火,潜藏着巨大的能量,足以影响公司的品牌和价值底线,鼓励他们以主人翁的身份去解决问题。西南航空公司鼓励英雄之举,并从员工中选出"最美心灵"的幕后英雄,专门为他们举行庆典。这些来自西方管理实践中的大量的实证数据表明,东西方智慧在最深的层面上是完全一致的,真正成功的核心秘诀也是相同的,即平等对待所有人,把每个员工当作自己。根据这一点,创业领袖也应该联想到,外部环境是自己内在的镜像,而非其他人缺陷的反射。当个人内在发生改变,成长提升,你眼里的外部员工状态也会映射出这种变化。因为你看到的员工就是你。

8.3.2　来自创业先行者的心声

在本章节的最后,笔者邀请了几位生活中的朋友,他们是实际的创业成功者,请他们论谈新的创业朋友们说说自己在创业心理方面的感受。他们都毫不犹豫,非常痛快地答应了,并在百忙之中很快写就,发了回来。他们真诚的心,是最好的助益。

路径 8-5:　**客户满意度等于事业满意度**

项目介绍

王雅娟:2014 年 2 月起负责微博广告销售和商业运营工作,任职副总裁。中信出版社最新图书《超越营销》作者;我们有目共睹的新浪微博的起死回生,难度无异于一次再创业。以下是她专门为本书读者写的话:

无论创业还是从业,还是日常生活,当面临挑战时,不可避免有压力感,紧张感。当我们不强化对不成功的恐惧,而是关注在外部,问自己为什么客户会为我们的产品和服务买单,问合作伙伴为什么选我们进行合作,当我们的关注点不是聚焦在自身,而是关注合作方时,我们更容易从自我的情绪和压力中摆脱出来。我还是讲一个实际工作中的事,看看给创业者们能不能有什么启发。

小故事:星星之火可以燎原

2014 年初微博上市之时,正是客户市场认可度最低,客户转向微信营销最热烈最火爆的时候。我自己见代理见客户,经常听到的反馈意见是"我老板不用微博了,我也不用微博了,我们都做微信了",还有的代理说"social 营销做起来太费事,需要很多人,ROI 太低,我们不作为重点"。很感谢这些直言相告的朋友们,让我们能冷静地面对现实。所以当我们大客户销售遭遇挫折回来问我时,我也不觉得有什么奇怪。

销售回来问我,"客户说了他们都不用微博了,您说这个客户我可以不跟吗",大客户销售被分配的客户是资源,一般来说是不可以不跟的,如果一个销售不跟了,客户是要被转走的。所以如果销售不打算跟进一个客户了,需要报备。

我不管对我们不感兴趣的客户怎么样,直接问:"还有客户对我们有兴趣吗?"

"有。"

"你能把还对我们有兴趣的客户可能的订单一定拿回来吗?"

"我一定尽力!"

"好!那么你把还对我们有兴趣的客户可能的订单尽全力拿回来。我只提一个要求——一定要按照成功案例的标准做好,能做到吗?"

"必须做到!"

这样,在最困难的 2014 年,我们品牌客户的优秀案例积累了 40 多个,外面行业奖项拿了 7 个,到 2015 年我们外面拿了 24 个奖,2016 年拿了 36 个奖。3 年来没有丢过一个大客户,2017 年一季度头部 20 个品牌客户的年同比增长率超过 200%,而整个品牌大客户市场的总预算是持平的。个人体会,只要我们保持好服务客户的初心,认真做好我们能做好的事情,挑容易成功的先做,证明我们的好,服务过的那个客户会加强信任,客户体系内的其他事业部会看到会学习,领导会关注,客户的竞争对手也会发现,行业中代理合作伙伴陆陆续续都会知道,不就是星星之火在燎原嘛。

🧩 项目点评

在微博发展最艰难、被大量客户拒绝的大环境下,王雅娟女士并没有怨天尤人,迁怒于谁,而是允许、理解和接纳客户的选择;同时把有信心的客户当作自己,为他们提供最佳的服务,帮助客户实现他们的目标,使他们的满意度达到最好。这些最初的成功服务大客户的星星之火,正如同真诚种下的一粒粒小种子,最后开出了一片灿烂耀眼的美景。

守得云开见月明,这份执着的潜在动力来源于哪里?我们看到了王雅娟女士对微博这份事业深深的热爱和激情。她通过不断地为客户提供真诚的服务,无论对方是品牌大客户,还是一个个人用户，通过支持和帮助他人实现愿望，带来惊喜，从而创造出自己的惊喜——《超越营销》就是一个超过她本来想法的惊喜成果。

路径 8-6： 以客户为中心，从小事做起

项目介绍

魏中华：连续创业成功者。神州数字香港上市公司董事长，第一批支付牌照获得者，前钱袋宝董事长。创业导师。

应郭老师邀请，来写点创业里面的干货。给各位创业的小伙伴一些参考。时代在发展，模型也在不断变化，从工业时代到互联网时代的转型，不单单是网速设备的变化，更是人的心智模型的调整，所以我认为摸清新的模型是必须的。

老的成功模式，可能已经不再适用了。工业时代的模式，基本上就是自己有什么就吆喝什么，虽然也有客户是上帝，以用户为中心的说法，但是这个焦点的中心，永远停留在满足自己的产品幻觉中，做什么产品，就逼着用户用什么，如果不用，就靠洗脑式的广告轰炸来把自己的产品定位到消费者的潜意识中，所以我们认为，那是一个以产品为中心，自我为中心的时代。

互联网时代的到来，给了一个用户充分互联的时代，信息丰富得快要呕吐，不想看的，都会被系统自动筛选掉，产品多得数不胜数，用户也越来越成熟，信任的建立，越来越不容易，所以真正以客户为中心的时代到来了。

所以，第一步，就是全身心地了解和你有缘人的需求（忘掉自己的产品，全身心的聊天），而且这个有缘人绝不是你幻想中的客户，而是你的朋友、同学、家人，等等，通过映射关系理论，对这些人的认真分析，就构成了你的有缘世界里的需求要素群。

第二步，认清自己，分析自己，把自己从小到大分析透了，看看自己的低点高点和特征点，高点就是因为什么自己特开心感觉成长的特好，低点就是感觉自己因为什么在停滞不前，通过分析，找到自己特喜欢的，还有自己擅长的。

第三步，把用户的需求要素群和喜欢要素群、擅长要素群，找一个最大公约数。把这个作为入手点，又叫切入点。

第四步，寻找这里面的价值感，自己的成就感，把这种感觉找到，就是感觉自己这么做，能帮助到很多人，所以非常开心的感觉。

第五步，通过这个入手点，就是不断宣讲，建立朋友圈虚平台，拉动粉丝群，让大家关注到自己，让这些粉丝围绕自己互动起来，玩起来，可以是公益课，自己成为导师，也可以是微信群，等等，自己一个人就能完成的。所以叫做虚平台。成本低，但是绝对能够实践完成自己的第一次模拟创业循环。

第六步，如果第五步成功后，会自动进入第六步，就是实平台，粉丝会逼着你做的，出产品、做公司、拉合伙人，等等。如果认真按照这个模型来实施，到了第六步，基本上肯定就可以成功了。

互联网时代，是一个成就个人的时代，人人皆可创业，而且人人皆可成功地找到自己的

道的时代。所以不要畏惧，要相信自己，从小事做起。从每个小小的全身心聊天开始。

项目点评

欣慰地看到，魏中华先生已经把与本章核心理念相同的实操方法，上升到了模型化和步骤化的程度。创业者们完全可以直接拿来借鉴。

路径 8-7：　坚持传递爱，财富自然来

项目介绍

丛中文在三十六岁时选择创业，外人看来有点晚，但是对自己的生命历程来说，一切都刚刚好，我一直用肯德基叔叔六十岁创业的事来做榜样。

刚开始时也和其他创业者一样，遇到业绩、员工管理和企业运作流程的困难。从一个瑜伽老师转型成瑜伽馆主，身份转换使用的大脑区域都不一样了。

当遇到困难，收入都不够房租和员工工资时，没有时间焦虑，坚信有不懂的不怕，去学习就好。报名参加金刚商学院、清华健康产业研修班、清华管理创新研究班，跟随老师学习。发现自己的知识结构不全面，管理没有体系，学完回到企业就马上改善。最大的感觉是自己格局不够，维度太低，所有事只想着眼前，只考虑自己得失，反而把顾客和员工放在后面，结果让企业经营陷入困境。

于是开始新一轮学习和成长，提高看问题的维度。当我们不处于对抗的三维空间，向上进入四维的意识模式，我们和员工、顾客、利润是一个共同体，不再冲突，发现世界豁然开朗。

认知的变化带来经营模式的变化，开始定期回馈顾客，把他们需要的课程以公益形式分享出来。同时把员工分成比例提高，把部分业绩提成每天发给员工，让员工找到每一天都是为自己工作的动力，他们就更有积极性了。

主动自觉地辅导业内其他朋友开店，结果自己的新店也非常顺利地启动了。

我的感受是：坚持把爱传递出去，财富必定随之而来。财富背后不是纸币，而是你创造的所能帮顾客解决问题的价值，明白了这一点，从此就不再焦虑业绩了。通过研究客户真正的需求，设计出对应产品课程，让产品满足更多需求，渐渐地把瑜伽馆建成了会员的心灵家园。

目前社会物质极大丰富，但心灵滋养成了最大困惑，发现这个需求后，我专门创设了对应的心灵课程，并且在荔枝电台这个传播平台，开设微课堂，让更多的人内心获得了平静。

发现问题，解决问题，财富自然到来。实践证明，所有财富背后对应的是财富的种子。体会到这一点后，我每天带领会员进行公益捐款，目前已募集三十七万多，给那些需要帮助的人。也会定期带领员工去雨花斋素食店做义工，为藏区捐衣服，让布施成为一种习惯，让爱流动起来。

当心里装的不只是自己，更多的是员工及顾客，业绩上升就特别快。同时再把布施的方法传播给更多的人，让更多的人通过种子理念受益。

我已经找到自己最感兴趣，最热爱，可以为之奋斗一生的事业。这个事业可以帮助别人，也可以成就自己的财富。

让我们的能量更强大，为改变这个世界努力吧，一切美好都将随之而来。

项目点评

丛中文女士的创业过程，是将自己的个人生活与商业活动完整合一的典型案例，完美诠释了海灵格先生的那句话："商业行为就是真实生命的一部分。"

第 9 章 精益创业：用户、需求、价值、MVP

题记 如果说现在对知名大企业而言，是一个"黑暗时期"的话，那么对于创新型企业来说，这简直就是一个黄金时代。时代赋予的机会就在这儿，我们能否抓得住？

自 2013 年我在北京大学创业训练营担任创业导师以来，看到了不少初创企业真实的生存状况，有相当多的创业者在商业逻辑以及商业模式的推敲上还是相当地粗糙，他们努力生产，但是客户并不买账；他们努力沟通，但是却无法把自己的产品与服务价值说明白；他们每个人都没日没夜地干，但是团队的工作效能却不是很高……

但不管怎么说，我内心还是觉得创新与创业的群体，在当下的中国，还是最具活力、最想做事、最走正道和最有正能量的一批人，和他们在一起，并有机会为他们的成长与发展尽一份力，还是比较快乐的。这也许是笔者组织力量在做精益创业辅导的初衷所在。

记得三年多前，我刚刚在北大创业训练营做报名学员面试的时候，我的总体感受是：创业之路，非常艰辛！很多来面试的朋友几乎都是一腔创业的激情，但老实说，真的不是所有人都适合创业……某日一个上午面试了 20 位北大创业训练营的报名学员，有些发现还是忍不住在自己的朋友圈里分享了一下：①大部分创业者不会讲打动人心的故事，说经历的多，讲案例的少；②凡自己没弄清楚的事说得都很大，概念多，行动少；③谈产品和服务多，谈商业模式的少；④谈业务的多，谈愿景的少；⑤关注财务目标的多，关注现金流的少；⑥谈自己能力的多，展示团队能力的少……

两年前，在北大创业训练营第二期全国班招生面试的时候，我又忍不住写下了一些感言：

（1）这一期面试学员的年龄较上一期偏大，大多为 70 后（甚至有 50 后），一方面说明创业大潮已经深入民心，另一方面是否也反映出创业大军中后继乏人。

（2）面试学员中已创办企业者居多，从他们的现场表现看，沉稳有余，创新不足，很多是中小企业发展 5～10 年，遇了发展瓶颈，压力大于动力。

（3）大部分学员沟通的能力不强，不会"讲故事"，即讲不出打动人心的故事，讲不明白的原因是还没想明白，没干明白。

（4）眼界很重要，有海外求学和工作经历的学员普遍表现较好，眼界宽，见识多，创新能力也就更强。

（5）与前一年相比，务实者增多，创业需要实干，这是个好现象。

在近一年的时间里,也许是经济下行的影响,投资机构也变得相当地谨慎,靠喝喝咖啡就能融到钱的时代似乎也一去不复返了。很多创业者开始忙于参加各种聚会和路演,希望由此获得资源和融资的机会。但我发现,不少人的路演 PPT 是"公司简介＋融资说明",根本没有在商业逻辑、产品爆点、客户获取、合作伙伴、竞争对手、财务分析以及团队能力等关键创业要素上下工夫。这并不是他们不想把这些关键问题讲清楚,而是真的没想明白,也没有人教他们。

与此同时,很多投资者和机构也是"选秀"的心态,他们很自信自己的眼光和经验,总希望用最短的时间看更多的项目,不想也不会伸把手弥补这个空白。事实证明,由于缺乏更深入的沟通和了解,投资人的项目成功率在第一阶段也很低,他们和创业者一样,欲速则不达,浪费了时间也浪费了钱。

即便有些人融到了钱,但是很多创业者在融到 VC 的资金后,会在第一年花掉募集资金的 50％～80％,然后第二年把剩下的钱花掉。他们募资后会雄心勃勃地干三件大事:

(1)扩大办公室或搬豪华办公室。

(2)涨工资,大量招人。

(3)市场营销费用剧增。

之后,他们又没钱了,并处在生死边缘。很多创业者,都会因为曾经花钱太快后悔！其实是创业过程"太浪漫""太粗糙"！而我给他们的意见是:拿到首轮融资后,立即启动下一轮融资计划,并以此为目标,把子弹集中起来打出去。

2015 年底,针对创业者出现的以上问题,笔者开始在北创营开展精益创业的实践,即通过学习型组织的深度学习方法导入,帮助创业者"想明白、说明白与做明白"。效果还是挺令人满意的,尤其是创业者的学习能力令人惊叹。

但笔者还是想再啰嗦两句,前不久,在担任大健康创新创业大赛评委时,我又随机写下几点感言供参加过或即将参加路演(大赛)的朋友们参考:

(1)一定要记住:技术应用≠产品应用≠商业模式。

(2)一定要讲清价值:特别是客户价值及价值主张与产品(服务)的关系。

(3)一定要讲出你的增长与行业增长之间的关系,你看得见风口吗？你在风口中吗？风中的你起飞的姿势对吗？

(4)不要完全依赖传统 BP 模板,要为自己的路演精心设计一个"讲好故事"的叙述结构。

(5)QA 环节不要急于应对,解释,更不要反驳(防御性沟通),要学会聆听,听到投资人问题中的担心和不安,并展开坦诚的沟通。

(6)团队展示不仅是简历展示,需要与核心业务做强连接。

(7)路演学习心态很重要,急于"找钱"的状态,效果反而更不好。

(8)路演中展现专业能力很重要,让投资人感到你 365 天都在琢磨你的"买卖"(包括客户、市场、技术、行业)。

……

总而言之，大部分初创企业的倒下，并不是因为他们没有完成预设的目标，而是客户不买账。精益创业方法的基本逻辑点恰恰就在这里——避免生产没人想要的产品，提高创业成功率。一句话，黑天鹅是可以"孵化"的！也就是说，"精益创业"方法可以提供功能强大的新工具，创业者通过遵循"创立—衡量—学习—交互"的原则，先开发一个最简单的产品，通过客户实际使用进行检验，从而做出调整或是维持原样的决定。这一原则提供了一个更为高效的方法，以帮助企业开创一个可持续的全新事业。

9.1 精益创业，开启创业第二季

众创时代的底层逻辑中的主语将发生真正的改变：过去是以"器""硬件""政策"等为主语，现在将以"创业者""孵化""软实力"为主语，从原来的"政策洼地"向"创新高地"转变。

今天，在"大众创业、万众创新"政策驱动以及移动互联网普及的双重影响下，全国上下形成一股全新的创业浪潮。这是一个最好的时代，移动互联网、大数据、云计算等技术让"弯道超车"的创业商机俯拾即是。在政策的扶持下，全球各地的孵化器、创业园如雨后春笋般涌现。资本市场上，集万千宠爱于一身的创业板和新三板更是将创业前景推向了前所未有的高度。

中国的创新创业看中关村，中关村的创新创业看海淀，海淀的创新创业看中关村创业大街。在这条长度仅200米的街道上，被人们称为创业咖啡的3W咖啡、车库咖啡以及新开业的贝壳爱喜咖啡等一大批咖啡馆在这里集聚，形成了一道独特的创业孵化风景。一时间，创新创业的浓厚氛围在这里迅速氤氲。然而，随着时间的演进，也许是对于创新创业的"疲劳"，也许是对所谓资本寒冬的误解，很多人开始发声：中关村的创业咖啡凉了……

1. 反思创业

一项中国社会科学院、凯迪数据研究中心合发布的《中国创业心态调研报告》表明，青年已成创业主力，16岁～35岁的创业者在创业人群中占比高达80％。

数据表明，有20％的创业者在结束一个创业项目后会继续创业；而63％的创业者则选择回到企业或机构工作，但其中约10％的人会在工作期间寻找商业机会，择机再次创业。调查发现，在连续创业者中，有83％的人正处于第二次创业中，13％在第三次创业，3％在第四次创业，而最后约1％的人至少已创业5次以上。

报告还显示，"北上广深"对创业者的吸引力最大，36.4％的创业者首选在一线城市创业，省会城市以35.5％的支持率紧随其后，选择到县级城市及农村创业的有28.1％。从创业意愿来看，来自三线城市或小城市的创业者在创业人群中的占比远高于来自一二线城市的创业者。

不管怎么说，大众创业、万众创新的热潮还在涌动，我国平均每天约有1万家企业诞生。"众创"已经成为中国经济新的发动机。然而，创新创业在当下依然面临困难和挑战。有分析研究认为，全民创业活动中体现出的大众化、同质化和空心化特征是今天的许多创业公司无法回避的三个问题。

1) 大众化

今天,这么多人之所以义无反顾地投身于创业大潮,一个重要的原因恐怕是:活跃的资本和扶持政策在短期内大大降低了创业失败的成本和风险,为创业者们建造了一个安全、舒适的温室。于是,原本不想创业、不适合创业的人也纷纷加入创业军团,享受这最好时代的美宴。

但是,一切脱离本质的因素都是难以持久的。热钱终究会散去,风口也有转移之时。当温室里的花朵不得不面对自然的严酷时,那些不适合创业的人恐怕就免不了被打回原形。

2) 同质化

创业者们从来就不缺乏敏锐的嗅觉,对于"热点"和"风口"的把握并不逊于任何人。在某些领域,随着创业者蜂拥而上,就陷入了"一热就进,一进就死"的怪圈。

3) 空心化

创业也好,创新也罢,理想的结果是成就一批伟大的企业。但是今天大众创业的结果,却在很大程度上导致了职业经理人的缺乏。

中国并不缺老板,缺的是能够在老板的公司里安心扎根、施展才华的管理人才。在这样的背景下,创业企业遍地开花,但伟大的创业企业寥寥无几也就不难理解了。人才的流失导致创业企业的空心化,而这绝不是光凭时间和耐心就可以解决的。

2. 从热衷浮华到回归商业本质

不久前,一份"O2O 死亡名单"不停地刷屏着朋友圈。一边是创业圈内,恐惧像传染病一样在蔓延;一边是圈外,人们抱着幸灾乐祸的心态隔岸观火。舆论中始终缺乏理性的声音。抛开部分企业在运营过程中失误以及激进发展等问题,大多数垂直 O2O 项目死亡的主要原因不外乎以下两点:用户获取成本过高以及用户活跃度低。

创业是一种冒险,无论是科技初创公司、小微企业还是大企业的创业项目,莫不如此。几十年来,创业者几乎已经轻车熟路:撰写商业计划书,说服投资人,组建团队,推出产品,最后就是使出吃奶的力气把产品卖出去。——在这套标准动作中,说不准你就会在哪个环节上犯下致命的错误,而且概率还很高:哈佛商学院什卡·高希(Shikhar Ghosh)的最新研究显示,75%的初创公司都会失败。

但最近出现的一种反传统的模式,极大地降低了创业风险。这种模式称为"精益创业",它注重实验而非精心计划,聆听用户反馈而非相信直觉,采用迭代设计而非"事先进行详细设计"的传统开发方式。

精益创业的开发—测试—认知(Build-Measure-Learn)方法,不是一蹴而就的,而是循环往复的。这被称作回路(Loop)。首先提出概念或假设(Primary idea),经过资源统筹之后的开发,形成一个初级产品,然后是测试,通过线下调查、贵宾式用户体验、线上 SEM 等方式,获取尽可能全面细致的反馈数据,通过对数据的分析与解读,尝试理解用户心中所想,心中所好,继而完善更进假设。经过一轮又一轮的开发,从 Demo 到 1.0,再到 2.0,每一次小 Bug

的修补，都在实现对用户需求的回应。新创企业最宝贵的财富，恰恰是每一次的用户反馈与反馈数据。这个过程不是线性的，不是累积式的，而是回路式的，是一个不断认知的过程，是一个明确的、自我察觉的认知过程。只有这样的认知，才是真正可控的，才是能够回应不确定性风险的。

　　精益创业对团队成员提出了四个问题，即顾客认同你正在解决的问题就是他们面对的问题吗？如果有解决问题的方法，顾客会为之买单吗？他们会向我们购买吗？我们能够开发出解决问题的方法吗？对于顾客的理解与认知，决定了新创企业的生死存亡，或许此言有些过激，但激烈白热的创业现实，往往认的不是点子，而是企业的持续存活。

　　激活高质量的创业本质上需要通过个体的经济理性来发挥作用。创业是一项技术含量很高的事业，激情只是其中很小的部分。除了回答"外部环境有创业机会吗"，另一个更重要的问题是"为什么这个创业机会一定属于我"。后一个问题关乎资金、团队和商业模式等要素，关乎核心竞争力的挖掘与塑造。创业的失败率很高，需在多次转型迭代和创业失败中积累经验，一步一步实验和验证，成功跑完创业马拉松，这需要坚持和厚积薄发。

　　麦肯锡全球研究院主任 Jonathan Woetzel 研究认为，中国做得最好的是聚焦顾客和效率驱动的创新。在聚焦顾客的创新模型中，解决顾客的问题是关键；在效率驱动的工业模型中，创新旨在改善生产或服务配送的流程。在聚焦顾客的创新上，中国已超过了它在一些领域里的占比，包括电器（中国占全球的 36%）、网络软件与服务。他发现中国服务部门的创新具有很多机会（中国在服务业的生产力远低于发达国家的水平），到 2025 年，中国服务部门的创新可以每年给它增长 5 000 亿元至 14 000 亿元的价值。在制造业上，中国具有成为全球领先的数字化、联结型生产（即工业 4.0 时代）平台的优势。新一代的制造可以每年增加 4 500 亿元至 7 800 亿元的价值。

　　过去十年创业数量和质量的分析与国际对比发现：我国的创业活跃程度远远超过欧美国家，不仅高于所有创新驱动的国家，在效率驱动经济体中也名列前茅。然而，活跃的背后，被动生存型创业的比例较高，高成长、高创新、国际化等高质量创业活动较低。创业质量有待提升，创业结构有待优化。

　　毫无疑问，精益创业则是以"高成长、高创新、国际化等高质量创业活动"为主体的创业模式和创业方法。

9.2　非创新，不创业

　　创业者无处不在，而且创业的精神和方法可以运用到各行各业，在任何规模的公司，甚至是庞大的企业中。

　　随着一批批掌握新技术、新工具的新生代创业者登上商业舞台，随着创业投资机构和创业环境的日益成熟，一批批新创企业如雨后春笋般地涌现出来，营造了一个生机勃勃、充满活力的商业生态。

创业是一门功夫一门学问，不是光有热情就可以。还需要经验的积累，更需要知识和理论的装备。根据美国统计数据，创业最高峰年龄段为 35～45 岁。

长江商学院战略创新与创业管理实践教授、高层管理教育项目副院长廖建文分析说，如果说 20 世纪 80 年代的创业是"捡钱时代"，现在这个时代的创业就是"激情时代、找钱时代"。创业者从机会导向走向能力导向。

在他看来，以往中国经济增长率约为 10％，这种情况下，很多企业会变得多元化。而当经济增长回到 5％、7％的时候，很多多元化的企业将回归主业。未来，当经济增长率回到 7％，意味着很多行业剩余能力将被挤压掉，所有行业将回归主业。从创业角度、公司经营角度讲，时下是企业专注时代的开始。

警钟 9-1：　不是每个人都适合创业

据统计，在美国新创公司存活 10 年的比例为 4％。第一年以后有 40％破产，5 年以内 80％破产，活下来的 20％在第二个 5 年中又有 80％破产。哈佛商学院的研究发现，第一次创业的成功率是 23％，而已成功的企业家再次创业成功的比例是 34％。

天使投资人、4399 游戏董事长蔡文胜坦言，人们总是看到成功者光鲜的一面，而忽略了创业过程的艰辛。创业对一个人的综合素质要求是全方位的，创业之前，一定要认识自己的优缺点，准备充足，如果靠一腔热血一时冲动去创业，往往碰到困难就退却。而人生的道路有千百条，创业只是其中一条，每个人只有找到自己的定位，才能找到属于自己的成功之道。

不要相信那些一年创立两年融资三年上市的故事，更不要相信有人在厕所用 6 分钟搞定永远也花不完的钱的故事，否则你"死"都不知道怎么"死"的。这些故事，几乎肯定是吹嘘的，即便不是吹嘘的，故事的主人公也是百分之一、千分之一的幸运儿，即便跟你吹牛的那个人就是那个幸运儿，也不等于你会是下一个幸运儿。

很多企业在成功后宣传时会下意识地杜撰很多"英雄壮举"，这当然可以理解，一方面成功路上很多事情确实不足为外人道，另一方面人人都有"包装"自己的心理。但其实这是最害人的，对于很多创业者来说，如果你按照成功者宣称的方式去做，基本上会"死无葬身之地"。

在美国，Facebook 的扎克伯格可以在创业之初就收获 PayPal 前 CEO 彼得·泰尔的天使投资，还可以找到很多人给他做顾问，甚至可以飞到纽约见时代公司的总裁，这都是因为美国有利他主义的文化，有天使投资的文化，也有成熟的产业链，可以帮助创业者创业。但是在我国，几乎没有一个创业者可以如此幸运，我国的创业环境更严峻。

提到拉卡拉董事长兼总裁孙陶然让人想到的一个词就是创业，在他看来，创业是带着一群未知的人去一个未知的地方干一件未知的事，再有能力的创业者也无法在出发之前就想清楚所有的事情，即便是你已经想清楚，一旦开始做也会发生很多变化，所谓"枪声一响预案作废"，绝大多数公司成功时的方向和最初设想的产品都大相径庭。创业者需要在前进的过程中根据市场的情况以及消费者的反应，甚至是竞争对手的动态来随机应变。创业的这种特性决定了创业之路开始容易,过程很难,收场更难,煎熬是创业的典型状态,创业路上,最常见的不是成功和失败,而是长时间的苦苦挣扎。

孙陶然分析说,创业者需要具备四个素质:一是事业心,是否把企业当作命根子来做。二是眼光和境界,要比别人想得多,比别人看得远,具备一种比别人更高的境界和眼光;三是心理素质,能否百折不挠、处变不惊;四是学习能力,是否以学习为生活方式,有无及时复盘的习惯。当然作为一个领军人物,舍小我为大家的胸怀也非常重要。

🐾 项目点评

所谓创业成功,其实是一个小概率事件,需要极大的勇气、耐心、敏捷行动以及终生学习等多种综合能力。因此,创业者必须要"与众不同",也就是说,并不是所有的人都适合创业。但创业也仅仅是人生的一项选择,而不是全部。

路径 9-1: 用创新思维去创业

大家或许对这样的故事并不陌生:年轻有为的大学在校生窝在宿舍里开创未来;他们天马行空,掌握新科技,满怀激情,赤手空拳打天下;早早的成功让他们筹得资金,把令人称叹的新产品推向市场;他们雇用朋友,组建明星团队,世界无法阻止这些年轻人的脚步。

在报纸杂志上、在电影大片里、在无数博客中,我们听到的是成功创业家们的祝祷:有了决心、才智、好的时机,还有最重要的——出色的产品,你也可以名利双收。

一些造梦行业不断向我们讲述这样的故事,但它们大多只是个传说,我们听到的故事是有选择性的,而且全算得上是事后诸葛亮。事实上,在和几百位创业企业家的工作接触中,笔者亲眼目睹了一个个充满希望的开始大都黯然收场。残酷的现实是:大多数创业以失败告终;大多数新产品并不成功;大多数新企业无法支撑到大展身手的那一天。

为什么新创企业以惨败告终的情况比比皆是? 身为一个创业者十年有余,IMUV 联合创始人及 CTO 埃里克·里斯给出了中肯的分析——

第一个原因在于好的计划、可靠的战略和深入的市场分析造成的诱惑。在早期,这些都是衡量成功可能性的指标。把它们也套入创业企业中去的想法令人难以抗拒,但是此路不通。因为新企业的运营当中包含了太多不确定性。企业还不知道谁是自己的顾客,自身的产品应该是什么。当情形变得更加难以捉摸之时,未来越发扑朔迷离。老的管理方式无法胜任这项工作。计划和预测只能基于长期的、稳定的运营历史和相对静止的环境,而这些条件是新创企业所不具备的。

第二个原因在于,当目睹运用传统管理方式无法摆脱困境后,一些创业者和投资人干脆就撒手不管,回到"想做就做"跟着感觉走的状态。人们相信,如果实施管理反而有问题的话,无为之治就是解决之道。

在他看来,新创企业的那种颠覆性、创造性和混乱的状况是可以加以管理的,或者确切地说,必须加以管理。这种说法看似有违直觉。多数人认为流程和管理枯燥无味,而创业则充满活力和激情。但是真正令人激动的是看到企业获得成功,埃里克·里斯为此还提出"精益创业"的五项原则：

（1）创业者无处不在。你不一定非要在车库里折腾才算是创业。在创业企业中工作的任何人，都算得上是创业者。

（2）创业即管理。新创企业不仅代表了一种产品（的问世），更是一种机构制度，所以它需要某种新的管理方式，特别是要能应对极端不稳定的情况。

（3）经证实的认知。新创企业的存在不仅仅是为了制造产品、赚取金钱、服务顾客，它们的存在更是为了学习了解如何建立一种可持续的业务。

（4）开发-测量-认知。新创企业的基本活动是把点子转化为产品，衡量顾客的反馈，然后认识到是应该改弦更张还是坚守不移。

（5）创新核算。为了提高创业成果，并让创新者们负起相应责任，我们需要关注那些乏味的细枝末节：如何衡量进度，如何确定阶段性目标，以及如何优先分配工作。这需要为新创企业设计一套新的核算制度，让每个人都肩负职责。

项目点评

既然创业成功是一个小概率事件，那么创业者就应该想方设法让自己"与众不同"，而这个方法就是不断地创新。从某种意义上讲——"非创新，不创业，"应该成为新一代创业者的座右铭。

9.3　精益创业是创业者的必修课

随着"大众创业、万众创新"的深入开展，经过两三年的演进，创业已经进入了第二季，精益创业是创业第二季时代的显著特征和应有之意。

面对创业第一季相对粗糙的创业模式，精益创业为创业者提供了一种更加细致和精细化的模式和方法。从精益创业过程来看，起点是客户，接着是发现问题、寻找解决方案，这一过程是不可逆的，有的创业者先有解决方案然后再到市场上找问题，这是不可行的；从方法论来看，精益创业者遵循"用户探索—用户验证—用户积累—公司运营"的逻辑框架，并在用户验证和用户探索之间试错与循环；从发展原则来看，精益创业遵循最小可行化产品（MVP）和转型的原则，即用最少的人力物力去打造一个产品，并在实践中不断接受检验并做好随时改变的准备。

大部分初创企业的倒下，并不是因为他们没有完成预设的目标，而是客户不买账。精益创业方法的基本逻辑点就在于，避免生产没人想要的产品，造成资源浪费。

成功的初创企业之所以成功，原因在于他们能够不断学习，并能随着客户的喜好而调整，他们没有照本宣科地执行最初的方案，而是不断地基于对顾客喜好的初步了解调整方向，最终找到用户愿意付费的产品，并在更大的用户群范围内进行检测。

"精益创业"（Lean Startup）指的是以"验证性学习"为基础来开发产品和发展企业的一套方法，整个过程中需要迅速而频繁地获取客户反馈。这一流程于 2011 年首先由埃里克·

里斯(Eric Ries)提出。这种方法的目标是消除产品开发流程中的不确定性。事实证明，它的确改变了企业的发展方式。精益创业的逻辑框架如图 9-1 所示。

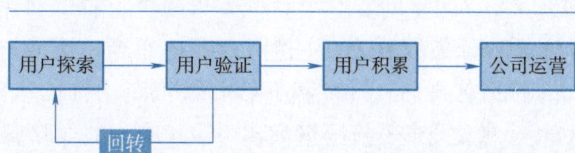

定义基本假设：用户痛点假设和解决方案假设

👥 停止推销，开始倾听

🧍 不断探索，积累认知

图 9-1 精益创业的逻辑框架

"精益创业"不会在开发产品的过程中与用户隔离开来，而是会在这一过程中定期向用户曝光产品。通过这种方式，各大团队便可制定更加充分的产品决策。这样一来，无论是核心产品功能还是按钮的颜色选择，都将更加符合用户需求。这听起来似乎非常明智，也符合常识，甚至在发展数字企业的过程中显得极其实用。

所以，这就难怪"精益创业"成为近年来的新兴创业模式，甚至已经渗透到非数字企业的创业过程中。"精益创业"的确有很多值得肯定的地方，但这种新的方式中存在的一些问题似乎也在改变着我们的思维。

9.3.1 "精益＋创业"的源头

精益创业就是用精益的思想去解决创业的问题，是一种不断形成创新的新方法，表现为循环周期极快、关注顾客需求并做出决定的科学方法。

精益是由丰田公司的大野耐一和新乡重夫发展出来的。它的原则中包括吸取每个员工的知识和创造力，把每批次的规模缩小、实时生产和库存管理以及加快循环周期。精益生产让全世界懂得价值创造活动和浪费之间的差异，揭示了如何由内而外地将质量融入产品之中。

把精益和创业两个词联系在一起乍一听很奇怪，因为创业是充满激情而又高度不确定的事情，甚至不知道客户在哪里，质量为何物，老的管理方法很难适用；而精益总能让人想起拥有流水线的传统大企业，所有产品的去向都十分稳定，成本和质量为王。

丰田公司能够常年雄踞世界财富 500 强企业的前十名，正是以"精益创业"的思想来设计和研发每一款新型汽车。其中，最具代表性的就是丰田 2004 年款塞纳小型厢式车。塞纳的首席工程师是日本著名的汽车设计师横谷雄司。当时，丰田的全球战略中，塞纳是抢占北美市场的杀手锏，然而横谷对北美的了解却非常有限。为此，横谷做出了一个非常有魄力的决定，他自己开着第一款塞纳原型车走遍了全美的 50 个州以及加拿大和墨西哥的重要地区。每到一个地区，就会向当地人交流请教对家庭用车的理解，并及时反馈对当前塞纳车型的评估。

横谷通过一年的深入调研,发现北美的居民很喜欢家庭周末自驾游,带着孩子和老人去郊外野游,因此对于车厢后 2/3 的空间要求很高。买车的决定看似只由家长决定,而实际上孩子的影响因素很大,孩子们会在车厢后的座位上玩耍吃东西。因此,横谷做出了当时很重要的改进:大幅扩容车厢后的空间,完善座椅材料,营造汽车内饰的家庭感和舒适度。这一决定大获成功,塞纳 2004 款较之 2003 款销量高出 60%,成为北美区最为畅销的家庭用车。这类例子在丰田系企业中非常常见。也是丰田能够称霸汽车全球市场,常年压制通用汽车的瑰宝。很多企业喜欢依靠极其高深的技术、酷炫的外形试图感染用户。而实际上对于不同的细分用户群,仅宏观地把控不足以赢得市场,只有以"最小可行性原型"级别的改进,才是真正能够快速试错,检验市场的方法。

9.3.2　精益创业源于管理实践

新创企业的颠覆性、创造性和混乱的状况是可以加以管理的,或者确切地说,必须加以管理。

工业时代和互联网时代已经变成两种不同的创业环境,在工业时代是一个相对稳定的环境,有比较多的已知数据,可以对未来进行准确的预测和分析,所以可以准确把握市场的需求,并为之提供可行的解决方案,就像过去三十年来的经济模式一样,市场需要什么,我们生产什么。但是在互联网时代,市场的变化速度超过了企业的内部增长速度,市场充满不确定性,人们需要在一个不确定性的市场里面,不断建立新的认知。

新创企业的那种颠覆性、创造性和混乱的状况是可以加以管理的,或者确切地说,必须加以管理,这种说法看似有违直觉,多数人认为流程和管理枯燥无味,而创业则充满活力和激情。但是真正令人激动的是看到企业获得成功,改变世界。人们为这些新企业付出的热情、精力和抱负都是珍贵的资源,不容随便浪费。

事实上,但凡伟大的公司都可以在它早期发迹的时代找到"精益创业"的痕迹。现代汽车标示性的开端便是内燃机汽车。而福特公司的创始人亨利·福特则是内燃机汽车核心技术——双向反馈循环驱动的发明人。这项发明严格遵循了"精益创业"的思想。亨利·福特曾花费 5 年的时间夜以继日地研究令引擎汽缸运转的精密机器。他从让气缸每次的微小爆炸开始做起,每次爆炸都会带动下一次的爆炸点火,同时带来持续的推动力。而与他同一时代的其他杰出汽车工程师,则耗费巨额资金进行所谓高动力持续能源供应的原创性研究。在当时,其他的汽车公司巨头均寄希望于一次性做成一个浩大的工程,完成汽车革命。只有亨利·福特实现了从"最小可行性原型"逐步完善成现代汽车的基础体系结构的这一伟大工程。

路径 9-2:　　Facebook 与 Groupon 都是精益创业的集大成者

Facebook 更是精益创业的集大成者。最为成功之处在于它能够在上线的第一个月,就让哈佛大学 3/4 的学生注册成其用户,并在 3 个月内拓展到美国所有常春藤名校。

Facebook 更是精益创业的集大成者。实际上,2003 年,当这个企业最初创办的时候,全球市场已有多家类似的网站。这让众多慧眼识珠的顶级投资人充分看到了这家小公司早已成功地完成了精益创业的实验,赢得了市场的充分认可。随后的一年,Facebook 快速渗透到全美 3 000 多所高校,并在当年年底进军欧洲。

Groupon 作为团购的师祖,是全球迄今自成立之日到估值 10 亿美金最快的公司。然而难以想象的是,这家集资本市场万千宠爱于一身的网站在成立之初的寒碜程度令人咋舌。安德鲁·梅森(Andrew Mason)通过 WordPress 开的博客作为最早的 Groupon 网站。每天开放的比萨饼,T 恤的团购项目都是通过发帖子的形式开展的。然而这种最小可行性原型,快速迭代的形式让他们快速抓住了市场真正的需求。甚至一度挽救了这家公司的命运。安德鲁·梅森最初的愿景是想把 Groupon 打造成"集体行动平台",发布一个自身无法解决的问题,寻求他人加入帮助。然而这种模式通过最小可行性原型的实验,证实了用户并没有广泛的需求。

精益创业的思潮能够影响的并不仅仅是创业领域,无论是学生学习专业课、寻找工作,还是学习编程、开发第一个项目,甚至是在大企业担任中高层的高管制订全新的部门计划,这种精益创业所带来的"最小可行性原型"来验证市场的方式都是得到实践充分佐证的。在创业乃至实现设想更加容易的今天,迈出第一步不难,关键是如何在资源缺乏、不确定性风险极大的时候,保持阵脚不乱,保证大方向的明确。

项目点评

创业者的路程绝不是一蹴而就的,创业公司的业绩更不是一飞冲天!一个又一个挫折以及一个又一个"坑"一定会在创业者的前进路上等着他们。怎么办?最好的办法就是向 Facebook 与 Groupon 那样,从"小"做起,"敏捷"行动,"快速"迭代……即花最少的钱,以及最快的时间,打造出客户需要的产品与服务,这才是精益创业的的精髓。

9.4　创业成功有方法

对处于创业初期阶段的企业来说,创业的确面临着各种各样的困境,但"精益创业"方法却可以提供功能强大的新工具。创业者通过遵循"创立—衡量—学习—交互"的原则,先开发一个最简单的产品,通过客户实际使用进行检验,从而做出调整或是维持原样的决定。这一原则提供了一个更为高效的方法,以帮助企业开创一个可持续的全新事业。

在诸多提供"精益创业"方法的书中,笔者认为《创业者手册》与《创业成功范式》是值得推荐的两本书。它们有着同一个作者 Steve Blank(史蒂夫·布兰克),据称,他改变了创业企业建立的模式,改变了创业教育的教学。他早期的作品《四步创业法》开创了精益创业运动。2013 年 5 月,他发表在《哈佛商业评论》上的关于精益创业的文章,详细介绍了这个运动。

两年前引进到我国的《创业者手册》其实是作者 10 年前的作品,而美国的创业热潮恰恰比中国早 10～20 年,这本书主要针对初创企业在前期如何快速找到自己的客户,确定自己的商业模式,找到赢利点,并迅速成长。作者强调初创企业的创始人一定要从办公室走出去,到企业客户所在的场所,真正了解用户的需求,才能做出准确的判断,从而赢得市场,赢得未来。并一再强调初创企业不是成熟企业的微缩版,所以成熟企业的商业模式并不适合初创企业。

在他看来,成功的创业者应善于抛弃大公司应用的传统产品管理和开发流程,善于结合敏捷工程和客户开发,以不断迭代的方式建立、测试和寻找商业模式,从而实现从"未知"到"已知",从"不确定"到"确定"的转变。成功的创业者充分意识到,他们的企业"愿景"只是一系列未经测试的假设条件,需要通过"客户验证"来说明其可行性。为此,他们坚持不懈地测试自己的观点,不惜经年累月地调整方向以保存现金,避免在客户不喜欢的产品和特性上浪费时间,最终开发出客户乐于购买的产品。

《创业成功范式:硅谷创业教父的忠告》则是 Steve Blank(史蒂夫·布兰克)一部新著,这本书代表了作者最近几年的最新思考成果。值得注意的是,这本书是从创业导师这个新的视角给出关于创业的冷静思考。在撰写本书的过程中,史蒂夫一直担任斯坦福等多所美国知名大学的创业课程导师,同时也辅导了很多创业者。因此,史蒂夫可以从创业导师的角度看待创业者,可以冷静地从这个全新的角度来看待创业,进而产生出新的思想成果。如果说前一本书更多的是从创业者的角度来写的话,本书则是从创业者导师的全新角度写的,正好与前一本形成很好的互补。

对于这个视角笔者格外关注,自 2013 年在北京大学创业训练营担任创业导师以来,看到了不少初创企业真实的生存状况,有相当多的创业者在商业逻辑以及商业模式的推敲上还是相当粗糙,他们努力生产,但是客户并不买账;他们努力沟通,但是却无法把自己的产品与服务价值说明白;他们每个人都没日没夜地干,但是团队的工作效能却不是很高……总之,在精益创业的路上,创业者们急需"想明白、说明白和干明白"的方法和辅导。

于是,2016 年的上半年,笔者便和合作伙伴一起,在北京大学创业训练营开始了精益创业的辅导,把一些创业急需的核心能力教会他们,提高他们的生存率!而《创业者手册》以及《创业成功范式》便是我们主要参考的书籍之一。当然,我们的实践并没有停留在初创企业的高速发展上,自 2016 年下半年开始,我们又开启了对如何从可扩展创业企业向大型企业"转型策略"的研究与实践,关键词在于"创新",因为"创新"是决定企业可持续发展的竞争优势。而这一切,都与以上两本书的初衷与内容高度吻合!我们的学习与实践也在证明一件事——我国的创业与创新的步伐,已经与全球同步!

警钟 9-2:　　创业不是"发火箭"

美国生鲜电商 20 年前就开始了,却被 WEBVAN 拖入深渊,火箭式发射为整个行业带来了灾难。

硅谷整个创业思维形成了一种思维定式,火箭发射式:封闭开发在秘密状态下进行,然后在某一天他会宣布产品，就像火箭发射那一刻的点火。它应用的是如此普遍，以至于这个词变成一个缩略词："GET BIG FAST"。

这种模式在互联网泡沫破灭之前达到了顶峰，尤其以一家当时在互联网行业极负盛名的一家公司为代表，WEBVAN 起步于 1996 年，提出的商业模式是我国在 2014 年最为火热的一个行业——生鲜电商，线上订单，线下配送。

这家公司的创始团队可以称为梦之队，创始人鲍德斯在美国服务行业是一个传奇人物，最大的投资机构是红杉资本。

这家公司成立之后，花了大概三年的时间，封闭开发。干什么呢？建了一个庞大的仓储系统，系统软件都是专用，软件投入了 1 600 万美元。

当时他的仓储系统和今天相比都不落后。可以想象，极为震撼的商业模式，极为震撼的配送系统，它在资本市场是怎么样受追捧的？这家公司 1999 年进行募股，当时营收只有区区的 400 万美元，但是筹集了 4 亿美元的资金，市值当时最高点冲到 150 亿美元。

让我们来看看它的实际的运营的表现。

电商行业的底层逻辑就是流量，最相关的两个变量就是"客单价"和"订单量"，决定了这个大仓能不能达到平衡点。以这家公司当时 IPO 提出的目标，要达到这个利润率，它的仓库的利用率要达到 80% 以上。

开业的第一个季度，旧金山大仓的产能利用率小于 20%。后来调整之后，还是只有30%，远远没有达到盈亏平衡点。

但是这家公司怎么做的呢？把他在旧金山的大仓在全美 33 个城市进行复制。旧金山的这个模式验证成功了吗？没有。而且不是差一点。苦苦支撑两年之后，这家公司在 2001 年的 7 月，宣告破产。

这个模式就回到我们所说的火箭发射式。当你的商业模式根本没有得到验证的时候，先去盲目地复制和放大。不但把这家公司背后的投资人拖入了深渊，甚至对整个行业也有着巨大的影响。

美国的生鲜电商虽然 1996 年就起步了，但是落后于中国。就是因为这个公司，整个美国VC 行业十年不敢再去碰这个行业。

WEBVAN 联合创始人皮特瑞曼说：今天流行 MVP（最小可行化产品），但是当年最流行的是 GBF。问题的症结就在于一级市场旧金山需要很长时间才能取得成功，而此时我们扩张的其他城市又在用烈火烧钱，今天看来也许当时的模式有可能会成功，只是都没有等到那一天。

而 WEBVAN 创始人鲍德斯说：我不认为我们做错了什么，就像火箭发射，你不可能等到火箭升空之后，你再去给它添加燃料。我们作为创业者，就是把一切的系统设计好，把所有的燃料在火箭升空之前添加好，一旦火箭升空后，它必须要按照我们预设的轨道前进。

没有任何进步吧？他是一个非常经典的火箭发射式的思维。这个人失败过很多次，屡战屡败，屡败屡战。在他身上可以看到，创业者的思维非常关键。

火箭发射式有很大的缺陷,当你按下火箭发射的按钮,会出来几种结果?

最大的可能性是第三种结果,就是无论你如何拼命地按这个按钮,市场一点反应都没有,70%的商业发射最后是第三种情况。

我们知道创业过程中最大的浪费,是把所有的时间和资源都投入,最后市场上没有任何反馈,甚至连给你学习的机会都没有。

火箭发射本质上是以自我为中心开始创业,天才式的人物加天才式的设想,认为创造环境是高度可控的,认为创业参数是可见的。终点是已知的,路径都是已知的,连赛道都是已知的,你所需要做的就是调研、思考、执行、优化。

对绝大多数创业公司来说,所面临的从来都不是确定的。

项目点评

火箭发射式有很大的缺陷,当你按下火箭发射的按钮,会出来几种结果?成功、爆炸。创业者的历程可绝不能这样,创业是一次长跑。耐克公司旗下第一位代言人、美国历史上最著名的长跑运动员史蒂夫·普雷方丹在接受采访时说过一段备受耐克推崇的名言:"很多人都会遇到更有经验的对手,也许我根本没有可能赢。但是,如果我迈出脚步,鼓起勇气,最后累晕,对手仍然打败了我,只要我让对手紧张起来,让他竭尽全力才能赢我,那么这只证明当天他的表现比我好。"

9.5　精益创业,从用户出发

每一个痛点都是一个机会,痛点越大,机会越大。精益创业最本质的是两点:如何定义和验证用户的痛点和解决方案。

创业到底是为了什么?价值的创造。但为谁创造价值?价值由谁来定义?用户。从前,定价权在制造商或者渠道商,互联网诞生后,买卖双方信息不对称被消除,定价权转移到用户。

价值创造的核心在于,如何以用户为中心,识别用户痛点,提供解决方案。硅谷非常有名的 VC 维诺德·科斯拉说:每一个痛点都是一个机会,痛点越大,机会越大。

"向用户提供价值"是精益创业的核心思想,因为成功不单单只是实现一项产品功能,而是学会如何"治疗"用户的痛点,解决用户的问题。

创业者提出了许多的愿景与假设,但其中很大一部分都会在半路"夭折",每项产品或服务的用户群体都是不一样的,甚至这一秒与下一秒的用户需求也是不同的,"需求变更"像一个魔咒般禁锢着产品开发的步伐,而这就需要一套在高度不确定的环境中做创新的靠谱方法论。

企业创新成功和失败的重要差异之一就在于是否有一个系统化且行之有效的工具、方法和理念。"精益创业"有两个核心——"精",即少投入、少耗资源、少花时间,同时又确保高质量;"益",即多产出、高效益。

警钟 9-3：　停止生产没人要的产品——一个失败案例引发的思考

创业实践者特雷弗·欧文斯(Trevor Ownes)是精益创业理论思想领袖,他提出的"企业建立创新团队并应用精益创业开发新产品的方法"被美国报纸巨头赫斯特集团(HearstCorporation)联席总裁乔治·克里亚科夫(GeorgeKliavkoff)、通用电气全球创新总监史蒂芬·李格沃里等人采用。

在特雷弗·欧文斯看来,精益创业更为重视的是用户的问题,它强调的是同时兼具快速循环运作和对用户需求的全方位认知,即使遭遇失败,也能迅速从用户的反馈中获取改进契机,不断进行迭代改善,从而阶段性地填补用户的需求漏洞。"向用户提供价值"是精益创业的核心思想,因为成功不单单只是实现一项产品功能,而是学会如何"治疗"用户的痛点,解决用户的问题。

特雷弗·欧文斯讲到,自己第一次创业花费了 6 个月,但是最终失败了,很伤心。但是两年之后,他通过掌握了精益创业这个方法论之后,通过一天就把整个事情想明白了,而且做成功了,就有了《精益创业：打造大公司的创新殖民地》这本著作。

大约 10 年前,特雷弗·欧文斯第一次来到我国,看到马路上有很多电动自行车,但美国不是这样,考虑到天燃气将越来越贵,开车成本越来越高,他觉得电动自行车在美国应该有很大的商机。

回到美国后他花了三个月时间去联系一家工厂,想要创造出自己想要的产品,还为此精心建了一个网站。你猜猜他一共卖出了多少辆电动车? 一辆。现在他可以笑得出来,但是当时他实在是灰心丧气,沮丧到极点,花了这么多精力却没有一点成效,的确是很痛苦,所以他就想到了精益创业这个概念,看看换一种思路和方法来做这个创业,是不是会有不一样的效果。

首先是做客户的仔细细分,VESPA 是美国摩托车的品牌,问题是 VESPA 烧的是油不是电。特雷弗·欧文斯觉得自己的产品比 VESPA 更好,因为它是电动的,是更环保的。他自己坚信客户对环保是非常关心的,然后打算先去采访 20 个左右的客户,了解他们对环保的看法。如果 20 个里面有 5 个人说他们在乎环保,那么他觉得这个想法就可行了。

他在美国的广告网站上做了一个广告,特意把价格降低了,5 分钟之后就有人打电话来问了,然后他就同客户像朋友一样聊天,你为什么对这个产品感兴趣? 客户会给我不同的答案,有个人说他自己的女朋友就有一辆 VESPA,女朋友经常自己骑着 VESPA 走了,不带他玩,所以他想买一辆跟女朋友一块玩。然后还有人说他之前在意大利留过学,很怀念在意大利骑着小摩托车到处游玩的感觉。但是有多少人真正对环保感兴趣? 一个人都没有。他一下子就明白了这个产品永远不可能做成功。

他想分享这个故事的重点就是告诉大家,很多初创企业的创业者们很怕去跟客户沟通,他们可能会自我欺骗说客户不想沟通,或者觉得自己没有办法说服客户,但是他在全球不同地方,不同文化的人中都发现,人们是愿意向别人倾诉自己的困难的。如果有人能够愿意倾听我们的难处,我们会非常感激。所以不要害怕,要勇于去寻找你的目标客户,倾听他们的难点。如果你不这么做,就要浪费额外的不必要的时间精力。

特雷弗·欧文斯强调,"精益创业"不会在开发产品的过程中与用户隔离开来,而是会在这一过程中定期向用户曝光产品。通过这种方式,各大团队便可制定更加充分的产品决策。这样一来,无论是核心产品功能还是按钮的颜色选择,都将更加符合用户需求。这听起来似乎非常明智,也符合常识,甚至在发展数字企业的过程中显得极其实用。

项目点评

把握客户真正的需求,是一切商业模式创新的原点! 尤其是对于技术创业者,永远要记住:技术是手段,不是目的,目的是满足用户、客户的需求。

9.6 如何为客户创造真正的价值

最小可行化产品(MVP)的作用就在于我们可以使用最少的人力、物力、资源去打造一个产品,去检测我们的客户是否需要。

有权威机构统计过,在开创五年之内,98％的初创企业都会倒闭破产,他们失败的原因是他们花费了不必要的时间、精力、物力、财力去创造一个错误的产品,然后导致没有客户。

精益创业方法论有三个核心原则,一是最小可行化产品(MVP),二是转向或转型(Pivoting),三是找到首批使用用户(Early adopter)。

最小可行化产品(MVP)的作用就在于我们可以使用最少的人力、物力、资源去打造一个产品,去检测我们的客户是否需要。要尽可能快速的、高效率的把我们的产品放到客户面前来检测是否符合客户需求。所以我们核心的概念就是要在你造出产品之前把它卖出去。这其中有三个步骤:首先是要了解你的客户需求,了解他们是否有亟待解决的各种问题。第二步就是在产品卖出去之前,提前让客户下订单。第三步就是通过客户试验发觉他们的需求点在哪里。通过这三个步骤可以节省很多的时间、人力、物力来发现我们的东西是否符合客户需求,而不必造成浪费。

转向或转型(Pivoting)是每个创业者都需要过的一道关,每一个成功的企业都会有客户反馈的试验过程。比如推特(Twitter)的前身是 2005 年成立的 Odeo 播客公司,后来随着苹果 iTunes 播客业务的冲击影响,加之杰克·多西、布雷恩·库克等人加入,将其重新改版定位于网络社交微博客服务,并取名为"Twitter",从原来公司独立出来成立新的独立运营公司;Instagram 是一款最初运行在 iOS 平台上的移动应用,以一种快速、美妙和有趣的方式将你随时抓拍下来的图片分享,而事实上,他们原本其实是要做一个名为"Burbn"的 LBS(基于位置服务),但是在开发 Burbn 的原生应用程序(Native App)之后,他们发觉功能太多反而失去重点,最后他们只留下了 Instagram 看得到的简单功能。所有这些企业都是,他们一开始的业务,以为自己这个业务可以符合客户需求,但是后来发现并不是这样,但是他们能够做到足够的灵活,马上改变自己的策略,然后取得成功。

找到首批使用用户（Early adopter）后要跟他们进行交流。首批用户很清楚自己的问题在哪儿，他们可能已经尝试寻找解决方案，而且已经尝试了自己做一个解决方案。他们不惜花费重金或者人力物力去解决这些问题。如果你设法找到这样一批特殊的首批用户，那可能对你的事业会有很大的推动。我们很容易就能鉴别出能不能找到首批用户，典型的一个特点就是你说到他们的痛处，讲到这个问题点的时候，他们的表情会有丰富的变化，就好像说到他的痛点上了。

如何找到客户真正的需求？每个客户都有自己的问题，每个问题都会有它相应的解决方案，不是所有的解决方案都能解决所有的问题，不是所有的问题都能对应到所有的客户，而是有一个循序渐进的过程。一定要遵循客户、问题、解决方案这样一个流程。根据他的经验，这个流程是最难让学员去理解的。但是很多创业者，他们本身已经有一些想法，而且付诸实践了，要想成功实现精益创业，需要抛开之前所有的已有想法，去专注客户需求。很多失败的创业者，他们已经有现成的解决方案，却一厢情愿地把它强加到客户头上，这个方法永远都行不通。每个客户都有不同的问题，每个问题都有相应的解决方案，这就是正确地寻找客户反馈的方法，从而提供解决方案。创业者要针对客户，了解他们最大的问题，而不是说反过来拿现有的解决方案去套他们最大的难题。

精益创业的核心是用最"精"的资源迭代实现"最小化可用产品"，精益来源于 Lean，即简洁的。因而"最小化可用产品"实质指的是对用户有用的产品。而这个原则不但对于初创企业有巨大的价值，而且对大公司的创新有巨大的推动作用。

9.6.1　精益创业，如何提高初创企业的生存率

这是一个用户定义的时代，未来也有可能是创新定义的时代，当什么是稀缺的，什么就有可能成为改变本质的力量。

创业的本质在于价值的创造，这是一个公理式的论断，但是在历史上，对于这个结论，不同的国家、不同的地区，走过不同的探索之路。

由谁创造价值、谁来判断价值？在美国的语境里，最大的价值是股东利益最大化，这个概念在通用电器的韦尔奇时代达到高峰；在德国的语境里，价值是由工程师定义的，由工程师来定义是否有价值？于是产品和服务就会越来越复杂，如果用户觉得不够好用，工程师会认为用户太笨了，要对用户进行教育。

今天，需要特别强调，在今天所说的精益创业的语境里，价值由谁来定义？为用户创造价值，由用户定义价值。为什么会紧扣用户这两个字？

"精益"，"精"，即少投入、少耗资源、少花时间，同时又确保高质量；"益"，即多产出、高效益。它与创新的巧妙融合，可极大地降低不确定的市场风险，提高创新的效率，让企业管理者做好三件事：做正确的事，正确地做事，持续不断地做正确的事。

通常，价值链条包含供应商、渠道和用户，从 20 世纪 50 年代到 80 年代中期的时候，价值更多掌握在供应商手里，因为那个时候供不应求，所以定价权牢牢掌握在供应商手里，具体

表现在商品上的小标签,这个小标签就叫做零售指导价,制造商在定价权里面,不仅可以规定多少钱给渠道,还可以最终规定多少钱卖给用户,这是强势定价权的表现。

20 世纪 80 年代中期后,以沃尔玛为代表的打折型零售形态崛起,摧毁了原有的百货零售形态,市场集中度不断增加,整个谈判权、定价权发生了巨大的变化。所以,1987 年是一个拐点,定价权不断向渠道倾斜。背后的核心逻辑就是渠道为王,我们在 80 年代听到的许多伟大的品牌故事都是关于渠道为王的。

定价权的第二次转移,是互联网的诞生,使得卖方和买方的信息不对称第一次被消除,买方和卖方统一站在了同一个平台,定价权从渠道转移到用户手中,所以 2000 年以后我们听到的伟大公司和品牌,核心都不再是以渠道为王,都是以用户为王,像谷歌、小米等。而这也是一切创新和创业的底层逻辑,这是一个市场拉动的逻辑,而不是技术推动的逻辑。

如何来创造价值? 硅谷著名风投家 vinod·khosla(主要投资新能源和新技术)说:"每一个痛点都是一个机会。"这句话还有后半段:"痛点越大,机会越大。"

我们需要关注的核心焦点是:痛点能够驱动机会。那么如何定义、验证用户的痛点和解决方案? 精益创业最本质的就是这两点。

"精益创业"的底层、前提条件和火箭发射式的创业完全相反,它认为痛点和解决方案在本质上都是未知的。你所想象的痛点、解决方案和真实的痛点、解决方案存在巨大的鸿沟。精益创业的框架是不断高速试错、高速迭代中积累认知,从而到达彼岸,这个彼岸可能和之前设想的根本不是一个点。如何逼近痛点和解决方案? 就是在高速试错、高速迭代中积累认知,这是底层逻辑。

火箭发射式创业的前提是创业路径可度量、创业参数可预测、创业背景可确定性,精益创业是完全相反的逻辑。

精益创业的五项基本原则是:

(1)用户导向原则:从自我导向到用户导向。

(2)行动牵引计划原则:从计划导向到行动导向。

(3)试错原则:从理性预测到科学试错。

(4)聚焦原则:看见系统思维,单点突破、聚焦在最关键的天使客户上。

(5)迭代原则:从完美主义到高速迭代,可以从不完美开始,但是通过高度迭代、试错积累认知,最终相对逼近完美。

遵循了这五项原则,初创企业的存活率一定会有所提升。

路径 9-3:　不要太"完美"

事实上随着 WEBVAN 的破灭,硅谷也开始向新的思维模式演进,精益创业。精益创业认为痛点和解决方案,在本质上都是未知的。

如何去逼近这个痛点和解决方案,最终到达彼岸? 最终到达的彼岸可能不是最初想象的。

事实上我们今天所讲的精益创业这个框架，整个框架是紧紧围绕着这个认知而来的。不同的底层的创新的思维，不同的创业的思维，最终可以导致企业完全不同的命运。

2007 年，有一家公司非常小心谨慎地进入生鲜电商这个行业，它就是亚马逊。在 WEBVAN 失败 6 年之后，亚马逊建立了一个新的部门，Amazon Fresh。可以想象，以亚马逊的这个体量，它完全可以模仿 WEBVAN，建很多大仓。

但是亚马逊没有这么做，首先它选择一个城市开始——西雅图。为什么选西雅图呢？因为西雅图地区对新技术和新的服务接受度比较高，它选了几个高端小区展开。

这些小区购买力相对较强，居住密度相对较高。它一直对参数进行测试。然后小心谨慎的进行扩张。如果要使用亚马逊这个服务，需要 299 美元会员费。

精益创业不是做加法，是做减法。以亚马逊的能力，完全能够把人都拉进来，但是它先设置门槛，把不需要的用户过滤掉。而留在里面的用户，都是天使用户。天使用户对痛点如此之痛，以至于他愿意付出代价，来接受一个不完美的解决方案。

后来，WEBVAN 关键的仓储技术也被亚马逊以极低的价格收购。仓储机器人技术，现在变成了亚马逊的大仓技术的一部分。亚马逊的这个业务到今天都没有扩散到美国其他地区。因为它认为有些关键参数还是没有到位。

所以特别强调，不同的创业的方法论，最终导致企业完全不同的命运，这在 WEBVAN 和亚马逊中我们看得非常清楚。

项目点评

创业者们必须心平气和地接受这一事实：在创业早期，大部分决定和假设都是错误的。任何新产品都具有不确定性，没有一个产品团队可以完全预测用户的行为和反应，很多创业团队倾向在项目开始之前编写计划书，但其实这恰恰是对问题最缺乏了解的时候。公司真正需要的是一套能够应对不确定性的流程，从产品、设计到工程一步一步试验，从而对客户的需求达成共识。

9.6.2　精益创业，如何打造大公司的创新殖民地

打造创新殖民地可以从"精益创业"开始，其核心问题有两个：一是大企业如何打造创新殖民地？二是精益创业的方法对创业企业适用吗？

研究表明，大企业内部创新往往以失败而告终！很少有企业能摆脱这一"创新者的窘境"。相反，他们深陷在惯性、精神不振、官僚主义、错位激励以及其他几乎折磨着每一家大公司的沼泽中。

关键的挑战在于资源依赖，即组织生存依赖于外部相关方这一事实。不管是否有来自管理层的明确指示，如何暗中保障这些资源，实际已成为企业最高优先级的问题（企业高管对公司的工作重点并没有实际控制权，而是外部力量决定了公司的发展方向）。换句话说，企业不能自由地做他们想做的事情。他们的供应商、投资者，尤其是客户都对企业产生影响。让这种倾向在自己所熟悉的领域中存在，无疑是创新最强大的屏障。

在商业模式创新中,你最大的障碍就是要克服来自内部的阻力。那么员工为何会极力抵制变革呢？答案很简单,他们害怕改变。他们之所以不需要新的商业模式,是因为新的模式会迫使他们抛弃已有的知识,并因此害怕失去些什么。

而通过打造"创新殖民地",以上这些问题则会有很大改善。但需要采取以下行动:

第一,有价值的创意。创新殖民地追求大规模的有价值的创意,而这些创意与基于流行的科技、投资、消费者行为学的创新理论相一致。那么"创新殖民地"的含义是什么？就是特区。

第二,实践的过程。这个实验过程是一个三阶段的迭代方法:建立、评估和学习。

第三,产品和市场契合。所有实验的最终目的是实现产品及市场契合,也就是创意足够有价值,其规模能迅速扩张并覆盖一个庞大的客户群。

有些大企业并不想一头扎进高风险和高回报的深渊中,而宁愿循序渐进地小步深入。但即使是一个小小的创新殖民地,也能产生足够的创意并爆出冷门。

还有,创业创新总体来说具有三大战略:通过内部孵化企业创造出开创性的新产品;通过早期收购,时机恰当的收购可以为企业带来宝贵的资源,并助推企业内部创业的创新努力;通过投资外部,一家企业可以不用做出孵化或收购的承诺,购买具有巨大上升潜力的股份也是一种战略。

从大企业的内部创新来说,其实这是整个创新殖民和孵化的生长过程。

关键是如何打造大企业的"创新殖民地"？如图 9-2 所示。

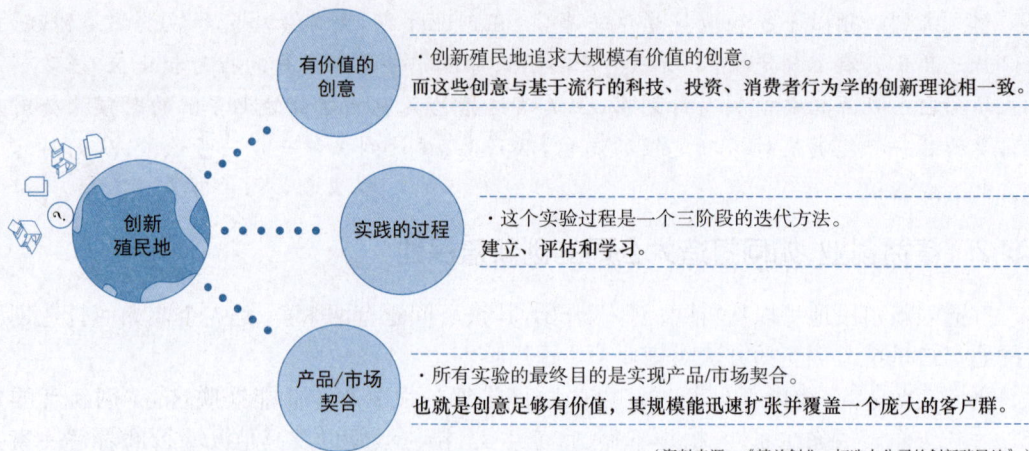

有价值的创意　·创新殖民地追求大规模有价值的创意。
而这些创意与基于流行的科技、投资、消费者行为学的创新理论相一致。

实践的过程　·这个实验过程是一个三阶段的迭代方法。
建立、评估和学习。

产品/市场契合　·所有实验的最终目的是实现产品/市场契合。
也就是创意足够有价值,其规模能迅速扩张并覆盖一个庞大的客户群。

(资料来源:《精益创业:打造大公司的创新殖民地》)

图 9-2　如何打造大企业的"创新殖民地"

"精益创业路线图"我个人认为是最有价值的,因为有"方法"可循,如图 9-3 所示。

参考"精益创业"路线图,有针对性的方法论是:

(1)形成假说:呈现客户的问题及相应的产品或服务的想法。

(2)确定最具风险的假设:对假设进行测试,可以从教练、导师和熟悉你所调查市场的人

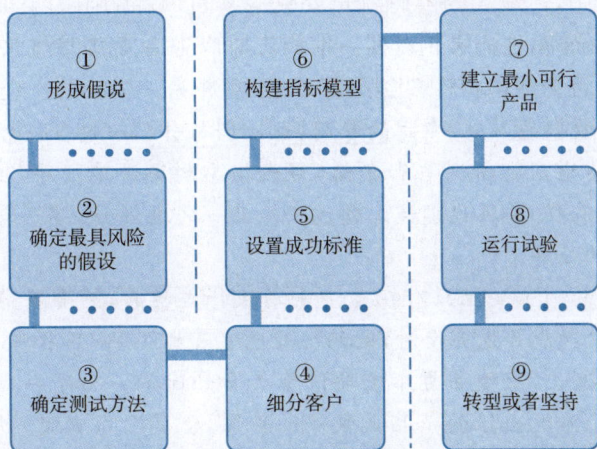

（资料来源：《精益创业：打造大公司的创新殖民地》）

图 9-3 "精益创业"路线图

那里寻求帮助。

（3）确定测试方法：探索、推介、金钥匙、原型是你可以用到的几种方法。

（4）细分客户：找准客户的特点，弄清这些特点与客户对你的产品感兴趣的因果关系；

（5）设置成功标准：控制花费的时间，确定你认为的"成功"。

（6）构建指标模型：只有建立了模型，才知道需要跟踪哪些变量，避免浪费时间进行重建。创业项目中越往后的越需要把场景描绘清晰，越近的越需要拿数据说话。

（7）建立最小可行产品：不要贪大，建立最小的最可行，它可以是你为达成特定实验目的所需要的任何东西。

（8）运行实验：创新团队的每一个成员都要熟悉产品，以及潜在客户和商业模式。

（9）转型或者坚持：要是在实验中出现问题，确认哪些是要变的，哪些是要坚持的，此时要决定是转移到新的假说上，还是持续不断地发展现有的想法。

路径 9-4： 用好你的"金钥匙"

所谓"金钥匙"方法包括面对面地为客户提供解决方案，尽可能少地开发产品。一般，探索验证问题，推介验证需求，而"金钥匙"则是用来测试客户满意度的。他们访问产品最便捷的方式是什么，他们使用最频繁的是什么功能，以及他们用完之后感受如何？"金钥匙"阶段回答了这样的问题。这种方法可能需要花一些时间，特别是用它进行产品功能的迭代，大约需要一个星期到三个月的时间。

智能手机 APP，是许多初创企业中（也包括大学生创业项目）经常遇见的一个"赛道"，很多创业者在早期多苦于 APP 开发的时间、功能以及资金、收入之间的矛盾。有这样一个案例，一位叫罗西的小伙子，就用这种"金钥匙"方法成功地创立了一个智能手机 APP——"餐桌上的食物"。

该 APP 能基于食客偏好为客户提供一个购物清单、当地的杂货店有什么样的折和,以及大量经过厨房测试过的食谱。和许多创业者不同,刚开始,罗西并没有立刻着手开发 APP,而是向他的早期客户收取每月 9.99 元的费用,让他们与自己一起在一个咖啡馆里工作,通过模拟用户界面,研读杂货店打折通告和食谱,写出物品购买清单。每当客户碰到问题,他们就一起琢磨如何简化流程,并再次尝试。通过一轮又一轮的测试,罗西学会了如何提供一个令人满意的、可扩展的服务。

罗西是一个极端的例子。他只有在无法手动执行流程时,才会将流程的各个方面进行自动化。当他的 APP 功能开发齐全时,他的企业已发展到了 20 万用户,而且是"付费用户"。

从这个案例可以看出,原型早期不需要浪费太多的时间。为了符合最小限度可行的产品的想法,它最起码应体现出你的产品或服务的精髓,让其引人瞩目,并有可持续发展的商机。这就是说,执行必须是扎实的,你才可以收集到关于客户是如何进行互动的高质量的数据。如果它的关键功能不完整或存在很多问题,客户才不会告诉你需要了解什么。此阶段可以短至数天,或长至一个月。

当然,原型阶段之前总是要建立一个指标模型。当你可以建立一个原型时,这就意味着你可以很好地找到一些关键指标,以描述用户与你的产品是如何交互、如何创造价值,以及新的客户是如何发现它的。将这些指标放到原型里很重要,这样你就可以将它们插入到指标模型中,并评估你对产品/市场契合的进展。

❀ 项目点评

如果企业找不到自己的核心与非核心。主要原因就是没有清晰的客户定义,不知道他需要什么东西,也就不能够产生价值。所以首先清晰组织自身的价值取向,其次清晰客户的属性和需求,才是企业发挥核心能力,实现核心价值的最佳途径。

后　记

与创新创业者一起看见未来

创新与创业本身是有关一个组织未来的：一个组织如何看待未来，看到了什么样的未来，是一个组织开展创新的基础。

创新与创业做的事，一定是一个组织过去没有做过，现在可能刚刚开始做（或许只有一点冲动要去做）的事——怎么看都是模模糊糊，感觉上也是懵懵懂懂，但总归是一件关于未来的事。而对于未来的憧憬、目标的确立、创新行动的制定，都是我们今天要交流的核心内容，从某种意义上讲，在这本书里分享的不仅仅与现状、与变革有关，更与未来、与创新密切相连！

当然，这个过程充满了"痛苦"与"快乐"！

机会既不遥远，也不模糊。关键是要发现变化的模式。

所以说到底，创新与创业本身是有关一个组织的未来的：一个组织如何看待未来，看到了什么样的未来，是一个组织开展创新的基础。对此，德鲁克做过这样的叙述："寻找已经发生的变化，期待变化可能带来的影响，会为观察者（管理者）带来新的视野。关键在于要让我们自己能看到它。至于其后的'可以做什么'，'应该做什么'，往往反倒不难发现。机会既不遥远，也不模糊。关键是要发现变化的模式"。

德鲁克的叙述指出了一个组织看待创新的关键角度：组织的领导人要"看到未来"。但是，他也提到，"看到未来"是"寻找已经发生的变化"，并且"期待变化可能产生的影响"——并非是请咨询公司去做市场调查和市场预测，尤其不是根据过去的数据去预测未来的市场变化。以手机行业的跌宕起伏，或许可以说明这个道理。十几年前，手机作为通信的终端产品的主要功能是打电话。绝大多数手机的制造企业，也都是从以往的"打电话"的角度去做手机设计和营销的。但是有一家并不太知名的北欧小国企业诺基亚，看到了"另一个未来"：随着移动电话的用户迅速增加，手机可能成为一种消费品，手机市场可能成为一个细分的、快速变化的市场。而对于这个"不同的未来"的期待，就使得诺基亚采用了"全然不同的"的产品设计、推广和营销的模式，也造就了几年后多数厂家退出手机市场、诺基亚"一家独大"的局面。然而，到了几年之前，刚刚从困境中走出来不久的一家企业——苹果公司，也看到"另一个未来"：随着移动终端消费的丰富和普及，某一种手机可能成为"时尚"，可能成为智能化的移动终端，于是就引发了近来我们都看到的天翻地覆的变化。

　　新型组织的建设应该会有多种路径，每一个企业的学习都是独特的学习，每一个企业的路径也应该是独特的路径。

　　我们看到，有些已经非常成功的企业，多年无法解决"接班人"问题；有些迅速发展的企业，逐渐陷入了"大企业病"的陷阱和"创新的窘境"；更多的创业企业是在不确定的未来、激烈的竞争和尚不成熟的管理能力之间，努力而挣扎。但是我们更看到，许多组织已经开始新的实践，问题直指"企业为什么""企业做什么""企业与社会是什么关系"等组织发展的基本问题。未来中国企业组织必将经历一场新的、波澜壮阔的变革，无论是从"中国制造"到"中国创造"，还是中国走上"绿色发展"之路，都会使中国的企业组织产生根本性的变革，造就一代新型组织。

　　纵观百年来的管理发展，那些试图掌握管理规律的人会发现，他们面临着巨大的困难。正如一位管理学家所说的："50 岁的律师完全可以坐下来沉迷于他所拥有的基础知识，但管理者却不能享受这样的奢侈。50 岁的管理者也可以回顾、沉湎于过去的知识，但如果这样做的话，他会很快发现，他将失去工作。"因为，管理需要变革和持续的学习，变动的时代需要变动的管理。我们尤其需要认清这一点！变化，是我们所面对的一种"常态"，以前如此，现在如此，未来还会如此……

　　未来，已来！衷心希望这本书对正在迈向未来的创新创业者，有实实在在的帮助！

傅　强

2018 年 5 月于北京

参 考 文 献

[1] 赖声川. 赖声川的创意学[M]. 广西:广西师范大学出版社,2006.

[2] 陈放. 创意学[M]. 北京:金城出版社,2006.

[3] 金定海,郑欢. 广告创意学[M]. 北京:高等教育出版社,2008.

[4] 张树廷,郑苏晖. 有效的广告创意[M]. 北京:中国传媒大学出版社,2008.

[5] 詹姆斯 韦伯 扬. 创意的生成[M]. 祝士伟,译. 北京:中国人民大学出版社,2010.

[6] 王铁军. 创意经济+[M]. 广州:中国财富出版社,2016.

[7] 卜彦芳. 创意经济概论[M]. 北京:中国传媒大学出版社,2014.

[8] 理查德 佛罗里达. 创意阶层的崛起[M]. 司徒爱勤,译. 北京:中信出版集团,2014.

[9] FLORIDA,RICHARD. The rise of t he creative class[M]. New York:Basic Books, 2002.

[10] 詹 法格博格,戴维 莫利,理查德 纳尔逊. 牛津创新手册[M]. 柳卸林,郑刚,蔺雷,译. 北京:知识产权出版社,2009.

[11] 克瑞斯提诺 安东内利. 创新经济学、新技术与结构变迁[M]. 刘刚,等,译. 北京:高等教育出版社,2006.

[12] Clayton M Christensen. 创新者的窘境:大公司面对突破性技术时引发的失败[M]. 胡建桥,译. 北京:中信出版社,1997.

[13] 吴贵生,王毅. 技术创新管理[M]. 3 版. 北京:清华大学出版社,2013.

[14] 吴捷,钱伟荣. 创业心理学[M]. 北京:北京师范大学出版社,2017.

[15] 孙福全,王伟光,陈宝明. 产学研合作创新:模式、机制与政策研究[M]. 北京:中国农业科学技术出版社,2008.

[16] 李兆友. 技术创新论[M]. 沈阳:辽宁人民出版社,2004.

[17] 刘昌明,赵传栋. 创新学教程[M]. 上海:复旦大学出版社,2006.

[18] 魏炜,朱武祥. 发现商业模式[M]. 北京:机械工业出版社,2009.

[19] 刘友金,赵瑞霞,胡黎明. 创意产业组织模式研究:基于创意价值链的视角[J]. 创新政策与管理,2010.

[20] 王猛,宣烨,陈启斐. 创意阶层集聚、知识外部性与城市创新:来自 20 个大城市的证据[J]. 经济理论与经济管理,2016(1). 59.

[21] 李平,狄辉. 产业价值链模块化重构的价值决定研究[J]. 中国工业经济,2007.

[22] 赵曙明,李程骅. 创意人才培养战略研究[J]. 南京大学学报(社科),2006.

[23] 李双金. 创意与创意资本化[J]. 上海经济研究,2008.

[24] 于凡诺. 创业 72 种心法[DB/OL]. https://yuedu. baidu. com/ebook/25dd8b61a216147916112853,2015.

[25] 于凡诺. 创业是一种信仰[J]. 劳动保障世界,2015(7):26.

[26] 于凡诺. 企业转型的两大心结[J]. 企业观察家,2016(3):22～23.

[27] 亚历山大 奥斯特瓦德、伊夫 皮尼厄. 商业模式新生代[M]. 北京:机械工业出版社,2014.

［28］埃里克 莱斯. 精益创业［M］. 北京：中信出版集团，2012.

［29］创业家 & 黑马. 创业小败局［M］. 北京：北京时代华文书局，2014.

［30］彼得 圣吉. 第五项修炼［M］. 北京：中信出版集团，2009.

［31］安妮 布鲁斯，斯蒂芬妮 M 蒙坦内兹. 美国培训与发展协会领导力发展指南［M］. 郭美云，殷海江，译. 北京：中华工商出版社，2014.

［32］麦克 罗奇格西. 能断金刚：超凡的商业智慧［M］. 夏理扬，田多多，等，译. 南昌：江西人民出版社，2014.

［33］丹娜 左哈尔. 量子领导者：商业思维和实践的革命［M］. 杨壮，斯诺，译. 北京：机械工业出版社，2017.

［34］伯特 海灵格. 成功的序位：企业管理中的隐秘力量［M］. 邱俊铭，译. 北京：世界图书出版公司，2017.

［35］谢祖墀. 创业家精神：中国创业者如何改变中国与世界［M］. 徐奇渊，译. 北京：中信出版集团，2015.

［36］彼尚 安裘密. 轻而易举的富足［M］. 武圣珊，译. 武汉：长江文艺出版社，2014.

［37］米哈里 契克森米哈赖. 心流：最优体验心理学 M］. 北京：中信出版集团，2018.

［38］史提芬 科特勒，杰米 威尔. 盗火［M］. 北京：中信出版集团，2018.